Heinrich Thies

Ein König aus Hannover

Romanbiografie

MatrixMedia Verlag Göttingen

Impressum:
© *MatrixMedia* GmbH Verlag – Göttingen 2011
Internet: www.matrixmedia.info

Alle Rechte der Verbreitung, auch durch Film, Funk und Fernsehen, foto-
mechanische Wiedergabe, Tonträger jeglicher Art, auszugsweiser Nachdruck oder Einspeisung und Rückgewinnung in Datenverarbeitungsanlagen
aller Art sind vorbehalten.

Umschlag: König Georg I. von Großbritannien, Ölbild um 1715
Gestaltung und Layout: Masood Ghorbani, Göttingen
Lektorat: Uwe Friedrich, Göttingen
Druck: druckhaus köthen, Köthen
ISBN 978-3-932313-44-8

Prolog

Der Aufstieg

Reise in ein neues Leben

Auf dem Thron

Stammtafeln

Prolog

Vor 300 Jahren brach von Hannover aus ein deutscher Provinzfürst in Richtung England auf, um zum mächtigsten Mann der Welt aufzusteigen. Die Reise endete glanzvoll: Am 20. Oktober 1714 wurde der hannoversche Kurfürst Georg Ludwig in Westminster Abbey zum König von Großbritannien gekrönt – der erste Hannoveraner auf britischem Thron, dem vier weitere Welfen folgten, die bis 1837 an der Spitze des Vereinigten Königreiches stehen sollten.

Was wie ein Märchen klingt, resultiert aus einem beispiellosen Geflecht von Thronfolgeregeln, Ehrgeiz, menschlicher Tragik und Wirrnissen der Geschichte. Den Anspruch auf die Thronfolge verdankt Georg Ludwig seiner Mutter, der hannoverschen Kurfürstin Sophie, die dem Geschlecht der Stuarts entstammt – einer Enkeltochter Jakobs I., der als Sohn Maria Stuarts 1603 zum König von England gekrönt wurde.

Diese königliche Herkunft war für Sophie viele Jahre nur eine Sache der Ehre. Die Realität blieb weit dahinter zurück. Die Stuart-Nachfahrin wuchs bei ihrer Mutter im holländischen Exil auf, zog zu ihrem Bruder nach Heidelberg und heiratete schließlich den Welfenfürsten Ernst August, der gegen Ende seines Lebens die Kurwürde erlangte.

Unterdessen bestieg ein katholischer Cousin in London den Thron: Jakob II. Doch schon nach drei Jahren hatte die Regentschaft ein Ende. In ihrer »glorreichen Revolution« trieben die Briten den Monarchen, der sich wie ein Sonnenkönig an der Themse gebärdete und den Katholizismus zur Staatsreligion erheben wollte, aus dem Land. Das britische Parlament entschied daraufhin, dass künftig nur noch ein protestantischer Stuart für den Thron in Frage komme. Auf diese Weise fand sich Sophie schließlich auf Platz 2 der Thronfolgeliste, gleich hinter Anne, der protestantischen Tochter des vertriebenen Ex-Königs Jakob II.

Tatsächlich folgte die Stuart-Prinzessin dem kinderlosen Nachfolger ihres Vaters, Wilhelms III., auf den Thron. Doch auch ihr gelang es nicht, Nachkommen in die Welt zu setzen. Sie erlitt 13 Fehlgeburten und verlor auch ihre lebend geborenen Kinder. Sohn William wurde am ältesten: Er starb wenige Tage nach seinem elften Geburtstag.

Damit war der Weg frei für die hannoversche Kurfürstin und ihre Nachfahren. Der »Act of Settlement«, ein britischer Parlamentsbeschluss, ebnete den Welfen 1701 offiziell den Weg zum Thron.

Nun ging es eigentlich nur noch darum abzuwarten – zu warten, dass Queen Anne das Zeitliche segnete. Doch diese Wartezeit entwickelte sich zur harten Geduldsprobe. Denn Anne argwöhnte, dass die Hannoveraner ihren Tod herbeisehnten, und stand ihnen daher nicht eben freundlich gegenüber. So reagierte die Königin zunehmend gereizt auf die Bemühungen der Welfen, ihren Thronanspruch bereits zu ihren Lebzeiten durch ihr Erscheinen in England zu untermauern. Gleichzeitig kam es zu Irritationen, weil die hannoversche Kurfürstin bereits zu alt war, um selbst den Thron zu besteigen, und ihr Sohn Georg Ludwig zunächst wenig Neigungen zeigte.

Wenige Wochen nach Sophies Tod trat dann jedoch der lange erwartete Erbfall ein – und das Kurfürstentum Hannover erlebte die aufregendste Phase seiner Geschichte.

Der Aufstieg

Nächtliche Botschaft

17. August 1714, Herrenhausen, gegen 2 Uhr in der Nacht. Das Schloss schläft. Der Große Garten ist verwaist. Durch die Alleen mit den gestutzten Linden und Hainbuchen wandern nur die Schattengebilde der Nacht. Die lebensgroßen, vergoldeten Figuren im Heckentheater bleiben unter sich. Sie heben die Arme graziös zum Himmel, mühen sich, im Tanzschritt Balance zu halten. Aber sie sind erstarrt in ihren Posen, fügen sich ein in das große, geheimnisvolle Schweigen. Kein Wind geht in dieser lauen Spätsommernacht, kein Luftzug lässt die Blätter rascheln. Nicht einmal die Schwäne auf dem Schlossteich rühren sich. Sie haben ihre Köpfe unter das Gefieder gesteckt und schlafen.

Nur von ferne ist das Plätschern der Großen Kaskade zu hören, es klingt wie Flüstern, beständiges Murmeln.

Plötzlich kommt Bewegung auf. Vor dem Schlosstor fährt eine Kutsche vor. Nur ein einzelner Herr sitzt im Coupé, ein englischer Graf mit opulenter Perücke, Spitzenbluse und dunkelblauem Rock mit Goldbrokataufschlägen, gepudert und parfümiert: Edward Viscount Cornbury, 3rd Earl of Clarendon, der hannoversche Gesandte der englischen Königin. Der Kutscher teilt den Wachen mit, welch bedeutende Persönlichkeit zu dieser nächtlichen Stunde Einlass begehrt – gar nicht zu reden von der geheimen Mission des hohen Herrn, so geheim, dass nur der Kurfürst persönlich davon Kenntnis erhalten darf, so überaus wichtig. Doch die beiden Männer mit den Fackeln sind müde. Sie zeigen sich unbeeindruckt. Die Soldaten halten sich an ihre Vorschriften. Sie lassen die Kutsche so lange vor dem Tor warten, bis der Hofmarschall schlaftrunken und schlecht gelaunt entschieden hat, dass sie das Tor passieren darf.

Während das Gespann über das Kopfsteinpflaster rumpelt, werden im Schloss Kerzen und Kronleuchter angezündet. Ein Raum nach dem anderen erwacht aus dem nächtlichen Dunkel. Schließlich wird ein Minister geweckt und über den nächtlichen Besucher informiert, Andreas Gottlieb von Bernstorff. Binnen weniger Minuten hat sich der Freiherr angekleidet. Der Minister eilt zur Tür, um den Besucher zu begrüßen.

Was für ein Duft! Rosenduft umhüllt den Earl. Dennoch ist auch der Tabakrauch zu riechen, der an seinem Prunkgewand haftet. Man spricht ein etwas gestelztes Französisch, das wir der besseren Verständlichkeit halber ins Deutsche übersetzen.

»Herzlich willkommen, Graf.«

»Gott zum Gruß, mein Herr.«

»Was verschafft uns die Ehre Eures Besuches zu dieser ungewöhnlichen Stunde?«

»Bitte verzeiht, mein Herr. Aber darüber kann ich nur mit Eurer Durchlaucht persönlich sprechen.«

»Ich bin untröstlich, aber das ist unmöglich. Der Kurfürst schläft, es ist, es ist ...«

»Es ist egal, wie spät es ist. Vollkommen egal! Meine Nachricht ist von solcher Wichtigkeit, dass es gerechtfertigt wäre, alle Glocken Hannovers läuten zu lassen, um auch den letzten Spitzbuben aus dem Schlaf zu reißen. Alle Kanonen Europas müssten Salut schießen.«

Der englische Gesandte gerät fast außer sich vor Eifer, gestikuliert aufgeregt mit beiden Händen – dabei hält er in der einen eine rote schweinslederne Dokumentenmappe, ehrfuchtgebietend wie ein Zepter.

Clarendon ist erst eine Stunde nach Mitternacht von einer Abendgesellschaft zurückgekehrt. Doch die Müdigkeit und die Nachwirkungen des ungehemmten Weingenusses hat der Graf bereits abgeschüttelt – die Mission, die ihn in dieser Nacht antreibt, verleiht ihm Flügel, befreit ihn von allen Begrenzungen des Erdendaseins.

Erst vor wenigen Wochen hat der Graf in Hannover als Botschafter Queen Annes Quartier bezogen, zehn Tage zuvor hat Kurfürst Georg Ludwig ihm eine Antrittsaudienz gewährt. Immer wieder hat der Chef des Welfenhauses das umständliche, floskelhafte Gerede des Gesandten unterbrochen, um zu beteuern, dass er der englischen Königin in jeder Hinsicht vertraue, Ihrer Majestät ergeben sei. Alles, was das Verhältnis zwischen Hannover und London in den vergangenen Wochen und Monaten überschattet habe, sei ohne sein Wissen geschehen, er könne nur sein Bedauern über die Irritationen zum Ausdruck bringen. Doch der englische Graf hat nur ehrerbietig genickt, um stets wie ein aufgebrachter Gockel in sein Geschwätz zurückzufallen.

Nein, Clarendon eilt nicht der beste Ruf voraus. Er gilt als albern, als – reden wir nicht lange darum herum – etwas beschränkt. Als Gouverneur einer englischen Kolonie in Amerika soll er bei einer Amtshandlung in Frauenkleidern aufgetreten sein, in der festen Überzeugung, dies schicke sich so für den Repräsentanten einer Königin. Alle Welt lachte darüber.

In dieser Nacht allerdings spielen Kleiderfragen keine Rolle für den Grafen. Dafür ist einfach keine Zeit.

Auch Minister Bernstorff zweifelt mittlerweile nicht mehr an der Dringlichkeit der Mission. Er bittet Clarendon, einstweilen im Antichambre, dem Vorzimmer, Platz zu nehmen und lässt zunächst einen der beiden Kammertürken seinen Dienstherrn wecken. Nur Mehmet und Mustafa genießen das Vorrecht, zu nächtlicher Stunde das Schlafgemach des Kurfürsten zu betreten. In dieser Nacht übernimmt Mehmet den heiklen Auftrag.

Georg Ludwig ist sofort hellwach, als er den Namen des Besuchers hört. Er lässt sich ohne Murren von Mehmet in das Hemd mit dem Spitzenkragen und das enge Seidenwams zwängen, schlüpft in die weite Pluderhose, die von seinem Diener an den Knien zusammengebunden wird, und lässt sich den Überrock mit den breiten goldbestickten Ärmelaufschlägen anziehen. Selbstverständlich darf auch die Allongeperücke nicht fehlen. Ein wenig Puder fürs Gesicht, ein bisschen Puder für die Perücke – das muss reichen.

Wenigstens bleibt es dem Kurfürsten erspart, den Raum zu wechseln. Georg Ludwig empfängt im Schlafgemach.

Der dritte Graf von Clarendon breitet untertänigst die Arme aus und begrüßt den noch etwas schlaftrunkenen Fürsten mit Handkuss und Kniefall – mit der linken Hand nach wie vor die Dokumentenmappe umklammernd.

»Ehrwürdige königliche Durchlaucht, Majestät, es ist mir eine unermessliche Ehre, Euch dieses Schreiben unseres Privy Council zu überreichen, Verzeihung, das Schreiben des Geheimen Rates Ihrer Majestät.«

Und nach einer kurzen Verbeugung entnimmt der Botschafter seiner Dokumentenmappe auch schon das Schriftstück mit dem dicken roten Siegel und überreicht es dem hannoverschen Herzog mit zitternder Hand. Gebannt wartet er auf eine Reaktion, einen Ausdruck von Begeisterung, innerer Rührung etwa, die sich in einem verklärten Augenaufschlag zeigen könnte. Doch der Botschafter wird enttäuscht.

Georg Ludwig nimmt den Brief mit stummem Dank entgegen, überfliegt den Inhalt und räuspert sich mit einem Anflug von Unsicherheit. Nach einem Blickwechsel mit dem Minister, der sich devot im Hintergrund hält, gibt er das Schriftstück dem Überbringer zurück.

»Ich bitte vielmals um Verständnis, werter Graf. Aber diese Sprache ist mir nicht geläufig, noch nicht. Wären Sie so freundlich, mir den Inhalt zu übersetzen?«

»Aber sehr gern, es gibt nichts, was ich lieber täte, Durchlaucht«, erwidert der Earl mit einer dezenten Verbeugung.

Und dann beginnt er auch schon, das Schreiben in stockendem Ton ins Französische zu übersetzen:

»Gott, dem Allmächtigen, hat es gefallen, unsere großartige Herrscherin, die Königin, mit einer so schlimmen und gewaltsamen Krankheit niederzubeugen, dass die Ärzte uns an diesem Morgen einen höchst unerfreulichen Bericht übermittelten. Danach ist kaum mehr zu erwarten, dass sich Ihre Majestät erholt. Wir, die Lords des Hohen Rates, erachten es daher als wünschenswert, wenn Eure Königliche Hoheit uns die Ehre erweisen würde, unsere Nation umgehend mit Eurer Gegenwart zu beglücken. Dies wünschen wir umso mehr, als uns daran gelegen ist, die Feinde Eurer königlichen Hoheit und unserer Verfassung in die Schranken zu weisen. Ein Geschwader steht bereit, Eure Königliche Hoheit bei Eurer Fahrt zu begleiten. Wir nehmen uns die Freiheit, Euch unseren äußersten Respekt zu versichern und unsere Dienste anzubieten.«

Georg Ludwig hätte allen Grund gehabt, ein Dankgebet zu sprechen. Doch er bleibt stumm, wirkt fast unschlüssig, zögert, dem Boten einen würdigen Lohn zu zahlen.

Dabei bildet die Nachricht den krönenden Abschluss jahrelanger Bemühungen. Der ersehnte Erbfall ist eingetreten: Der hannoversche Kurfürst ist zum englischen König ernannt worden. Die Lords fordern ihn auf, nach London zu kommen, um den Thron zu besteigen, den die todkranke Königin verlassen hat. Halleluja! Quasi über Nacht ist Georg Ludwig zum Herrscher eines Weltreichs aufgestiegen, das mehr als zehnmal so viele Untertanen zählt wie sein bisheriges Kurfürstentum. Doch der frisch gekürte König, der sich künftig Georg I. nennen darf, zeigt keinerlei Begeisterung. Mit einem müden, fast wehmütigen Nicken nimmt er die Glückwünsche seines Ministers entgegen, bedankt sich formvollendet bei dem englischen Grafen für die Übermittlung der »bedeutsamen Botschaft« und verspricht, die nächtliche Reise nach Herrenhausen großzügig zu entlohnen.

»Untertänigsten Dank, königliche Majestät, es war mir eine unvergleichliche Ehre, die eigentlich ihren Lohn in sich trägt«, erwidert der dritte Earl lächelnd und mit ausgebreiteten Armen – pflichtschuldig, aber gleichzeitig kokett.

»Es ist gut«, erwidert der neue König von England. »Es ist gut. Bitte verzeiht, es ist tief in der Nacht. Wir sollten uns jetzt erst einmal zur Ruhe begeben, damit wir morgen mit frischer Kraft alles Erforderliche in die Wege leiten können.«

Sogleich weist Bernstorff dem englischen Besucher mit respektvoller Geste den Weg zur Tür und begleitet ihn hinaus. Der Kurfürst blickt den beiden nach. Doch mit seinen Gedanken ist er weit, weit weg und auf den Schlaf, den er so herbeisehnt, wartet er vergeblich.

Sorgen bestürmen ihn, tausend Bedenken, die den so lange herbeigesehnten Triumph überschatten wie Gewitterwolken eine Sommerwiese. Wie wird man ihn in Großbritannien empfangen? Wie werden sich diese mächtigen Parlamentarier verhalten, von denen manche bekanntlich gemeinsame Sache mit seinen Feinden machen? Vor allem die Tories, die immer schon gegen die Hannoveraner gehetzt haben.

Überhaupt: Dieses englische Parlament! Die vielen Gesetze und Bestimmungen, mit denen die Engländer ihren König reglementieren! Welche Entscheidungsgewalt bleibt da dem Mann auf dem Thron überhaupt noch?

Nein, alle Selbstherrlichkeit eines Sonnenkönigs ist Georg Ludwig fremd, aber dass diese Parlamentarier sich das Recht nehmen, ihrem König vorzuschreiben, wann er das Land verlassen darf und wann nicht, das ist doch wirklich unerhört! Wie es scheint, muss er nun künftig auch das Parlament um Erlaubnis fragen, wenn er sein hannoversches Heimatland besuchen will. Unglaublich!

Wie soll er unter diesen Bedingungen weiter für sein Kurfürstentum sorgen? Auch hier fehlt es ja nicht an Feinden. Von allen Seiten ist Hannover bedroht – vom König in Frankreich ebenso wie vom König in Dänemark.

Wollen ihn die Engländer etwa in eine Falle locken? Wem kann er dort an der Themse trauen? Wie geht es da überhaupt zu? Was essen sie? Was trinken sie? Wie kleiden sie sich? Welche Tänze tanzen sie? Er versteht ja nicht einmal die Sprache dieser Inselbewohner. Es heißt, dass kaum jemand dort Französisch spricht.

Vierunddreißig Jahre ist es her, dass er dem Inselreich seinen letzten und bisher einzigen Besuch abgestattet hat. Gut sind ihm die riesigen Paläste und düsteren Kirchen in Erinnerung geblieben, allzu gut. Dieser Pomp, die jahrhundertealte Pracht unter dem tiefen, englischen Himmel. Zwanzig ist er damals gewesen. Zu spät hatte man ihm eröffnet, dass er als Heiratskandidat nach England geschickt worden war, dass er um die Hand der Prinzessin anhalten sollte, der gleichen Dame, die später tatsächlich Königin geworden war und nun im Sterben liegt – vielleicht längst tot ist: Queen Anne. Nein, das war nicht schön. Bei aller Freundlichkeit soll sie es als Beleidigung empfunden haben, dass er ihre Erwartungen enttäuschte, sie als Braut verschmähte.

Vielleicht wäre manches einfacher geworden, wenn er sich damals mit ihr verlobt hätte, anstatt sich mit seiner Celler Cousine Sophie Dorothea verkuppeln zu lassen, die ihm so viel Ärger bereiten sollte. Die Dame, geht es ihm durch den Kopf, sitzt zwar nun schon viele Jahre abgeschirmt vom höfischen Leben in ihrem sumpfigen Allerschloss, aber ihr heimlicher Einfluss vergiftet nach wie vor die Gedanken. Sein eigener Sohn ist davon infiziert. Wird Georg August, der eben vor allem der Sohn Sophie Dorotheas ist, ihm in England die Treue halten? Oder wird er seinem Vater in den Rücken fallen? Der Prinz ist unberechenbar, darüber besteht kein Zweifel. Die Wutanfälle dieses kleinen Mannes sind allgemein bekannt. Was, wenn sich Georg August zum Handlanger all dieser rachelüsternen Menschen macht, die in der Vergangenheit herumwühlen?

Nein, Schluss mit diesen quälenden Gedanken! Schluss! Jetzt gilt es, die Zukunft zu meistern, den Kraftakt anzugehen – das hannoversche Kurfürstentum für die Zeit der Abwesenheit zu rüsten und gleichzeitig Vorkehrungen für die neue Aufgabe zu treffen, deren Last ihm schwer wie ein Mühlstein auf der Brust liegt. Da ist Vernunft vonnöten, ein klarer, ein kühler Kopf.

Doch immer wieder entgleiten ihm seine Gedanken, immer wieder scheint es ihm, dass er das alles nur träumt. König von England? Das kann doch gar nicht wahr sein. Ein Treppenwitz der Geschichte!

Wenn wenigstens Melusine bei ihm wäre. Ihr könnte er seine Zweifel und Ängste anvertrauen. Bei ihr wären ihm Trost und Zuspruch gewiss. Doch die Geliebte schläft in ihrem Gemach im anderen Schlossflügel und es wäre vollkommen unmöglich, sie zu wecken.

Traumbilder schleichen sich in seine Nachtgedanken. Düstere Gestalten nähern sich, in einer langen, stummen Prozession. Sie sind gekommen, ihn zu krönen. Aber das Ding, das sie ihm aufsetzen, ist viel zu schwer, entsetzlich schwer, bleischwer, niederdrückend. Damit nicht genug: Dornen bohren sich in seinen Schädel, scharfe Dornen. Blut rinnt ihm vom Haupt, dunkelrot. Ist es etwa – eine Dornenkrone, die sie ihm da aufdrücken? Es hat den Anschein. Herrgott im Himmel! Höhnische Gesichter verfolgen die Zeremonie. Man lacht. Auch das gepuderte Gesicht des Grafen von Clarendon ist unter der Schar der bösen Gaffer. Es ist zur Grimasse verzerrt. Ein hässliches Lachen! Dabei zeigt sich, dass der Mund zahnlos ist, eine finstere Höhle.

Der Kurfürst wacht schweißgebadet auf, schüttelt die Traumgespinste ab, müht sich, wieder klare Gedanken zu fassen, Boden unter den Füßen zu bekommen. Schließlich hat er in dieser Nacht doch eine ganz großartige Nachricht erhalten. Doch es fällt ihm schwer, Traum und Wirklichkeit auseinander zu halten.

Nein, was da nun auf ihn zukommt, ist ihm nicht an der Wiege gesungen worden.

* * *

Sicher, er ist königlichen Geblüts, zählt väterlicherseits Heinrich den Löwen zu seinen Ahnherren und mütterlicherseits englische Könige und Königinnen.

Doch als Georg Ludwig am 28. Mai 1660 in Hannover geboren wurde, war nicht zu erahnen, in welche Höhen er einmal aufsteigen würde. Sein Vater war der jüngste von vier Brüdern und anfangs ohne Aussicht auf Reich und Herzogstitel, seine Mutter zehrte vom Ruhm und Glanz ihrer Vorfahren.

Es war eine schwere Geburt. Drei Tage und drei Nächte lag Sophie von der Pfalz in den Wehen – selbstverständlich im Beisein eines kleinen Hofstaates, der wie üblich darüber wachte, dass der Fürstin kein fremdes Kind untergeschoben wurde. »Man fürchtete, dass ich oder das Kind sterben würde«, erinnerte sich die Mutter in ihren Memoiren. Dabei war sie schon im achten Monat von ihrer Mutter aus Den Haag zurückgekehrt, um nur ja nicht durch die Rüttelei in der Kutsche eine Frühgeburt zu riskieren. Nach mehreren Fehlgeburten schließlich quälte sie die Furcht, überhaupt kein lebendes Kind zur Welt bringen zu können.

Aber die Angst war unbegründet. Der Kampf endete glücklich. Sophie schenkte einem gesunden Knaben das Leben. Der kleine Hofstaat applaudierte erleichtert, als eine der Hebammen das kräftige Kind hoch hielt. »Der Herr Herzog bezeugte große Freude darüber, und alle Untertanen taten ebenso«, schrieb die Mutter später.

Am glücklichsten war die Mutter selbst. Sie habe gleich, nachdem die Geburtsschmerzen nachgelassen hätten, mit ihrem Mann und dessen Bruder Johann Friedrich ein Trio gesungen, teilte sie am Tag darauf ihrem in Heidelberg lebenden Bruder Karl Ludwig mit. Der Junge erhielt den Doppelnamen Georg Ludwig, welfische und pfälzische Tradition sollten sich darin vereinen – Georg wie sein Celler Onkel Georg Wilhelm, Ludwig wie sein Onkel aus Heidelberg.

Wenngleich seine Gesichtszüge später mehr an seine Mutter erinnerten, war er anfangs nach Ansicht des Hofstaats äußerlich seinem Vater am ähnlichsten. Die lange und scharf geschnittene Nase und die wohlgeformten Hände deuteten auch noch im Erwachsenenalter auf den Erzeuger hin. So groß wie Ernst August wurde er aber nicht, von gedrungener, untersetzter Gestalt soll der Prinz in reiferen Jahren gewesen sein.

Doch für seine Mutter war er »schön wie ein Engel«, und sie freute sich, nun auch während der vielen Reisen ihres Gemahls »diesen Gegenstand zu haben, um meiner Zärtlichkeit genug zu tun«.

Während andere Mütter in fürstlicher Stellung ihre Kinder schnell ihren Ammen und Hofdamen übergaben, bestand Sophie darauf, den Sohn so oft wie möglich bei sich zu behalten. Sie nahm den kleinen Georg Ludwig daher schon zehn Monate nach seiner Geburt mit auf eine Reise nach Heidelberg, wo sie ihren Bruder Karl Ludwig besuchte.

Keine Frage, Sophie von der Pfalz tat alles, um eine gute Mutter zu sein, hing mit ganz besonderer Zärtlichkeit an dem Erstgeborenen. Als sie später ihre beiden ältesten Söhne miteinander verglich, stellte sie fest, dass Georg Ludwig ein typischer Braunschweiger sei: Schwerfällig, phlegmatisch, das Gegenstück zu dem anderthalb Jahre jüngeren Friedrich August, der in ihren Augen ein sehr lebhaftes Kind war, ein kleiner pfälzischer Teufel, ein Filou. Gleichwohl betonte Sophie, dass sie den Erstgeborenen am liebsten habe.

Als Georg Ludwig gerade seinen ersten Geburtstag gefeiert hatte, siedelten seine Eltern von Hannover auf Schloss Iburg bei Osnabrück über. Georg Ludwigs Vater war protestantischer Fürstbischof von Osnabrück geworden.

Religionsfragen blieben in der fürstlichen Familie aber weiterhin von untergeordneter Bedeutung. Frömmler und religiöse Eiferer waren Sophie seit jeher ein Greuel, und wie ihr Gemahl Ernst August war sie zwar protestantisch, aber frei von jedem Fanatismus – eine Haltung, die sie auch an ihre Kinder weitergab. Die Erziehung folgte den freisinnigen Grundsätzen der Aufklärung, die Frage der Konfession war für die Familie keine Glaubenssache, sondern eine Frage der Zweckmäßigkeit, des politischen Kalküls.

Gemeinsam mit seinem jüngeren Bruder Friedrich August verbrachte Georg Ludwig seine ersten Lebensjahre auf Schloss Iburg. Als er sechs war, kamen weitere Geschwister in rascher Folge hinzu: Maximilian Wilhelm (1666), Sophie Charlotte (1668), Karl Philipp (1669), Christian Heinrich (1671) und das Nesthäkchen Ernst August (1674).

Georg Ludwig war schon als kleiner Junge bestrebt, zu tun, was seine Eltern von ihm erwarteten. Während sein jüngerer Bruder nur wenig Geduld aufbrachte, in der Fibel zu lesen, zeigte der kleine Georg Ludwig großen Lerneifer. Ein Musterknabe! Schon in jungen Jahren erwachte das Soldatische in dem Welfenprinzen. Bei einem Besuch in Lüneburg soll der Siebenjährige eine Kompanie von kleinen Salzjunkern kommandiert und sich dabei wie ein Heerführer gebärdet haben. Aber der Prinz glänzte auch mit seinen Geistesgaben. Wenn seine Eltern sonnabends junge Adelssöhne zum geistigen Wettstreit einluden, trug »Louischen«, wie ihn seine Mutter liebevoll nannte, meist den Sieg davon.

In früher Kindheit betreute ihn in erster Linie Katharine von Offeln, die Sophie von Heidelberg nach Hannover begleitet hatte, später den hannoverschen Oberhofmeister Friedrich von Harling heiratete und der Herzogin somit als treue Freundin und Kinderfrau erhalten blieb.

Als die hannoversche Fürstin 1664 mit Ernst August nach Italien reiste und ein ganzes Jahr lang von ihren Kindern getrennt war, stand sie in ständigem Briefkontakt mit der Hofmeisterin und gestand, dass sie lieber mit ihren Kindern spielen würde »als alhir die Statuen besehen«. Stets hielt sie Ausschau nach Geschenken für ihre beiden Jungen, beriet sich mit Frau von Offeln über die angemessene Kleidung und besorgte im fernen Italien die erforderlichen Stoffe dafür. Erfuhr sie, dass ihre Söhne krank waren, wurde sie selbst fast krank. In einem Brief erkundigt sie sich bei der Kinderfrau, ob »Louischen« (gerade vier Jahre) auch »geschickt tanzen« lerne. »Wenn er sich nur nicht hinter 'Gustchen' (Friedrich August) zurückgesetzt fühlt und darüber melancholisch wird.«

Auch Herzog Ernst August mühte sich um seinen Ältesten. Schon früh führte der Fürst Georg Ludwig ins Militärhandwerk ein, ließ ihm von ausgesuchten Erziehern militärische Tugenden einpflanzen und nahm ihn bereits im Alter von 15 Jahren mit in die erste Schlacht.

Im gleichen Jahr durfte Georg Ludwig seinen Vater auch bereits ins Bordell begleiten. Kurze Zeit später jedoch nahm die sexuelle Entwicklung des Prinzen einen auch aus Sicht des Vaters allzu stürmischen Verlauf. Georg Ludwig nämlich schwängerte die Untergouvernante seiner Schwester Sophie Charlotte, kaum dass er

Die Celler Herozogstochter
Sophie Dorothea

seinen 16. Geburtstag gefeiert hatte. Sein Vater machte ihm heftige Vorhaltungen. Später nahm sich der frühreife Prinz die Schwester der Mätresse seines Vaters zur Geliebten: Maria Katharine von Meysenburg, die spätere Gemahlin des Hofbeamten Johann von dem Bussche.

Für die Ehe war eine solche Dame niederen Standes selbstverständlich indiskutabel. Da sollten die staatspolitischen Interessen der Eltern den Ausschlag geben. Anfangs bestand wie erwähnt der Plan, ihn mit der englischen Prinzessin Anne zu verheiraten, einer entfernten, erbberechtigten Verwandten seiner Mutter aus dem Hause Stuart. Zu diesem Zweck wurde Georg Ludwig im Dezember 1680 nach London geschickt. Der Prinz traf mit der Prinzessin auch wie geplant zusammen. Doch Georg Ludwig erwies sich nicht gerade als Herzensbrecher, so dass sich die englische Prinzessin gekränkt anderen Kandidaten zuwandte.

In dieser Zeit machte auch seine Mutter kein Hehl aus ihrer Enttäuschung. »Mehr als kalt«, nannte sie ihr Louischen. »Der starrsinnigste Kerl, der mir je begegnet ist«, schrieb sie in einem Brief über den jungen Mann. »Sein Gehirn ist von einer so dicken Kruste überzogen, dass ich wette, niemand wird je erfahren, was sich darunter befindet.« Auch ihre in Versailles lebende Nichte Liselotte von der Pfalz hatte nicht die beste Meinung von Georg Ludwig. »Trocken und kalt wie Eis«, mit diesen Worten charakterisierte sie den jungen Prinzen in einem Brief an dessen eigene Mutter.

Schließlich übernahmen es Georg Ludwigs Eltern, die Eheschließung ihres Sohnes in die Wege zu leiten. Der Welfenprinz wurde mit seiner sechs Jahre jüngeren Cousine Sophie Dorothea verheiratet, der einzigen Tochter des Herzogs von Celle. Von Liebesheirat konnte nicht die Rede sein. Sophie Dorothea fand ihren Bräutigam hässlich

und langweilig, nannte ihn »Schwei-
neschnauze«; Georg Ludwig fand
seine Braut dumm und verwöhnt.
Doch die politischen Gründe, die
Interessen der Dynastie, wogen
schwerer als persönliche Animosi-
täten. Ernst August und Sophie, mittlerweile zum regierenden Fürstenpaar
über das Herzogtum Hannover aufgestiegen, hofften, auf diesem Wege
das große Herzogtum Celle ihrem
deutlich kleineren Fürstentum einver-
leiben zu können. Der Ehevertrag,
der dabei ausgehandelt wurde, berechtigte in dieser Hinsicht zu den
schönsten Hoffnungen.

Georg Ludwig in jungen Jahren

Dies versöhnte auch den Bräuti-
gam mit dem sauren Apfel, in den man ihn beißen ließ. »Die Heirat
interessiert ihn wenig, aber zehntausend Taler haben ihn überzeugt,
wie sie wohl auch jeden anderen überzeugt hätten«, schrieb seine
Mutter an ihre Nichte Liselotte. »Es ist eine bittere Pille, aber wenn
sie mit 100.000 Talern vergoldet wird, macht man die Augen zu und
schluckt sie hinunter.«

Dem persönlichen Glück des Brautpaares war dieser Kuhhandel
nicht sehr förderlich. Sophie Dorothea schenkte ihrem Mann zwar
zwei gesunde Kinder – Georg August (geb. 1683) und Sophie Dorothea (geb. 1687) –, doch die Ehe wurde zum Desaster. Georg Ludwig
besuchte auch nach der Heirat weiterhin seine Mätresse und als man
Maria von ihm entfernte, wählte er sich die neue Hofdame seiner
Mutter zur Dauergeliebten: Melusine von der Schulenburg, Tochter
einer Adelsfamilie aus der Altmark. Melusine war groß und dünn und
wurde von Georg Ludwigs Mutter spöttisch als »Hopfenstange« oder
»Vogelscheuche« bezeichnet, weil sie den Geliebten so deutlich über-
ragte. Ein Gesicht wie ein Pferd, doch in ihrem Wesen war Melusine
nachgiebig und geduldig, versuchte zu gefallen und zu besänftigen
und teilte Georg Ludwigs Interesse an Musik und Theater.

Es war üblich, dass sich ein Prinz eine Geliebte hielt. Gänzlich unüblich dagegen war es, dass sich eine verheiratete Prinzessin einen Liebhaber leistete. Doch genau dieses Recht nahm sich Georg Ludwigs Gemahlin. Sophie Dorothea tröstete sich mit dem schönen Grafen Philipp Christoph von Königsmarck über ihr Eheelend hinweg. Die heimliche Affäre ließ sich indessen immer weniger verbergen, empörte in wachsendem Maße den hannoverschen Hof wie die fürstliche Familie und endete 1694 schließlich in einer Katastrophe: Der schöne Graf wurde ermordet und die Ehebrecherin nach einem inszenierten Scheidungsverfahren in das abgelegene Allerdorf Ahlden verbannt. Georg Ludwig, der während der Ermordung Königsmarcks seine Schwester Sophie Charlotte in Berlin besucht hatte, war entsetzt, als er nach seiner Rückkehr die beschlagnahmten Briefe las, die seine Frau ihrem Geliebten geschickt hatte. Darin hatte Sophie Dorothea unter anderem geschrieben, sie wünsche, ihr schrecklicher Mann fände in der Schlacht den Tod. Ein Schlag in die Magengrube!

Georg Ludwig hätte es freigestanden, sich ein zweites Mal zu verheiraten. Doch er blieb seiner Mätresse treu und zeugte mit Melusine drei uneheliche Kinder, die – im Unterschied zu seinem ersten – immerhin alle von der Familie akzeptiert wurden: Anne Luise (geb. 1692), Petronella Melusina (geb. 1693) und Margarethe Gertrud, genannt Trudchen (geb. 1701). Die Mädchen durften den Vater bisweilen auch bei offiziellen Anlässen begleiten – manchmal sogar in der Gesellschaft ihrer beiden Halbgeschwister Georg August und Sophie Dorothea der Jüngeren.

Unterdessen hatte Herzog Ernst August seinen Ältesten zum Alleinerben gemacht – sehr zum Ärger seiner jüngeren Söhne und auch seiner Frau. Doch die sogenannte Primogenitur nach dem Grundsatz »Alles für den Ältesten« war Voraussetzung, um in den erlauchten Kreis der Kurfürsten aufgenommen zu werden, und genau dies strebte Ernst August mit aller Macht an.

Es gelang ihm auch. Doch sehr viel Zeit, die so lange herbeigesehnte Kurwürde auszukosten, blieb ihm nicht. Der alte Herzog erkrankte, siechte dahin und starb schon 1698.

Georg Ludwig trat damit die Nachfolge an – als Kurfürst von Hannover. Als Feldherr im Dienste seines Vaters hatte er sich bereits einen Ruf als besonnener Heerführer erworben. Er galt als verantwortungsvoll, weil er wagemutige Einsätze ablehnte und das Leben seiner Soldaten möglichst schonte. Auch in seiner Lebensführung gab sich der junge Kurfürst zurückhaltender als sein Vater – verzichtete auf Prunk und überflüssige Luxusreisen und achtete auf eine sparsame Haushaltsführung – eine Haltung, die ihm bisweilen als Geiz ausgelegt wurde.

Schließlich, sein Vater war erst wenige Monate in der Gruft, kam eine neue Aussicht auf ihn zu. Die Aussicht, König von England zu werden.

* * *

Begegnungen bei der Jagd

10. Oktober 1698, Göhrde. Ein Hirsch rennt um sein Leben. Vier Stunden schon ist das edle Tier von den Hunden der großen Jagdgesellschaft durch die Wälder der Göhrde gehetzt worden, da bietet sich plötzlich eine Fluchtmöglichkeit. Die Elbe. Ohne lange zu zögern springt der Rothirsch in den grauen Strom. Aber die Rettung ist nur von kurzer Dauer. Denn schnell erkennt das erschöpfte Tier, dass es keine Chance hat, den breiten Fluss zu überqueren. Da die Jäger ihre Meute zurückgepfiffen haben und die Gefahr gebannt zu sein scheint, schwimmt es in einem trügerischen Gefühl der Sicherheit zum Ufer zurück. Doch noch ehe es zum Stehen kommt, stürmt eine Schar Bauern auf das Tier zu und fängt es mit einem großen Fischernetz ein. Der Hirsch bäumt sich mit letzter Kraft auf, versucht zu springen, strampelt wie wild, doch dabei verfängt er sich nur immer weiter im Netz.

Die Bauern haben somit keine Probleme, ihre Beute an Land zu ziehen.

Selbstverständlich steht es ihnen nicht zu, den Hirsch selbst zu erlegen. Jäger von allerhöchstem Rang schließlich haben sich am Ufer versammelt, nachdem sie zuvor auf dem Rücken ihrer Pferde das Tier durch die Wälder gehetzt haben – Minister sind darunter, Grafen, Herzöge, ja sogar ein König: Wilhelm III., König von England.

Die hochwohlgeborenen Jäger haben einen Kreis gebildet und das Schauspiel von ihren Pferden aus beobachtet. Nun fordern sie Wilhelm von Oranien mit ergebener Geste auf, den königlichen Schuss zu tun oder das panisch verängstigte Tier mit dem Stich des Hirschfängers zu erlösen. Doch der König verzichtet auf diese Ehre.

»Lasst ihn laufen«, ruft er den Bauern zu. »Es hat so tapfer um sein Leben gekämpft, dass wir ihm die Freiheit schenken sollten. Außerdem wäre es nicht sehr ruhmreich, das Tier in seinem elenden Zustand zu töten. Ich bin doch kein Schlächter.«

Die Bauern in ihren nassen Kleidern sind ein bisschen enttäuscht, doch der größte Teil der berittenen Jagdgesellschaft bezeugt dem hohen Gast stummen Respekt. Besonders die hochwohlgeborenen Damen, die die Ansprache von ihren Kutschen aus verfolgt haben, nicken zustimmend.

Bevor die Bauern den Hirsch aus dem Netz befreit haben, erhebt noch einmal der König das Wort.

»Wir sollten dem König der Wälder eine kleine Erinnerung mit auf den Weg geben«, schlägt er schmunzelnd vor. »Sicher habt Ihr für diesen Zweck eine geeignete Brosche dabei, Oberhofjägermeister.«

»Ergebenst zu Diensten, Durchlaucht.«

Unter dem amüsierten Gemurmel der Jagdgesellschaft lässt der Oberhofjägermeister dem gefangenen Tier eine Ohrmarke einziehen, bevor es endlich in die Freiheit entlassen wird. Zögernd, als könnte er sein Glück noch nicht fassen, erhebt sich der Hirsch, vollführt einige unsichere, tastende, fast taumelnde Schritte, bis er mit einem mächtigen Sprung das Weite sucht.

Eleonore d'Olbreuse, die Herzogin von Celle, ist so begeistert von dem Anblick, dass sie spontan applaudiert, wobei sie dem englischen König einen anerkennenden Blick zuwirft.

Zwei Stunden später versammelt sich die Jagdgesellschaft bei Fackelschein im abendlichen Schlosspark, um jenen Tieren die letzte Ehre zu bezeugen, denen nicht so viel Gnade erwiesen worden ist wie dem glücklichen Hirschbullen. Zwei Rothirsche, acht Damhirsche, zwanzig Sauen, zwölf Keiler und zweiunddreißig Frischlinge sind am Boden ausgelegt – eine eher magere Strecke für die lange Hetzjagd mit den mehr als hundert Jägern. Doch die Stimmung ist gut an diesem milden Oktobertag. Lächelnde Mienen beim abschließenden Halali: »Sau tot, Hirsch tot, Halali.«

Eingeladen zu dieser Jagd, die zwei Wochen dauern wird, hat der Celler Herzog Georg Wilhelm, ein alter Freund des englischen Königs. Unter den Gästen ist auch der Neffe des Jagdherrn, der hannoversche Kurfürst Georg Ludwig, der dieses Amt erst wenige Monate zuvor von seinem am 23. Januar 1698 verstorbenen Vater übernommen hat. Georg Ludwig ist mit einem großen Teil seines Hofstaats und seiner kompletten Familie angereist – mit seiner Mutter, der Fürstin Sophie, und seinen Kindern Georg August und Sophie Dorothea. Die Mutter der Kinder ist nicht dabei. Seit fünf Jahren hat Georg Ludwig kein Wort mehr mit der Prinzessin gesprochen, die wie die gemeinsame Tochter Sophie Dorothea heißt. Die Ehe wurde wie erwähnt geschieden, Sophie Dorothea verbannt – eine überaus peinliche Affäre, über die am hannoverschen Hof nach wie vor kein Wort gewechselt werden darf.

Besonders peinlich ist die Affäre deshalb, weil es sich bei der verbannten Prinzessin um die Tochter des Celler Herzogs Georg Wilhelm handelt, eines Onkels des hannoverschen Kurfürsten. Georg Ludwig weiß, dass sein Onkel schwer unter der Trauer und Enttäuschung über seine geliebte Tochter leidet. Doch er kann sich darauf verlassen, dass der Heideherzog die beschlossene Bestrafung respektiert. Der Staatsräson beugt sich auch Georg Wilhelm. Anders verhält es sich mit dessen Gemahlin, der Herzogin Eleonore. Die nutzt jede Gelegenheit, um sich für ihr einziges Kind einzusetzen, lässt nichts unversucht, um die beschlossene Verbannung zu lockern, wenn nicht gar aufzuheben. Um Druck auszuüben, nutzt sie auch ihre Verbindung zu benachbarten Staatsoberhäuptern.

Georg Ludwig fürchtet, dass sie auch jetzt versuchen wird, den englischen König für ihre Interessen einzuspannen. Es ist bekannt, dass Wilhelm III. schon seit 1694 Witwer, der Celler Herzogin sehr zugetan ist. Georg Ludwig hat daher bereits auf diplomatischem Wege alles getan, um einen solchen Einflüsterungsversuch abzuwehren. Der König von England ist vorgewarnt.

In anderer Hinsicht verbinden die hannoverschen Gäste jedoch große Erwartungen mit dem Besuch des Monarchen. Dabei geht es um die Thronfolge im Inselreich. Die Mutter des hannoverschen Kurfürsten nämlich entstammt dem Hause Stuart, dem englischen

Königsgeschlecht. Sophie ist eine Enkeltochter Jakobs I., der von 1603 bis 1625 über England und Schottland herrschte. Ihr Cousin ließ sich 1685 als Jakob II. zum englischen König krönen, wurde aber schon vier Jahre später wegen seiner Selbstherrlichkeit und katholischen Kirchenpolitik vom Parlament gestürzt und aus dem Land gejagt. Während Jakob II. Asyl in Frankreich fand, bestieg der Protestant Wilhelm von Oranien den englischen Thron – gemeinsam mit Maria, der Tochter seines geflüchteten Amtsvorgängers, die er schon 1677 zur Frau genommen hatte.

Die Ehe der beiden blieb kinderlos. Auch der einzigen Schwester der englischen Königin, Prinzessin Anne, war das Mutterglück lange nicht hold. Entweder starben ihre Kinder bereits im Mutterleib oder schon bald nach der Entbindung. Erst beim siebten Kind schien es besser zu gehen. Der kleine William war kränklich, aber überlebte.

Der Junge ist gerade neun, als in der Göhrde zur Jagd geblasen wird. Es ist geplant, dass der Knabe, der den Titel »Herzog von Gloucester« führt, einmal den englischen Thron besteigt. Das weiß auch Georg Ludwigs Mutter. Dennoch sieht sie eine Möglichkeit, die Chancen für ihre eigene Familie zu wahren. Die hannoversche Fürstin will ihre Enkeltochter Sophie Dorothea, das Mädchen ist zwölf, mit dem kleinen Herzog von Gloucester verheiraten. Aus Sophies Sicht gäbe es nichts Schöneres, als diese Jagd in der Göhrde mit der Verlobung der beiden Kinder zu krönen. Eine wunderbare Aussicht!

Sophie hat schon mehrfach mit Wilhelm III. kluge Briefe gewechselt. Sie weiß, dass der sie schätzt, doch nur in intellektueller Hinsicht. Ihre Celler Schwägerin, da macht sie sich nichts vor, steht dem englischen König vom Herzen her näher. Wilhelm von Oranien soll bereits heftig mit der schönen Französin geflirtet haben. Sophie schätzt ihre Schwägerin zwar nicht besonders, weiß diese bedeutsame Beziehung aber zu würdigen. So ist sie dankbar, als sie erfährt, dass ihr Gelehrtenfreund Gottfried Wilhelm Leibniz auf Eleonore eingewirkt hat, beim englischen König die Sukzessionsfrage anzuschneiden: die Frage der Thronfolge im Vereinigten Königreich. Selbstverständlich verbindet sich damit die Hoffnung, dass der Philosoph ein gutes Wort für die Stuart-Nachfahren in Hannover einlegt. Schließlich sind Georg August und die kleine Sophie Dorothea auch die Enkelkinder der Herzogin von Celle!

Die Hoffnung erfüllt sich. Die Herzogin von Celle präsentiert dem englischen König in lockerer Runde ihre Enkeltochter und Wilhelm von Oranien, der schon seine Begeisterung über den Jungjäger Georg August zum Ausdruck gebracht hat, ist auch entzückt von dessen Schwester.

»Ich bin ganz sicher, dass sich unser Wilhelm prächtig mit dieser hübschen Prinzessin verstehen wird«, sagt der König. »Nein, ich habe gegen eine Verlobung nichts einzuwenden, gar nichts.« Lachend fügt der gebürtige Holländer hinzu: »Aber vielleicht sollten wir noch ein bisschen warten. Die beiden scheinen mir etwas jung für die Liebe.«

Eleonore reagiert auf diese Bemerkung mit beifälligem Schmunzeln, erhebt aber in koketter Drohgebärde den rechten Zeigefinger. Wilhelm III. lässt sich davon nicht abschrecken. Er legt belustigt seine Hand auf die Schulter der Herzogin und zieht sich mit ihr plaudernd in ein Nebenzimmer zurück. Es dauert länger als eine Stunde, bis die beiden wieder gesehen werden.

»Was habt ihr denn so lange zu besprechen gehabt?«, fragt später Eleonores Gemahl.

»Wir haben die Frage der englischen Thronfolge erörtert«, antwortet die Herzogin nicht ohne Stolz – und sie gesteht, dass Leibniz sie darauf gebracht habe.

»Interessant«, erwidert Georg Wilhelm verstimmt. »Ich wusste gar nicht, dass du solchen Anteil an der hohen Politik nimmst. Warum hast du mich denn nicht eingeweiht in deine, wie soll ich sagen, staatspolitisch so wichtige Mission?«

»Wahrscheinlich hättest du es mir verboten«, sagte Eleonore spitz. »Aber darauf wollte ich es nicht ankommen lassen. Dafür ist mir die Sache zu wichtig.«

Auch der hannoversche Kurfürst erfährt von dem Vorstoß seiner einstigen Schwiegermutter. Und Georg Ludwig zeigt sich peinlich berührt.

»Der König muss ja meinen, dass ich es war, der dieses Techtelmechtel veranlasst hat.«

»Davon bin ich ausgegangen«, hält Eleonore dagegen. »Wie sollte dieser Herr Leibniz sonst darauf kommen?«

Es bleibt nicht das einzige Mal, dass der Philosoph sich ohne höheren Auftrag in politische Geschäfte einmischt, um den Anspruch der Hannoveraner auf den Thron in London zu unterstreichen, vermutlich weil es ihn selbst danach gelüstet, von der Leine an die Themse zu wechseln. Doch wirkliche Weitsicht ist bei seinen Vorstößen nicht immer erkennbar. Denn bisweilen ist der diplomatische Schaden größer als der Nutzen. Georg Ludwig entwickelt daher einen wachsenden Zorn auf den Gelehrten, der als Erfinder, Mathematiker, Mineraloge, Bergwerksexperte, Projektemacher, Philosoph, Historiker, Jurist, Staatsmann und manches mehr zu glänzen bemüht ist, in Wirklichkeit aber, davon ist der Kurfürst überzeugt, nur sich selbst in Szene setzt – auf wahrhaft blendende Weise!

Immer weiter steigert sich Georg Ludwig in Gedanken in seinen Ärger über diesen Philosophen hinein: *Was ist das überhaupt für ein Mann? In keiner einzigen Schlacht hat sich der Mensch bewährt. Nicht einmal bei der Jagd lässt er sich blicken. Vermutlich würde er beim Anblick einer blutenden Sau in Ohnmacht fallen. Ein Mann? Nein, das ist kein Mann, das ist eine Memme. In den Adern dieses Wichts fließt kein Blut, sondern Tinte.*

Hätte seine Mutter nicht ihre schützende Hand über Leibniz gehalten, Georg Ludwig hätte dem Treiben seines fürstlich bezahlten Justizrates vermutlich schon lange einen Riegel vorgeschoben. *Peinlich war das, was dieser Kerl im Namen des hannoverschen Fürstenhauses ins Werk setzte, außerordentlich peinlich.*

* * *

Juli 1700, Ahlden. Die Sonne sticht. Die Frösche quaken. Die Schwalben fliegen tief. Es ist schwül. Es könnte ein Gewitter geben. Die Bauern von Ahlden haben es darum an diesem Julinachmittag ganz besonders eilig, ihr Heu von den Marschwiesen ins Trockene zu bringen. Alle helfen mit, das trockene Gras zusammenzuharken und auf die Pferde- und Ochsenkarren zu laden, Männer, Frauen, Kinder, Greise.

Plötzlich aber halten alle bei der Arbeit inne. Was ist das? Kein Blitz, kein Donnerschlag lässt die Bauern aufhorchen. Es ist die verrückte Prinzessin. Die Celler Herzogstochter, Sophie Dorothea soll sie wohl heißen, ist mit ihrer kleinen Kutsche unterwegs – gefolgt von einer großen Schwadron Soldaten. Es kann ihr scheinbar wieder mal nicht schnell genug gehen, der Dame. Sie lässt die Peitsche knallen, treibt ihre beiden Pferde mit ihrer glockenhellen Stimme an. Dabei ruft sie nicht einfach nur »Hü« oder »Hopp«, sondern »Allez, allez«. Denn die verrückte Prinzessin spricht nicht etwa Plattdeutsch, sondern Französisch – meistens jedenfalls.

Die schwitzenden Bauern lachen, machen Scherze über die »Madame« und ihre Pferde, die nur Französisch verstehen, winken, rufen den Soldaten zu, dass sie sich beeilen sollen, damit Sophie Dorothea sie nicht abhängt.

Keiner weiß, warum die Prinzessin mit ihrem Hofstaat vor einigen Jahren quasi über Nacht in das kleine Schloss von Ahlden einquartiert worden ist – streng bewacht von Soldaten. Die einen sagen, dass sie ihr Kind ertränkt hat, andere munkeln, dass sie eine Hexe ist. Wieder andere wollen wissen, dass sie durchgedreht ist am Hofe und hier in der Allermarsch wieder zur Ruhe kommen soll. Aber es ist für die Ahldener letztlich auch egal, warum die Prinzessin hier ist. Einig sind sich alle darin, dass sie das Leben in dem abgeschiedenen Flecken zwischen Aller und Leine, Marsch und Moor abwechslungsreicher gemacht hat. Man könnte fast sagen, dass ein herrschaftlicher Glanz über die Ahldener Bauern, Bäcker, Schmiede, Stell- und Radmacher gekommen ist, seit im Sommer 1694 eines Nachts diese Kutsche aus Hannover mit der schönen rundlichen Frau mit den

braunen Augen und dem großen Busen auf dem Schlosshof vorgefahren ist.

»Allez, allez, hü, hopp.« Immer öfter mischen sich neuerdings
deutsche Laute in die Anfeuerungsrufe der Prinzessin. Es hat den
Anschein, dass sie sich eingewöhnt. Seit einiger Zeit dürfen einmal in
der Woche die Dorfkinder zu ihr aufs Schloss kommen. Sie wirft
ihnen dann Konfekt und kleine Kuchen zu und freut sich, wenn sich
die Kinder auf die Süßigkeiten stürzen.

Es geht das Gerücht, dass die Prinzessin sonst meist nicht so froh
sein soll. Eine Ahldenerin, die gelegentlich in der Schlossküche aus-
hilft, hat erzählt, dass sich die hochwohlgeborene Dame jeden Tag
betrinkt, damit sie ihren großen Kummer vergisst. Kummer? Darüber kann man wieder nur einfach lachen. Fast alle im Dorf würden
liebend gern mit ihr tauschen. Denn die Prinzessin trägt die feinsten
Kleider, die man sich denken kann, hat jeden Tag eine andere Perücke
auf, duftet nach den herrlichsten Parfüms der Welt und bekommt zu
essen und zu trinken, wovon normal Sterbliche nur träumen können.
Aber der Pastor sagt, dass sie nicht zu beneiden ist. »Sie ist eine
Verstoßene«, sagt der Dorfgeistliche. »Ihr Mann will sie nicht mehr
sehen. Nie mehr in ihrem Leben darf sie ins große Schloss nach
Hannover zurück, nicht einmal nach Celle lässt man sie mehr, in den
Palast ihrer Eltern. Mit keinem von all den hochwohlgeborenen
Leuten darf sie mehr reden. Nicht mal ihre Kinder lässt man zu ihr.
Nur ihre Mutter darf sie besuchen kommen, wenn es die hohen
Herren erlauben.«

So ist es auch in diesen Sommertagen. Die Celler Herzogin
Eleonore d'Olbreuse ist am Tag zuvor nach Ahlden gekommen, um
ihre Tochter einmal wieder aufzumuntern. Und sie hat spannende
Neuigkeiten im Gepäck. »Es ist etwas im Gange«, hat sie Sophie
Dorothea schon gleich beim Abendessen zugeraunt. Die Einzelheiten hat sie erst erzählt, als sie nach dem Essen mit Sophie Dorothea
allein war.

»Die Sachsen sind über die Grenze gekommen, zusammen mit
ihren dänischen Verbündeten. Sie sollen schlimm gewütet haben,
ganze Dörfer, wird erzählt, haben sie niedergebrannt. Unsere Leute
haben sie erst einmal hinter die Grenze zurückgedrängt. Aber die
Gefahr ist damit noch längst nicht vorüber.«

Sophie Dorothea hörte ihrer Mutter gebannt zu. Die Berichte von den Verwüstungen schockierten sie. Aber da war auch etwas anderes – etwas, das ihr Hoffnung machte. Denn sie wusste, dass der Kurfürst der Sachsen, August der Starke genannt, ein Freund ihres Liebsten gewesen war. Und obendrein war die Schwester ihres Liebsten, Marie Aurora von Königsmarck, lange Zeit die Mätresse des Kurfürsten in Sachsen. Die beiden haben sogar ein gemeinsames Kind. Es ist auf den Namen Moritz getauft worden.

Immer wieder hat Marie Aurora, der märchenhafte Schönheit nachgesagt wird, sich beim hannoverschen Hof nach dem Schicksal ihres verschollenen Bruders erkundigt. Ihr Geliebter, August der Starke, hatte die Hannoveraner gedrängt, Königsmarck herauszugeben oder zumindest die Wahrheit über sein Verschwinden zu sagen. Immer aber waren nur Ausflüchte gekommen, die höfliche, aber bestimmte Mitteilung, dass man nichts Näheres wisse.

Doch der Sachsenfürst hatte andere Informationen, drängte weiter. Schließlich hatte August seinen Freund Königsmarck kurz vor dessen Verschwinden zum Generalmajor ernannt.

»Und jetzt haben sie Angst, dass er sie mit Gewalt zum Reden zwingen will. Dass er sich rächt. Und ...«

Die Herzogin musste erst noch einen Schluck Wein trinken, um in Worte zu fassen, was ihr fast das Herz sprengte: »Und dass er dich befreit.«

»Mich befreit?«

Die Herzogin nahm ihre Tochter in den Arm. Tränen liefen über ihre Wangen. »Ja, davor haben sie Angst. Und das Schöne ist, deswegen wollen sie dich hier rausholen und in Sicherheit bringen.«

»In Sicherheit? Wo?« Sophie Dorothea war verwirrt, eine Art Schwindel überkam sie. Alles schien sich plötzlich zu drehen.

»Dein Vater möchte dich am liebsten nach Celle holen. Leider nicht auf Dauer, sondern nur solange die Gefahr«, sie zog das Wort mit einem Ausdruck des Widerwillens in die Länge, »andauert. Aber das ist natürlich eine großartige Chance, und wir werden sie nutzen, mein Kind.«

Sophie Dorothea war sprachlos, konnte kaum glauben, was sie da hörte. Doch sie wusste, dass ihre Mutter über vorzügliche Informationsquellen verfügte. James Cresset, der englische Gesandte an den

Philipp Christoph
Graf von Königsmarck

Welfenhöfen in Celle und Hannover, war mit Eleonores Cousine Louise-Marie de la Motte-Fouqué verheiratet und hielt die Celler Herzogin stets auf dem Laufenden – auch über die Affäre Königsmarck. Über seinen Kollegen George Stepney, der als britischer Gesandter am Hof in Dresden akkreditiert war, hatte der Diplomat erfahren, dass bezahlte Mörder Königsmarck getötet hatten – gedungen und bezahlt vom hannoverschen Kurfürsten persönlich. Es war unglaublich.

Sophie Dorothea war wie gelähmt gewesen, als ihre Mutter das erste Mal davon gesprochen hatte. Die Einzelheiten waren ungeheuerlich. Ein italienischer Graf namens Don Nicoló Montalban, der am hannoverschen Hof gelebt hatte, sollte den tödlichen Stich geführt haben und dafür fürstlich entlohnt worden sein. 15.000 Taler habe man dem Mann als Blutlohn gezahlt, der sich als Mönch ausgab, Operetten schrieb und die Damen des Hofes als Kavalier auf ihren Reisen begleitete, hieß es. 15.000 Taler! Kurze Zeit später war der Graf in seine italienische Heimatstadt Mantua zurückgekehrt und verschwunden. Spurlos!

Gern hätten ihn die Sachsen zur Rede gestellt. Aber auf einmal war der Mann wie vom Erdboden verschluckt gewesen – ähnlich wie vorher Königsmarck. Es hieß, dass auch noch andere Kavaliere des hannoverschen Hofes an der Tat beteiligt gewesen waren. Es wurden sogar Namen genannt – Namen, die Sophie Dorothea gut bekannt waren. Doch selbstverständlich wiesen die Herren jede Beteiligung von sich und drohten jedem Strafe an, der die Anschuldigungen wiederhole.

Sophie Dorothea hatte oft mit ihrer Mutter darüber gesprochen. All das überstieg ihre Vorstellungskraft, all das waren für sie bisher nur Gerüchte, haltlos und verwirrend. Dass die »böse Platen«, die

Mätresse ihres Schwiegervaters, das Mordkomplott angezettelt haben könnte, lag schon eher im Bereich des Möglichen. Aber doch nicht der Herzog und ihr eigener Mann!

Dennoch fragte sie sich bisweilen, ob sie nicht mehr tun müsse, um Licht in diese Affäre zu bringen – immer wieder. Doch die Antwort ihrer Mutter war stets die gleiche: »Du musst an deine Kinder denken. Wenn herauskommt, was ihr Vater und Großvater getan haben, könnte das ihre Zukunft gefährden. Und du weißt, welch großartige Möglichkeiten ihnen offen stehen.«

Sophie Dorothea mit ihren Kindern Georg August und Sophie Dorothea

Sophie Dorothea seufzte. Diese großartigen Aussichten, die sich ihren Kindern boten, halfen auch ihr selbst, den tristen Alltag mit all seinen Demütigungen und Kränkungen ein wenig besser zu ertragen. Aber das Gefühl, dass der Mord an ihrem Liebsten ungesühnt bleiben sollte, machte ihr zu schaffen.

Doch jetzt schimmerte ja auf einmal ein ganz unerwarteter Hoffnungsstrahl vor ihr auf: Zurück nach Celle!

Sophie Dorothea ist berauscht von dieser Vorstellung, während sie mit ihrer kleinen Kutsche über die altbekannten Wege der Ahldener Allermarsch galoppiert – vorbei an der Mühle, vorbei am Galgenberg, vorbei an den winkenden Bauern auf den Wiesen, immer im Kreis um ihr kleines Gefängnis, nicht weiter als zwei, drei Kilometer vom Schloss entfernt, stets gefolgt von ihren Bewachern.

»Allez, allez, hü, hopp.«

Als sie schließlich nach anderthalb Stunden Fahrt auf den kleinen Schlosshof zurückkehrt und verschwitzt aus der Kalesche steigt, kommt ihre Mutter ihr schon entgegen. »Depesche aus Celle. In drei Tagen wirst du abgeholt.«

* * *

10. August 1700, London. Wuchtige Glockenschläge schallen über die Themse: die Totenglocken von Westminster Abbey. Der Hof trägt schwarz und flüstert. Bleischwere Trauer liegt an diesem schwülen Spätsommertag über dem öffentlichen Leben der englischen Hauptstadt. Was ist geschehen?

Erneut hat der Tod Einzug gehalten im St. James Palast. Ein Kind wird betrauert. Der kleine Herzog von Gloucester hat zu atmen aufgehört, wenige Tage vor seinem elften Geburtstag ist der englische Thronfolger gestorben – an Pocken, wie so viele in diesen Tagen. Seine Mutter ist wie gelähmt. Schon lange hatte der kleine William gekränkelt, doch Prinzessin Anne hatte inständig gehofft und gebetet, dass der Herr ihr dieses Kind erhalten möge, wenigstens dieses eine. Vergebens.

Erst im Januar des gleichen Jahres hatte Anne eine tote Tochter zur Welt gebracht. Mindestens achtzehn Mal war sie schwanger gewesen, dreizehn Mal war es zu einer Fehlgeburt gekommen und von den fünf Kindern, die sie lebend gebar, erlebten vier nicht ihren zweiten Geburtstag. Und nun war auch noch William tot. So große Hoffnung hatte sie in den Jungen gesetzt. Er war zum König ausersehen – zum König von England, Irland und Schottland. Denn seine Mutter war die einzige noch lebende Tochter des vertriebenen Stuart-Königs Jakob II. – und gleichzeitig die Schwägerin des amtierenden Königs Wilhelm III., dessen Gemahlin bereits fünf Jahre zuvor an den Pocken gestorben war.

Aus der Traum! Mit dem Tod des kleinen William ist die direkte Stuart-Thronfolge erloschen. Anne hat zwar noch einen Halbbruder, aber dieser Jakob Eduard ist wie sein Vater katholisch und kommt daher nicht für den englischen Thron in Frage, mag er sich auch hundertmal Pretender, Thronfolger, nennen. Das Parlament hat sich nach der Glorreichen Revolution eindeutig entschieden, künftig nur noch Protestanten auf dem Thron zu dulden. Das ist auch im Sinne der Protestantin Anne, die ihrem vertriebenen Vater zwar immer noch in heimlicher Tochterliebe verbunden ist, aber keinerlei Kontakt mehr zu ihm hält.

Nein, jetzt ist es vorbei mit dem Hoffen. An eine weitere Schwangerschaft ist nicht mehr zu denken. Die Ärzte raten Anne mit Blick auf ihre eigene Gesundheit dringend ab. Mit dem Tod von William ist somit alle Hoffnung in ihr gestorben, noch jemals einem gesunden Kind das Leben schenken zu können.

Sie hat darum gebeten, ihren geliebten Sohn noch einmal zu sehen. Der kleine William liegt in seinem großen Bett, als schlafe er, gesalbt mit den edelsten Essenzen des Orients, die ihn zwar nicht wieder lebendig machen können, aber immerhin den Anschein von Leben erwecken. Nicht mehr gelb und wächsern wirkt das Gesicht des Jungen, sondern rosig und frisch, erfüllt von einer in sich ruhenden Würde und Anmut, wie sie nur der Tod verleiht.

»Mein Liebster.«

Anne beugt sich herab zu ihrem toten Sohn und schließt ihn in die Arme. Die Wangen des Jungen sind kalt, doch je länger sie sie an ihre eigenen drückt, desto wärmer erscheinen sie ihr. Ob es möglich ist, den Toten durch die eigene Wärme wieder zum Leben zu erwecken? Die Prinzessin weiß natürlich, dass dies unmöglich ist, klammert sich in ihrer Verzweiflung aber dennoch an diesen irren Gedanken und wagt es nicht, sich von ihrem William zu trennen, weil ihr bewusst ist, dass sie ihn damit unwiederbringlich dem Totenreich überlässt.

Weit entfernt schlägt eine Turmuhr. Die Zeiger der goldeingefassten Uhr auf dem Kaminsims zeigen an, dass es Abend geworden ist, sechs Uhr schon, und die Zeiger bewegen sich immer weiter, so als wäre nichts geschehen.

Ein Mann streicht ihr sanft übers Haar. Sie spürt es nicht. »Es ist schwer, aber wir müssen Abschied nehmen«, sagt der Mann. Erst jetzt wendet die Trauernde den Kopf und bemerkt ihren Ehemann, der sich durch die Hofdamen zu ihr gedrängt hat, Prinz Georg.

»Der Allmächtige hat es nicht anders gewollt, wir müssen uns in seinen Willen fügen«, raunt ihr der Prinz zu. »Auch mir fällt es schwer, aber unser Sohn ist seinen irdischen Qualen entwachsen, William ist im Himmel und ganz sicher im Kreis seiner lieben Geschwister.«

Anne spürt, dass diese Worte nicht vom Herzen kommen. Sie klingen wie abgelesen. Nein, Georg, ein Bruder des Dänenkönigs Christian, ist ebenso niedergeschlagen wie seine Frau. Die Hand liegt schwer auf dem Haupt seiner Gemahlin, die ihrem Sohn einen Kuss auf seine kalten Lippen drückt und ihn sanft auf sein Kissen zurückgleiten lässt.

Sie schließt die Augen, müht sich, ein Bild von William aus ihrer Erinnerung hervorzuholen, das ihn als glücklichen, gesunden Knaben zeigt – mit seinem übermütigen Lachen, seiner kindlichen Entdeckerfreude –, doch es will ihr nicht gelingen. Nicht einmal weinen kann sie.

Sie faltet die Hände zum stummen Gebet, ruft den Allmächtigen an, sich ihres Sohnes anzunehmen, sucht nach tröstlichen Psalmen und lässt sich schließlich von ihrer vertrauten Hofdame hinausführen, von Sarah, deren Zuspruch mehr zählt als der Zuspruch ihres Mannes.

Sarah Jennings ist mehr als eine Hofdame, sie ist Annes beste Freundin. Im Alter von acht Jahren bereits ist Sarah in ihren Hofstaat gekommen. Seither ist sie Anne ans Herz gewachsen. Nächtelang haben die beiden schon miteinander Karten gespielt, trübe, aber auch heitere Stunden miteinander geteilt. Dass die Freundin den Heerführer John Churchill, den späteren Herzog von Marlborough, geheiratet hat und Anne ihren Dänenprinzen, hat an dem innigen Verhältnis der beiden nichts geändert, gar nichts.

Auch jetzt beweist es sich wieder. Sarah bringt ihrer Freundin ein Glas Wein, überredet sie zum Kartenspiel, müht sich, sie mit dem neuesten Hofklatsch aufzumuntern.

Anne ist üblicherweise empfänglich für solche Zerstreuung. Was geht sie die große Politik an? Diese Dinge überlässt sie ihrem Schwager, dem König, oder den Lords im Parlament, diesen oberschlauen Leuten. Anne interessiert sich nur für Dinge ihrer Umgebung. Welche Hofdame welchen Grafen erobert hat und wie viele uneheliche Kinder dieser und jener schon in die Welt gesetzt hat. Darüber liebt sie es, mit Sarah zu plaudern. Die Schreiber im Inselreich spötteln über sie, halten sie für dumm, für starrköpfig. Doch solche Betrachtungen dringen nicht zu ihr vor. Auch dafür sorgt Sarah, und Prinz Georg, der selbst als blass und profillos gilt, trägt sie auf Händen und gibt ihr das Gefühl, die Größte zu sein. Auch jetzt ist es so. Doch alle freundlichen, tröstenden Worte können sie nicht darüber hinwegtäuschen, dass mit dem Tode Williams etwas zu Ende gegangen ist – und dass es auf der anderen Seite des Meeres Menschen gibt, denen dieser Tod zum Vorteil gereichen könnte.

Es donnert. Ein Gewitterregen fegt über London hinweg. Die Welt hinter dem Schlossfenster verschwimmt. Wege verwandeln sich in Sturzbäche. Keller laufen voll, die Ratten flüchten auf die Straße. Doch immerhin ist die entsetzliche Schwüle gewichen.

* * *

Heimaturlaub

August 1700, Celle. Ein Traum ist wahr geworden. Die verbannte Prinzessin ist zurückgekehrt an die Stätten ihrer Kindheit, zurück nach Celle, zurück auf das Schloss des Vaters.

Doch der Vater ist gar nicht da. Der Herzog von Celle hat es vorgezogen, seinen Truppen im Holsteinischen einen Besuch abzustatten, während seine Tochter auf seinem Schloss weilt. Der Schwiegersohn in Hannover sieht es ohnehin nicht gern, dass seine Exfrau ihren Verbannungsort verlassen darf. Der Kurfürst in Hannover hat bereits protestiert. Nur die Drohgebärden der Sachsen haben ihn schließlich dazu veranlasst, die vorübergehende Umquartierung Sophie Dorotheas zu akzeptieren.

Die Auflagen aber sind streng. Die Prinzessin darf zwar auf dem Schlosswall spazieren gehen, muss dabei jedoch ihr Gesicht unter einer schwarzen Kappe verbergen. Doch es hat sich in Celle herumgesprochen, dass sie zurückgekehrt ist, und sie wird erkannt. Viele Celler weinen, als sie die Dame in den prunkvollen Kleidern entdecken.

Auch Sophie Dorothea ist mehr zum Weinen als zum Lachen zumute. Sie ist heimgekehrt, aber eine Geächtete geblieben. Ihr Vater, der sie einst auf Händen trug, geht ihr aus dem Weg. Und es ist bereits entschieden, dass sie schon in zwei Tagen nach Ahlden zurückgebracht wird.

Die Sachsen haben sich zurückgezogen. Die Gefahr, heißt es, sei gebannt.

* * *

Oktober 1700, Het Loo. Wieder wird zur Jagd geblasen. Diesmal hat der englische König Wilhelm III. geladen, jetzt ist seine holländische Sommerresidenz Het Loo, das schöne Oranier-Schloss nordwestlich von Apeldoorn, Ausgangspunkt der Hetzjagden.

Selbstverständlich weilt Wilhelms alter Freund, der Herzog von Celle, unter den Jagdgästen. Mit Blick auf die aktuelle Thronfolgefrage nach dem Tod des kleinen Herzogs von Gloucester hat Herzog Georg Wilhelm auch seinen hannoverschen Neffen bedrängt, nach Het Loo zu kommen, um Interesse an der britischen Krone zu bekunden und welfische Ansprüche zu untermauern. Doch Georg Ludwig will sich nicht aufdrängen, erst gegen Ende der Jagd will er sich zeigen, wenn der König abgereist ist. Am Ende kommt er gar nicht.

Dies führt in Het Loo zu Irritationen. Dazu trägt vor allem die hannoversche Kurfürstin bei, Georg Ludwigs Mutter. Sophie ist mit ihrer Tochter Sophie Charlotte nach Het Loo gereist. Sie hat den prächtigen Schlosspark bewundert, sich Anregungen für ihren Großen Garten in Herrenhausen geholt, aber auch die Gelegenheit genutzt, um mit dem Gastgeber über die Sukzession zu sprechen, die Thronfolge in England. Dabei müht sie sich, ihren Ärger über das mangelnde Engagement ihres Sohnes zu überspielen. Sie klagt nicht über Georg Ludwigs Desinteresse, sie bittet mit resignativer Miene um Verständnis. »Ich glaube, er will lieber in Hannover bleiben«, sagt sie. »Da kann er regieren, wie er mag. Da muss er sich nichts von einem Parlament vorschreiben lassen.« Außerdem sei Georg Ludwig ja auch schließlich nicht mehr der Jüngste, und wenn denn einmal die Zeit komme, sei seine Persönlichkeitsentwicklung vermutlich schon so weit abgeschlossen, dass er sich nicht mehr auf völlig neue Gegebenheiten einstellen könne. Ganz im Gegensatz zu dem Sohn Jakobs II., der mit seinem Vater im französischen Exil lebe. »Der Prinz of Wales ist jung und ehrgeizig genug, um zu einem Herrscher herangebildet zu werden, wie ihn sich die Engländer wünschen.«

Was sind das für Worte? Wilhelm III. verschlägt es die Sprache. Er meint, seinen Ohren nicht zu trauen. Wieso rühmt die hannoversche Kurfürstin plötzlich ihren Konkurrenten in Frankreich? Wie kommt sie dazu, diesen Burschen »Prinz of Wales« zu nennen, ihm den Titel der englischen Thronfolger zu verleihen? Ist ihr entfallen, dass Jakob Eduard nach wie vor erzkatholisch ist und das englische Parlament ausdrücklich entschieden hat, keinen Katholiken mehr auf dem Thron zu dulden? Wieso spricht sie sich für einen Knaben aus, der vom Erzfeind der Engländer, dem französischen Sonnenkönig Ludwig XIV., protegiert wird? Ist die Lady von Sinnen?

Der englische König ist wie vor den Kopf gestoßen. Da fällt sein Blick auf Sophies zwölfjährigen Enkel aus Brandenburg, auf Friedrich Wilhelm, den Sohn Sophie Charlottes. Der kräftig gebaute Knabe hat den kinderlosen König schon von Anfang an entzückt. Warum soll nicht dieser brandenburgische Kurprinz einmal König von England werden? Der Junge steht doch an gleicher Stelle wie sein Vetter in Hannover – ist ebenfalls ein Nachfahre der Stuarts und zudem auch protestantisch. Kurz entschlossen macht der König daher einen Vorschlag: »Dann gebt mir doch den wackeren Kurprinzen mit. Wir werden schon dafür sorgen, dass ihm die Krone nicht vom Kopf fällt. Mir scheint, der Junge hat das Zeug zum König.«

Die Damen lächeln höflich, die Großmutter ebenso wie die Mutter des Jungen. Sie bezweifeln, dass ihr Gastgeber es ernst meint. Zu Recht! Es ist ein Scherz. Doch dieser Scherz ist kein Ausdruck von Heiterkeit, sondern bittere Ironie. Wilhelm III. ist verstimmt, und dies bleibt auch der hannoverschen Kurfürstin nicht verborgen.

Sophie fühlt sich missverstanden, völlig missverstanden. Diesmal will sie sich unbedingt in Zurückhaltung üben, alles unterlassen, um nicht als gierig zu erscheinen, Größe demonstrieren. Auch in einem Brief an den englischen Gesandten in Den Haag, George Stepney, hat sie daher die Qualitäten des »Prince of Wales« gewürdigt. Wie oft hatte ihr Sohn ihr vorgehalten, dass es peinlich sei, wie sie sich nach dem englischen Thron dränge. Und jetzt, da sie sich so bescheiden gibt, ist es auch wieder nicht recht. Es ist zum Verrücktwerden!

Ihr eigener Sohn wirft ihr nun vor, die hannoverschen Aussichten auf den Thron in England mit ihrem Geschwätz zunichte zu machen. Dabei ist es doch dieser Traum von der englischen Krone, der sie schon seit Kindheitstagen umtreibt.

* * *

Mehr als ein Traum war es allerdings auch nicht. Als Sophie 1630 in Den Haag als zwölftes Kind eines entthronten Königspaares geboren wurde, war sie von einem realen Thron weit entfernt. Sie zehrte vom Glanz vergangener Tage. Ihr Vater war als »Winterkönig« in die Geschichte eingegangen, »Winterkönig«, ein Spottname. Denn nur einen Winter lang hatte er als Friedrich V. von Böhmen regiert – zehn Jahre bevor Sophie im holländischen Exil zur Welt gekommen war. Ihre Mutter Elisabeth Stuart war die Tochter des englischen Königs Jakob I., doch auch dessen Zeit war lange um.

Sophie wuchs also auf zwischen den Trümmern vergangener Pracht, in den Ruinen großer Verheißungen. Zwei Jahre nach ihrer Geburt starb ihr Vater. Ihre Mutter gab ihre Kinder in die Obhut einer strengen Gouvernante in Leyden und kümmerte sich selbst fast gar nicht mehr um sie. In bitterem Ton schreibt Sophie in ihren Lebenserinnerungen, dass »Ihre Majestät ihre Kinder fern von sich erziehen ließ, denn der Anblick ihrer Affen und ihrer Hunde war ihr lieber als der unsere.«

Mit neun schließlich holte Elisabeth ihre Tochter Sophie und deren Geschwister dann doch an ihren Hof in Den Haag und sorgte für eine standesgemäße Ausbildung. Sophie hielt sich für dünn, blass und hässlich, glaubte, früh sterben zu müssen. Sie bewunderte den Charme und die Schönheit ihrer Schwestern, musste mit anhören, wie ihre Mutter sie wegen ihrer Unansehnlichkeit gegenüber Besuchern bedauerte.

Doch Sophie hatte andere Qualitäten. Sie beeindruckte schon früh durch ihren Witz und bisweilen auch beißenden Spott. Sie erwies sich als klug und wissbegierig, lernte vier Fremdsprachen, sog alles auf, was von der Vergangenheit und Gegenwart Englands in Erfahrung zu bringen war, dem Königreich ihrer Vorfahren.

Mit zwanzig siedelte sie nach Heidelberg über, wo ihr Bruder Karl Ludwig als Kurfürst von der Pfalz residierte. Sie sorgte für dessen Kinder Elisabeth Charlotte und Karl, die unter den ständigen Streitereien der Eltern litten. Besonders verbunden war sie mit Elisabeth Charlotte, besser bekannt als Liselotte von der Pfalz, mit der sie auch in hohem Alter noch scharfzüngige Briefe wechseln sollte.

Neben der Kinderbetreuung las sie, stickte, spielte Gitarre, nahm Gesangsunterricht und unternahm lange Spaziergänge. Lange Zeit sah es aus, als würde sie ihre Tage als kinderlose Tante beschließen, als alte Jungfer im Kloster enden. Immer stärker wurde ihr Leben in Heidelberg von den Ehestreitigkeiten im Haus ihres Bruders überschattet. Da sie Karl Ludwig sehr nahe stand, zog sie sich die Feindschaft der Schwägerin zu, die sie sogar der Inzucht bezichtigte.

Schließlich stand für Sophie fest, dass es so nicht weitergehen konnte. Sie hielt Ausschau nach einem Bräutigam. Das war jedoch nicht leicht. Denn ihr Stolz hinderte sie daran, einen Kandidaten in Erwägung zu ziehen, der kein regierender Fürst war. Fast hätte sie sich in ihrer Not mit dem hässlichen Bruder des schwedischen Königs verlobt, da erschienen Ende 1656 am Hof zu Heidelberg zwei Brüder aus Norddeutschland, und der ältere von den beiden hielt um ihre Hand an – wenn auch nicht ganz aus eigenen Stücken.

Es war der Welfenherzog Georg Wilhelm, Landesherr des Herzogtums Calenberg-Göttingen. Georg Wilhelm war mit seinem Bruder Ernst August auf dem Weg nach Venedig. Er hatte Sophie schon drei Jahre vorher kennengelernt, jedoch nicht ans Heiraten gedacht. Nun war er von den Ständen zur Eheschließung geradezu gedrängt worden – schließlich musste man auch an Erben denken. So war seine Wahl auf Sophie gefallen, die zwar mittellos, jedoch standesgemäß und außerordentlich klug war.

Sophie und ihr Bruder Karl Ludwig zögerten nicht. Sie nahmen die Werbung mit Freuden an. Noch bevor die Brüder ihre Reise fortsetzten, wurde der Ehevertrag unterzeichnet.

In Venedig aber kamen dem Bräutigam Zweifel. Georg Wilhelm verspürte plötzlich keine Lust mehr, die Freiheiten seines Junggesellendaseins gegen die Fesseln der Ehe einzutauschen. Er genoss es, auf Reisen zu gehen, zu jagen, Bälle zu feiern und sich mit wechselnden Frauen zu vergnügen. Georg Wilhelm überredete daher seinen Bruder Ernst August, ihm die Verlobte abzunehmen. Um den Partnertausch für Ernst August und Sophie etwas attraktiver zu gestalten, versprach Georg Wilhelm, selbst auf eine Eheschließung zu verzichten, so dass dem jüngeren Bruder und dessen Nachkommen einmal sein Erbteil zufallen würde. Ernst August, der nur damit rechnen konnte, eines Tages der nächste Fürstbischof von Osnabrück zu werden – das Amt wechselte nach der Übereinkunft des Westfälischen Friedens regelmäßig zwischen einem Katholiken und einem Protestanten – lockte die Aussicht. Etwas schwieriger war es, Sophie den Partnertausch schmackhaft zu machen. Man gab ihr zu verstehen, Georg Wilhelm habe sich in Venedig die Syphilis geholt und sei nun »zur Ehe ungeeignet«, Karl Ludwig mühte sich, seine Schwester zu trösten, indem er ihr versicherte, er habe Ernst August immer schon lieber gemocht. Doch die Zurückweisung verletzte Sophie trotzdem. Nur die Aussicht auf das versprochene Erbe, nur die Zusicherung Georg Wilhelms, »Zeit meines Lebens in Zölibato gänzlich hinzubringen«, also niemals zu heiraten oder Kinder in die Welt zu setzen und seinem Bruder sein komplettes Herzogtum zu hinterlassen, versöhnte sie mit dem demütigenden Handel.

Zuneigung, Liebe gar war bei der Heirat selbstverständlich nicht im Spiel, doch die Ehe ließ sich gut an. Ernst August war ein hervorragender Tänzer und sah nicht schlecht aus, besonders seine schönen Hände gefielen Sophie. Der Welfenfürst teilte zudem Sophies Vorliebe für die Gitarre und in den ersten Ehejahren spielten die beiden manches Duett.

Wie geplant wurde Ernst August bald Fürstbischof von Osnabrück, und nachdem zwei seiner Brüder kinderlos gestorben waren, konnte er sogar das Herzogtum Calenberg übernehmen und als Landesherr nach Hannover überwechseln.

Sophie brachte nach anfänglichen Fehlgeburten ein Kind nach dem anderen zur Welt. Sie bemühte sich, eine gute Mutter zu sein. Allzu tief hatten sich die Bilder ihrer eigenen freudlosen Kindheit in ihr festgesetzt. Sie nahm sich vor, es besser zu machen als ihre eigene Mutter, die eigensüchtige Winterkönigin.

Doch die Ehe hatte auch ihre Schattenseiten. Ernst August erwies sich in der ersten Zeit zwar als feuriger Liebhaber, suchte seine sexuelle Befriedigung aber schon bald außerhalb der Ehe. Sophie war darüber nicht erfreut, nahm es aber gelassen und tröstete sich mit ihren Kindern und der Korrespondenz mit Gelehrten, verwandten Staatsmännern und vor allem ihrer nun in Versailles lebenden Nichte Liselotte. Keine der schnell wechselnden Geliebten ihres Mannes, dessen war sie sich sicher, war ihr ebenbürtig. Die Situation veränderte sich jedoch, als Ernst August sich in die Hofdame Klara Elisabeth von Meyenburg verliebte. Das war mehr als nur eine kurzlebige Affäre. Klara Elisabeth wurde zur Nebenfrau des Herzogs und erlangte damit eine wachsende Macht am hannoverschen Hof. Die Stellung der Mätresse festigte sich noch durch ihre Ehe mit Franz Ernst von Platen, der vom Hofmarschall zum Ersten Minister aufstieg.

Sophie lernte auch hiermit zu leben. Liebe, das wurde der disziplinierten Fürstin immer klarer, war nicht mehr als romantisches Getue. Im höfischen Alltag war dafür kein Platz – besonders, wenn der Alltag von Fragen der Staatspolitik bestimmt wurde. Sophie ertrug also die Seitensprünge mit Fassung. Sie nahm es sogar hin, dass ihr Mann mit seiner Mätresse Kinder zeugte, einen Sohn und eine Tochter.

Zu einer tiefgreifenderen Erschütterung des Ehefriedens aber führte das Erstgeborenenrecht, das der Fürst gegen ihren Willen durchsetzte. Die sogenannte Primogenitur machte Georg Ludwig zum Alleinerben und stieß bei dessen Brüdern auf heftigen Widerstand. Sie probten den Aufstand, verbündeten sich sogar mit den Feinden ihres Vaters. Sophie zeigte dafür Verständnis. Es verbitterte sie, als ihr zweitältester Sohn Friedrich August, genannt Gustchen, von seinem Vater wegen seiner Klagen brüsk abgekanzelt wurde und sich aus Protest in den Kriegsdienst des Kaisers begab.

»Arm Gustchen wird ganz verstoßen. Sein Vater will ihm gar keinen Unterhalt mehr zahlen«, schrieb sie einem Vertrauten. »Wenn ich tagsüber lache, so muss ich in den Nächten doch viel darüber weinen. Denn ein Kind ist mir ebenso lieb als das andere; ich habe sie alle unter meinem Herzen getragen, und die unglücklichsten jammern einen am meisten.« Schließlich fiel Gustchen schon im Alter von 39 Jahren in der Schlacht. Als sein Bruder Maximilian einige Jahre später eine heimliche Revolte gegen das Erstgeborenenrecht anzettelte und nach Verbündeten im Ausland suchte, ließ sich Sophie in die Rebellion gegen den eigenen Ehemann einspannen. Es knisterte hinter den golddurchwirkten Kulissen. Einen dramatischen Höhepunkt erreichte die Krise, als Ernst August die sogenannte Prinzenverschwörung aufdeckte. Die Strafen fielen drakonisch aus. Ein beteiligter Oberhofjägermeister wurde gehenkt, Maximilian kurze Zeit gefangen gesetzt. Seine Frau Sophie stellte der Herzog unter Hausarrest. Erst als die Fürstin und ihr renitenter Sohn Reue bekundeten und Besserung gelobten, entspannte sich die Situation.

Als Ernst August dann auch noch wie schon lange ersehnt in den erlauchten Kreis der Kurfürsten aufgenommen wurde, genoss Sophie die Ehre ebenfalls und feierte mit dem Hof wochenlang Karneval.

Als weitere Belastungsprobe entwickelte sich die sogenannte Königsmarck-Affäre. Doch dieser Skandal schweißte sie mit ihrem Mann eher zusammen. Alles hatte ja damit begonnen, dass ihr einstiger Verlobter Georg Wilhelm sein vertraglich besiegeltes Versprechen gebrochen und mit der französischen Landadeligen Eleonore d'Olbreuse ein Kind gezeugt hatte: Sophie Dorothea. Die Empörung in Hannover war groß. Der Ärger der Hannoveraner steigerte sich, als Georg Wilhelm seine »Madame« auch noch heiratete und seine Tochter Sophie-Dorothea zur erbberechtigten Prinzessin machte. Der »Bastard« dränge sich in eine lange schon besiegelte Zukunftsplanung. Die erhoffte Verschmelzung des Herzogtums Hannover mit dem Herzogtum Celle war ernstlich bedroht. Denn Sophie Dorothea war nicht nur eine gute Partie, sondern auch sehr hübsch. Heiratskandidaten im gesamten Heiligen Römischen Reich Deutscher Nation hielten um ihre Hand an.

Die Hannoveraner entschlossen sich daher, das Bewerberkarussell zum Stillstand zu bringen, Sophie Dorothea mit Georg Ludwig zu verheiraten, ihrem Cousin.

Es ist bekannt, wie die Ehe endete: Die unglückliche Ehefrau, die sich wie ihr Gemahl außerhalb der Ehe amüsiert hatte, wurde verbannt. Die Schwiegermutter verteidigte den harten Schritt, hegte aber keinen persönlichen Groll gegen Sophia Dorothea, sondern setzte sich eher für Lockerungen ein.

Es war, als sei durch das tragische Ende dieser Ehe ein Schatten auf die herzögliche Familie in Hannover gefallen. Kurfürst Ernst August, gerade noch von so großem Ehrgeiz erfüllt, begann zu kränkeln und sein Amt als Last zu empfinden. 1698, vier Jahre nach der Verbannung Sophie Dorotheas, starb der Herzog, und Georg Ludwig wurde der vom Vater verfügten Erbregelung entsprechend zum Nachfolger gekürt.

Mit dem Tode des alten Kurfürsten sank auch der Stern seiner Mätresse. Und der Absturz blieb nicht folgenlos: Wie der Geliebte erkrankte auch die Gräfin von Platen, bald schon kam sie nicht mehr aus dem Bett. Die einst so mächtige Dame schrie vor Schmerzen, sehnte den Tod herbei. Doch der ließ auf sich warten.

Sophie, die sich trotz ihres wesentlich höheren Alters bester Gesundheit erfreute, hätte triumphieren, die Gebrechen der früheren Nebenbuhlerin als späte Genugtuung empfinden können. Doch die Kurfürstin bewies Größe und Barmherzigkeit. Die Stuart-Nachfahrin, die zu Lebzeiten ihres Mannes kaum ein Wort mit der Platen gewechselt hatte, pflegte die einstige Mätresse ihres Gemahls, hielt deren Hand und tröstete sie in ihren schweren Stunden.

In ihr selbst erwachte unterdessen ein alter Traum zu neuem Leben: der Traum von der Krone im Vereinigten Königreich, der Traum, die Schmach und Erniedrigung, die ihren Eltern einst zuteil geworden waren, wettzumachen und das große Erbe der Stuarts anzutreten. Sie hatte einen langen Atem.

Doch einstweilen sorgt ihre falsche Bescheidenheit für Irritation – eine gespielte Bescheidenheit, die in London als Entschlusslosigkeit aufgefasst wird und den englischen König enttäuscht, ja ärgert. Ohnehin steht es mit dem Ruf der hannoverschen Kurfürstin in England nicht zum Besten. »Old Strumpet« wird sie am Hofe Wilhelms III. genannt, »alte Hure«. Der König selbst hat ihr zwar immer seine Wertschätzung und Freundschaft bekundet, sie aber in Wirklichkeit nie besonders gemocht. Immer diese oberschlauen Ratschläge, immer diese Hinweise auf ihre königliche Herkunft, ihre Wurzeln in der Stuart-Dynastie! Und nun, wo eine klare Entscheidung vonnöten ist, macht sie einen Rückzieher.

Dabei verlangen die Zeiten nach stabilen Verhältnissen auf der Insel, eine ungeklärte Thronfolge könnte England als Schwäche ausgelegt werden.

Ein neuer Krieg braut sich über Europa zusammen. Der spanische König Karl II. ist am 1. November 1700 gestorben und sein Testament ist zugunsten Frankreichs ausgefallen. Ein Enkel des Sonnenkönigs soll als Philipp V. den spanischen Thron besteigen. Gleichzeitig macht auch der Kaiser in Wien Ansprüche geltend. Der Kampf um die Erbmasse setzt ein. Es geht um Macht und Einflusszonen. Ein erbitterter Streit um neue Grenzen entflammt. Kaiser Leopold I. sieht mit Unbehagen, dass die Franzosen ihre Hände nach Norditalien ausstrecken, Wilhelm III. sorgt sich, dass Ludwig XIV. nach den spanischen Niederlanden greift. Allianzen werden geschmiedet, Kriegsvorbereitungen getroffen, die Trommeln gerührt. Da ist es doppelt wichtig, klare Verhältnisse im eigenen Land zu schaffen.

Da Hannover sich in der Thronfolgefrage so unentschlossen und uninteressiert zeigt, ergreift der englische König die Initiative. Wilhelm III. ist entschlossen, Sophie zu übergehen. Der Oranier lässt dem hannoverschen Gesandten in London, Ludwig Schütz, ausrichten, dass es gut wäre, wenn Kurprinz Georg August, Sophies Enkel, nach England käme. Die englische Nation wolle lieber einen König als eine Königin haben. Der Kurfürst, Vater des Erwählten, wird aufgefordert, sich dazu zu äußern und die Sukzession »auf diese Art« nicht auszuschlagen, da sie ihm sonst ganz entgleiten könne.

Georg Ludwig antwortet umgehend. Der englische König möge es mit der Thronfolge halten, wie es ihm am besten erscheine, dabei aber nicht außer Acht lassen, dass an erster Stelle seine Mutter, die Kurfürstin, stehe. Sophie müsse daher zuerst gefragt werden. Und falls diese auf ihren Anspruch verzichte, müsse alles getan werden, dass »unsere Frau Mutter Gnaden keinen Anlass nehmen möchte, deshalb einen Widerwillen gegen uns zu fassen«. Sollte es zu einem gütlichen Verzicht kommen, fährt Georg Ludwig fort, müsse die Thronfolge »zuvörderst auf uns und dann nach uns auf unsere Nachkommen festgestellet werden«. Damit bekundet Georg Ludwig erstmals deutlich, dass er den englischen Thron selbst besteigen und nicht seinem Sohn überlassen will.

Wilhelm III. signalisiert Einverständnis, weist aber darauf hin, dass man Sophie klarmachen muss, dass in ihrem hohen Alter – sie steht kurz vor ihrem 70. Geburtstag – an die Übernahme der Regierungsgeschäfte in Großbritannien nicht mehr zu denken ist. Zudem wird Georg Ludwig gedrängt, sich ausdrücklich zur Annahme der Krone bereit zu erklären und seinen Sohn umgehend nach England zu schicken, so dass man dort beizeiten mit dem Hause Hannover Bekanntschaft schließen könne.

Die Antwort lässt bei aller Diplomatie wenig Begeisterung erkennen. Selbstverständlich werde sein Sohn beizeiten nach England reisen und auch die englische Sprache erlernen, teilt Georg Ludwig mit. Zunächst aber sei dies noch nicht sinnvoll. Der Prinz könne noch nicht auf Dauer dem hannoverschen Kurfürstentum fernbleiben. Daran sei erst zu denken, wenn ein männlicher Nachkomme Georg August in Hannover vertrete. Aber dazu sei es noch zu früh. Im übrigen weist Georg Ludwig den Vorwurf zurück, zu wenig Interesse am englischen Thron zu zeigen. Seine Zurückhaltung sei wohl erwogen und im Respekt vor dem amtierenden König und seiner designierten Nachfolgerin Anne, der Schwägerin Wilhelms III., begründet.

Der hannoversche Gesandte Schütz übermittelt die Botschaft dem englischen König, und der zeigt sich zwar grundsätzlich zufrieden, verfolgt aber weiter das Ziel, die Thronfolge vorbei an der hannoverschen Kurfürstin möglichst direkt auf deren Enkelsohn Georg August zu lenken, der sich in England großer Popularität erfreut.

Doch dies ist für den hannoverschen Kurfürsten vollkommen unakzeptabel – eine geradezu unerträgliche Vorstellung, vom eigenen Sohn in den Schatten gestellt zu werden. Denn die väterliche Liebe hält sich in engen Grenzen. Für den hannoverschen Kurfürsten ist Georg August immer noch das Fleisch und Blut seiner treulosen Ex-Frau. Manchmal ist es ihm, als sei es Sophie Dorothea selbst, die ihn aus dessen mandelförmigen Augen anblickt. Nein, es fällt Georg Ludwig schwer, in diesem Knaben den eigenen Stammhalter zu erblicken, das künftige Oberhaupt des Welfenhauses.

Der Prinz leidet unter der Geringschätzung. Schon von der Natur her fehlt es ihm an der Statur eines großen Mannes. Georg August ist eher klein. Der junge Mann spürt, dass manch einer auf ihn herabblickt, müht sich, durch das Tragen dicker Perücken und hochhackiger Schuhe größer zu erscheinen und streckt sich gern, um durch eine aufrechte Körperhaltung einige Zentimeter zu gewinnen. Dabei ist er – anders als sein Vater – durchaus attraktiv: gut gebaut und mit einem hübschen Gesicht gesegnet. Es heißt, Georg August habe die Schönheit seiner Mutter geerbt – wozu eben auch seine mandelförmigen Augen gehören. Zu seinem positiven Erscheinungsbild trägt auch seine natürliche Lebhaftigkeit bei. Die flinken Bewegungen, die ausdrucksvollen Gesten, mit denen er seine Worte unterstreicht, machen ihn zu einem gern gesehenen Gast.

Der Prinz verdankt seiner Erziehung auch gute Umgangsformen. Doch leider macht er nicht allzu oft Gebrauch davon. Schon früh brüskiert er seine Umgebung. Er gilt als jähzornig, eigensinnig, ungeduldig, prahlerisch, oberflächlich und eitel. Bisweilen scheint es, als bereite es ihm Vergnügen, andere zu kränken und zu verletzen. Und wenn er in Wut gerät, was nicht selten der Fall ist, kann er grob und ausfallend werden. Dabei scheint es ihm nicht an Intelligenz zu fehlen. Seine rasche Auffassungsgabe macht es leicht, mit ihm Unterredungen zu führen. Doch häufig scheinen seine Kommentare und Entscheidungen übereilt und nicht eben von analytischem Denken getragen zu sein. Nein, als Geistesgröße vermag der Prinz nicht zu glänzen. Georg August kann die Stammbäume sämtlicher europäischer Fürstenhäuser auswendig hersagen, hat keine Mühe, die Uniformen aller möglichen Regimenter zu beschreiben, doch über Militär und Abstammungskunde gehen seine geistigen Interessen nicht weit hinaus. Musik weiß er durchaus zu schätzen, auch bei Komödien amüsiert er sich prächtig. Anspruchsvolles Theater hingegen ist ihm zuwider, er brüstet sich sogar damit, so gut wie noch nie ein Buch in der Hand gehabt zu haben.

Leibniz, der kluge Freund seiner Großmutter Sophie, ist ihm daher stets fremd geblieben. Zumindest dies verbindet ihn mit seinem Vater. Auch Georg August erschließen sich die diplomatischen Winkelzüge des Philosophen nicht. Dabei tragen sie am Ende dazu bei, seiner Familie königlichen Glanz zu verleihen.

Nach einem erneuten Vorstoß des »berühmten Herrn Leibniz« (Kant) entschließt sich nämlich das englische Parlament nach einigem Hin und Her, ein Gesetz auf den Weg zu bringen, das der hannoverschen Kurfürstin Sophie und ihren protestantischen Nachfahren ganz offiziell die englische Thronfolge zuerkennt: den Act of Settlement.

Am 14. März 1701 nahm das Gesetzgebungsverfahren im Unterhaus seinen Lauf. Schon vor Beginn der Beratungen war klar, dass die Mehrheit einverstanden war – egal, ob die Abgeordneten den Whigs oder der eher hannoverfeindlichen Partei der Tories angehörten. Bei manchen herrschte jedoch die Erwartung vor, dass Sophie aufgrund ihres Alters zugunsten ihres Sohnes oder Enkels auf den Thron verzichten müsse.

Wichtiger aber noch war es den Parlamentariern, den künftigen Königen oder Königinnen eindeutige Beschränkungen ihrer Macht aufzuerlegen. Oft genug hatten die Briten Anstoß daran genommen, dass Wilhelm III. sich über Parlamentsbeschlüsse hinwegsetzte, sein holländisches Heimatland begünstigte und allzu lange im Ausland war. Das sollte sich nicht wiederholen.

Wenn man schon Ausländern den Thron überließ, wollte man zumindest sicherstellen, dass das Vereinigte Königreich nicht gleich zur Beute ausländischer Interessen würde. So entschieden die Abgeordneten, dass der König sich bei allen Regierungsangelegenheiten mit dem Geheimen Rat, dem Privy Council, abzustimmen habe. Zudem wurde ausdrücklich festgehalten, dass ausschließlich Briten diesem obersten Verfassungsorgan angehören sollten, keine Ausländer. Die gleiche Beschränkung galt auch für das Parlament, die Ministerien und alle staatlichen Ämter.

Darüber hinaus verfügten die Parlamentarier:

Keinem Ausländer dürfen Krongüter geschenkt werden.

Die britische Nation ist nicht verpflichtet, ohne Beschluss des Parlaments in einen Krieg einzutreten, der für die Verteidigung fremder, dem König gehörender Länder geführt wird.

Der König darf sich nicht ohne Genehmigung des Parlaments aus den drei Königreichen (England, Schottland und Irland) entfernen.

Die Richter sind auf Lebenszeit eingesetzt und nur durch das Parlament absetzbar.

Kein Pardon des Königs deckt einen Minister gegen die Anklage des Unterhauses.

Wer in den Diensten des Königs steht, kann nicht Mitglied des Unterhauses sein.

Erst nachdem diese Verfassungsartikel von beiden Häusern des britischen Gesetzgebungsverfahrens verabschiedet worden waren, begann die feierliche Ernennung der hannoverschen Kurfürstin Sophie und ihrer protestantischen Nachkommen als Erben Wilhelms III. und Annes. Georg Ludwig sah sich in seinen Bedenken bestätigt, fürchtete noch mehr als zuvor, als König von England zum Erfüllungsgehilfen des britischen Parlaments zu werden.

Sein englischer Gesandte tat alles, ihn zu beruhigen. Ludwig Schütz betonte, dass die Begrenzung der königlichen Macht in England nichts wirklich Neues sei und berief sich auf den amtierenden König persönlich. Es komme nur darauf an, die Parteien zusammenzubringen. Wer dies schaffe, werde ein großer und glücklicher Herrscher sein. Georg Ludwig ließ sich seine Zweifel dadurch nicht ausreden. Aber für einen Rückzieher war es jetzt zu spät.

Am 22. Juni 1701 schließlich hatte der Act of Settlement alle Hürden des britischen Gesetzgebungsverfahrens passiert, und einen Tag später erteilte Wilhelm III. dem Thronfolgegesetz seine offizielle Zustimmung. Dem Prunkpergament wurde das große Siegel des Königs aufgeprägt, und schon bald sollte die Urkunde der Kurfürstin in Hannover feierlich überreicht werden.

* * *

Act of Settlement

Hannover zeigt sich in diesen Augusttagen des Jahres 1701 gegenüber den englischen Gästen von seiner großzügigsten Seite. Der Redenhof in der Osterstraße, eines der schönsten Adelshäuser der Stadt, wird eigens für die Lords aus dem Vereinigten Königreich restauriert und neu möbliert. Die vornehmsten Bürger- und Hofbeamtenhäuser rüsten sich für die Aufnahme der Abgesandten des englischen Königs. Generalmajor Charles Gerard Graf von Macclesfield schließlich hat sich mit einem Gefolge von 70 bis 80 Personen angekündigt, um die Thronfolgeurkunde in einer feierlichen Zeremonie zu überreichen. Macclesfield ist als Trinker bekannt, seine Alkoholexzesse haben bereits seine Ehe zerstört, Gefängnisaufenthalte nach sich gezogen. Der hannoversche Hof trifft daher insgeheim Vorkehrungen, um den Alkoholkonsum in Grenzen zu halten. Doch die Gastfreundschaft soll darunter nicht leiden.

Der Balanceakt gelingt. Niemand hat Grund, sich über die Hannoveraner zu beklagen. In allen Quartieren der Stadt sind die

Tafeln für die englischen Edelleute reich gedeckt, das Frühstück wird ihnen nach britischer Sitte ans Bett gebracht. An Wein herrscht ebenso wenig Mangel wie an Bier. Auch das Begleitpersonal soll sich wohlfühlen: Die Diener erhalten pro Tag einen Taler als Kostgeld. Doch sie haben kaum Gelegenheit, ihre Silbermünzen auszugeben. Alle Bürger der Stadt werden angewiesen, von keinem Engländer, der Essen und Trinken verlangt, Geld anzunehmen. Zudem hat Kurfürstin Sophie veranlasst, dass jeder Engländer ein Gastgeschenk bekommt. Schon Wochen vorher hat sie sich bei dem hannoverschen Gesandten in London erkundigt, womit man den Besuchern die größte Freude machen könne. Alle Mitglieder der Delegation sollen Hannover in bester Erinnerung behalten.

»Dieser Zirkus wird uns teuer zu stehen kommen«, vertraut Georg Ludwig seiner Mätresse Melusine an. »Aber wir haben wohl keine andere Wahl.«

Den Höhepunkt erreicht der »Zirkus« am 15. August mit der feierlichen Übergabe der Sukzessionsurkunde an Sophie. Macclesfield fährt mit seinem Gefolge in drei sechsspännigen Kutschen vor dem Leineschloss vor – gefolgt von fünf zweispännigen Karossen. Mit Kniefall und Handkuss überreicht der Earl der hannoverschen Kurfürstin dann die Prunkurkunde in ihrem Audienzgemach vor den Augen zahlreicher Kavaliere und Hofdamen. Das Dokument besteht aus zwei großen Pergamentbögen, die von einer silbernen Schnur zusammengehalten werden, beglaubigt durch ein großes Siegel aus grünem Wachs, das auf der einen Seite den Heiligen Georg und auf der anderen den amtierenden König auf dem Thron zeigt. Sophie ist so stolz auf ihre Urkunde, dass sie damit verzückt herumgeht und sie jedem unter die Nase hält.

Nach der öffentlichen Zeremonie lädt die kurfürstliche Familie Macclesfield zu einer Unterredung im kleinen Kreis, bevor der große Tag im Rittersaal mit einer opulenten Festtafel und einem Ball ausklingt.

Der englische Earl spricht dem Wein dabei doch mehr zu als geplant ist, so dass er seine Schauspielerei aufgibt und sich in beängstigender Weise über die Etikette hinwegsetzt, lauter und lauter wird, donnernd lacht und Worte über seine Lippen kommen, die anders klingen als bei der vorangegangenen Zeremonie, ganz anders. Zum

Glück verstehen nur die wenigsten Hannoveraner sein teilweise äußerst ordinäres Englisch. Sophie beschließt großmütig wegzuhören, als der Earl über die deutschen Huren herzieht.

Georg Ludwig seufzt, als er schließlich gegen vier Uhr in der Frühe mit Melusine das Schlafgemach ansteuert. »Was für elende Komödianten«, klagt der müde Kurfürst. »Zuerst tun sie, als könnten sie vor Wichtigkeit und Würde nicht gehen, dann lassen sie sich volllaufen und grölen herum wie die Stallburschen. Und diesen Affen muss man auch noch seine Honneurs machen. Es ist eine Schande!«

»Du hast sicher recht«, entgegnet Melusine. »Aber sie haben auch etwas mitgebracht. Und das ist ja nicht zu verachten.«

Georg Ludwig schüttelt zweifelnd den Kopf. »Wer weiß, was sich hinter dem ganzen Prunk verbirgt. Vielleicht auch nur so ein unwürdiges Possenspiel. Diese Urkunde? Die sieht doch aus wie ein Requisit aus einer italienischen Komödie. Und der englische Thron? Am Ende ist er nicht mehr wert als ein morscher Donnerbalken, und sein einziger Sinn liegt darin, uns aus unserem schönen Kurfürstentum wegzulocken und ins Verderben zu ziehen. Nein, das ist alles ein abgekartetes Spiel, ich traue diesen Schmeichlern von der Insel nicht.«

Melusine ergreift lächelnd seine Hand. »Du alter Zweifler. Du hast allen Grund, stolz zu sein, glaub mir. Stolz und froh! Bald werden sie dich König nennen. Majestät! Und das Affentheater hier, wie du es nennst, ist doch überstanden.«

»Ich wünschte, du hättest recht. Aber das Albernste, der größte Mummenschanz, kommt leider noch.«

Georg Ludwig weiß, wovon er spricht. Die Verleihung des Hosenbandordens steht noch aus. Und dabei wird nicht etwa seine Mutter im Mittelpunkt stehen, sondern er selbst. Einstweilen will der englische Graf mit seinem Gefolge noch Georg Ludwigs Onkel in Celle einen Besuch abstatten und die englische Kaufmannschaft in Hamburg beehren. Doch der illustre Trupp wird nach Hannover zurück kehren, um die geplante Zeremonie zu vollziehen. Es ist eine große Ehre, in diesen höchsten englischen Orden aufgenommen zu werden, den Orden des Heiligen Georg. Unter den 24 Rittern sind nur drei Nicht-Engländer: Prinz Georg von Dänemark, der Ehemann von Prinzessin Anne, der Thronfolgerin, König Friedrich I. von Preußen und Georg Wilhelm, der Herzog von Celle.

50

Georg Ludwig hätte es als hohe Auszeichnung betrachten können, dass der englische König Wilhelm III. ihn als weiteres Ordensmitglied ausersehen hatte. Doch das Ordensgetue war ihm zuwider. Und sowie seine Londoner Gesandtschaft ihn über die Aufnahme informiert hatte, bat er inständig darum, ihn von den operettenhaften Einführungsritualen zu verschonen oder zumindest alles wegzulassen, was nicht »essentiell« sei.

Wilhelm III. kam ihm entgegen. Ein Mindestmaß an förmlichem Reglement aber war unabdingbar.

Am 3. September nimmt dann der erste Teil der Investiturfeier gegen 18 Uhr seinen Lauf. Der sogenannte Wappenherold überreicht dem Kurfürsten im kleinen Kreis der Eingeweihten das blaue Ordensband zusammen mit dem Statutenbuch des Ordens. Letzteres hat der hannoversche Kurfürst dem Reglement entsprechend zurückzugeben – verbunden mit der Erklärung, die Ernennung zum Ritter unter den vorgegebenen Bedingungen annehmen zu wollen.

Am folgenden Tag schließt sich vor großem Publikum die feierliche Investitur an. Neben der Herzogsfamilie sind sowohl die Spitzen des Hofstaates als auch das komplette Gefolge Mecclefields zugegen. Als Georg Ludwig das Ordensstatut unterzeichnet hat, erhält er Ordensband und Ordenskette und wird mit dem Mantel und der Mütze der Georgsritter bekleidet, während ein Ordensherold die Aufnahmeformeln in lateinischer Sprache vorträgt. Wie die Übergabe der Thronfolgeurkunde wird in der Nacht auch dieses Ordenszeremoniell mit einem Hofball gebührend gefeiert.

Hofprediger David Rupert Erythropylus lässt sich dazu hinreißen, das Ereignis mit Versen zu rühmen:

»Den blauen Hosenband
Verknüpfe Gottes Hand
Und binde Land an Land!«

Als die Gäste aus England abgereist sind, zieht der sparsame Kurfürst eine ernüchternde Bilanz: Die prunkvollen Zeremonien haben ein Vermögen verschlungen. Die Rede ist von einer Tonne Gold, umgerechnet hunderttausend Taler. Vor allem die Privatschatullen Georg Ludwigs und seiner Mutter haben sich geleert. Die Kurfürstin Sophie zum Beispiel hat dem Überbringer der frohen

Botschaft ihr reich mit Diamanten besetztes Porträt geschenkt. Auch Georg Ludwig geizte nicht mit seinem Gastgeschenk: Macclesfield durfte eine Kanne und ein Gießbecken aus reinem Gold mit an die Themse nehmen.

Und nach wie vor ist der hannoversche Kurfürst keineswegs überzeugt davon, dass sich die horrenden Ausgaben auch lohnen werden. Zumindest beeilt sich der Hof, allen gekrönten Häuptern Europas Mitteilung von den neu erlangten Würden zu machen. Doch die Glückwünsche des Kaiserpaares in Wien lassen auf sich warten. Dies könnte damit zusammenhängen, dass während der Thronfolgerituale in Hannover am 16. September im französischen Exil der letzte englische Stuart-König Jakob II. gestorben ist – und die Trauer über das Ableben des katholischen Glaubensbruders war in Wien offenkundig größer als die Begeisterung über den Aufstieg der Protestanten in Hannover.

* * *

Machtwechsel an der Themse

Februar 1702, London. In London läuten erneut die Totenglocken von Westminister Abbey. Das Herz eines Königs hat aufgehört zu schlagen. Der Tod kam unerwartet. Wie so oft hat sich die Tragödie aus einer Bagatelle entwickelt. In diesem Fall hatte die Bagatelle die Gestalt eines Maulwurfhaufens.

Als Wilhelm III. am 20. Februar 1702 auf Sorrel, seinem Lieblingspferd, durch den Park von Hampton Court reitet, stolpert Sorrel über einen frisch aufgeworfenen Maulwurfhügel. Der englische König stürzt dabei so unglücklich aus dem Sattel, dass er sich das Schlüsselbein bricht. Eigentlich ist die Verletzung heilbar. Doch es kommt zu Komplikationen, und nach vierzehn Tagen steht bereits der »kleine Herr in schwarzem Samt«, die englische Umschreibung des Sensenmanns, vor der Tür. Am 19. März 1702 stirbt Wilhelm III. an den Folgen des Reitunfalls – im Alter von 52 Jahren.

Der Thronfolgeordnung entsprechend steht nun seiner 38 Jahre alten Schwägerin die Krone zu – der kinderlosen Stuartprinzessin Anne. Körperlich ist Anne zu diesem Zeitpunkt bereits ein Krüppel. Das Gehen fällt ihr schwer, sie wird in einer Sänfte zur Krönung getragen. Die vielen Fehlgeburten und eine fortschreitende Gicht haben ihrem Körper stark zugesetzt. Wenn sie aber mit eiserner Selbstdisziplin vor das Parlament tritt, schmückt sie sich mit Roben und Insignien, die die Erinnerung an Königin Elisabeth wach werden lassen. »Jeder Schlag meines Herzens gilt England«, sagt sie.

Anders als ihr Amtsvorgänger blickt Queen Anne auf die Hannoveraner voller Argwohn. Vom ersten Tag ihrer Regentschaft an beschleicht sie das Gefühl, dass die Welfen auf dem europäischen Festland nur auf ihren Tod warten, um endlich selbst die Krone an sich zu reißen. Sie sagt daher jedem den Kampf an, der sich dafür ausspricht, ein Mitglied der kurfürstlichen Familie bereits zu ihren Lebzeiten nach London zu holen. »Das wäre ja, als wenn ich in meinen eigenen Sarg blicken müsste«, betont sie immer wieder. »Entsetzlich.«

Die feindselige Haltung gegenüber den Erben von der Leine hat aber wohl auch ihren Grund in der Zurückweisung, die sie einst durch Georg Ludwig erfuhr, der sie als Braut verschmähte. Natürlich spricht sie nicht offen davon. Doch der Gram über die erlittene Schmach lebt in ihr fort.

Sie tut daher alles, sich die Hannoveraner möglichst vom Leibe zu halten, gewährt ihnen nicht mehr Rechte und Privilegien als unbedingt nötig. So lässt sie Kurfürstin Sophie, ihre designierte Nachfolgerin, zwar notgedrungen ins Kirchengebet aufnehmen, weigert sich aber, ihr eine Rente oder eine Apanage zuzugestehen – von einem Landsitz in England ganz zu schweigen. Gott bewahre! Und obwohl Sophie höfliche Briefe mit der englischen Königin wechselt, weiß die Kurfürstenwitwe, dass sie nicht gerade eine Herzensfreundin in der kränkelnden Monarchin hat.

Innige Freundschaft verbindet Queen Anne nach wie vor mit Sarah. Bis tief in die Nacht muss die Hofdame mit der Königin bisweilen Karten spielen. Manche munkeln sogar, dass Queen Anne mit ihrer Sarah ins Bett geht, Zärtlichkeiten austauscht, die eine lesbische Beziehung vermuten lassen.

Sarah, die längst mit General Churchill verheiratet ist, wehrt sich erbittert gegen solche Gerüchte. Doch sie wollen nicht verstummen.

Immerhin zieht Sarah auch Nutzen aus ihrem engen Verhältnis zur Königin. Sie wird zur Oberkammerfrau befördert, zur Mistress of the Robes, dem höchsten Amt, das eine Frau am englischen Hof neben der Königin erlangen kann. Und Sarahs Mann John Churchill steigt auf zum Lord High Admiral und erhält den Oberbefehl über die britischen Streitkräfte. Sogar in den Hosenbandorden wird der Admiral aufgenommen. Gleichzeitig wird das Ehepaar in den Herzogsstand erhoben, die einstige Kammerfrau Sarah darf somit den Titel Herzogin von Marlborough führen und ein stattliches Gut ihr eigen nennen.

Doch die Gegenleistung, die sie der Königin dafür erbringen muss, ist kein Zuckerschlecken. Queen Anne erwartet von ihrer Freundin, dass sie zu jeder Tages- und Nachtzeit verfügbar ist und ihr über Langeweile, Schmerzen und Kummer hinweghilft.

Je höher Sarah selbst in der höfischen Rangordnung aufsteigt, desto lästiger wird ihr der aufgenötigte Liebesdienst, und sie beginnt damit, arme Verwandte vom Lande bei der Königin als Gesellschafterinnen einzuführen, um sich selbst etwas zu entlasten. Queen Anne bleibt dies nicht verborgen. Sie beginnt sich zu fragen, ob Sarah ihre Gunst missbraucht.

Dabei hat sie eigentlich keinen Grund, ihre Gunstbezeugungen zu bereuen. Als Glücksgriff erweist sich vor allem die Beförderung von Sarahs Mann John Churchill zum Heerführer. Im Spanischen Erbfolgekrieg führt der Herzog von Marlborough England zu siegreichen Schlachten. Dadurch gewinnt Marlborough an Macht und ersetzt nach und nach immer mehr Tory-Minister in der Regierung durch hannoverfreundliche Whigs, denen er nahe steht. Auch Sarah fühlt sich den Whigs verbunden, ganz im Gegensatz zu Queen Anne. Die Königin hasst die Whigs – nicht zuletzt wegen ihrer Hannovernähe.

So verschärfen sich allmählich die Spannungen zwischen Anne und dem Ehepaar Churchill. Da die Kosten der englischen Beteiligung am Spanischen Erbfolgekrieg immer weiter ansteigen, wächst auch in der Bevölkerung der Unmut gegen den obersten Heerführer und die Whigs-Minister, und die Machtstellung der Marlboroughs beginnt zu bröckeln.

Queen Annes Zweifel wachsen. Sie misstraut ihrer alten Freundin.

An einem nasskalten Apriltag, dichter Nebel liegt über der Stadt, lässt die Königin ihre Oberkammerfrau rufen, um mit Sarah ein ernstes Gespräch zu führen.

In dem kleinen Prunkgemach brennen zwei Kaminfeuer. Dennoch scheint die Dame mit dem aufgedunsenen Gesicht und dem schwarzen Kunsthaar zu frieren. Queen Anne hat sich in eine dicke Robe gehüllt und eine weiße Pelzdecke um ihre Hüften gewickelt. Vor ihr stehen eine Karaffe, ein Glas Rotwein und ein Becher mit heißem Punsch. Ihre glasigen Augen verraten, dass sie dem Alkohol bereits reichlich zugesprochen hat. Mit stummer, nicht sehr freundlicher Geste fordert sie Sarah auf, neben ihr an dem blankpolierten Tischchen mit den golddurchwirkten Einlegearbeiten Platz zu nehmen. Nicht sehr viel freundlicher bestellt sie bei ihrer Kammerdienerin ein Weinglas für die Freundin und lässt ungefragt einschenken. Daraufhin schickt sie die Zofe mit ungeduldiger Geste aus dem Zimmer.

»Du machst dich rar in letzter Zeit, meine Liebe«, beginnt sie ohne die üblichen Höflichkeitsfloskeln oder Fragen nach dem Befinden. »Man könnte meinen, du bist in wichtige Regierungsgeschäfte verstrickt. Ständig lässt du dich entschuldigen, wenn ich den Wunsch äußere, mit dir zu sprechen. Meine Gesellschaft scheint dir lästig zu sein.«

Sarah ist entsetzt. Die Vorwürfe verschlagen ihr fast die Sprache. Mühsam setzt sie zu einer Erwiderung an. »Das täuscht, Majestät. Ihr irrt Euch, Eure Gesellschaft ist mir so lieb wie eh und je. Meine neuen Aufgaben zwingen mich nur häufig, das Schloss zu verlassen und auf unserem Anwesen nach dem Rechten zu sehen.«

Queen Anne reagiert mit spöttischem Lächeln. »Das glaubst du doch selbst nicht. Das sind doch alles nur Ausflüchte, billige Ausreden.«

»Aber Majestät, Ihr seid ungerecht.«

»Ach was. Dummes Zeug! Ich habe dich durchschaut. Du bist undankbar, meine Liebe. Das ist es! Du vergisst, dass ich es war, die dich zur Herzogin gemacht hat, Sarah Jennings.« Der Name klingt aus ihrem Munde wie ein übles Schimpfwort.

»Aber ...«

»Nicht aber. Ich weiß, ich bin hässlich, ich bin ein Krüppel, ein einziges Wrack. Ich weiß, dass man über mich spottet und mir nur aus falscher Ergebenheit und Berechnung Verbeugungen und schöne Augen macht. Mir ist klar, dass alle auf meinen Tod warten – vor allem diese Hannoveraner, diese Erbschleicherbande.«

Sie nimmt einen kräftigen Schluck Wein. Sarah schüttelt den Kopf, will die mächtige Freundin beruhigen. Doch die beachtet sie gar nicht und fährt fort mit ihrem Gezeter.

»Ja, sie können es nicht abwarten, dass ich endlich die Augen schließe. Das Schlimme ist, dass diese Erbschleicher hier in unserem Land auch noch Verbündete haben – und du und dein edler Mann, ihr macht gemeinsame Sache mit diesen Verrätern, diesen Whigs.«

»Aber das stimmt doch gar nicht, ich liebe und verehre Euch.«

»Liebe?« Sie stimmt ein höhnisches Gelächter an, das in Krächzen übergeht. »Nein, Liebe ist wohl etwas anderes. Du und dein werter Mann, ihr macht mit meinen Feinden gemeinsame Sache, darüber kannst du mich nicht mehr hinwegtäuschen. So dumm, wie du denkst, bin ich nämlich nicht.«

Erneut nimmt Anne einen Schluck Wein.

»Ihr trinkt zuviel, Gnädigste. Das ist nicht gut für Euch.«

Wütend setzt Anne das Glas so heftig ab, dass der Wein auf den Tisch spritzt.

»Ich trinke zuviel? Was unterstehst du dich, du Canaille? Welches Recht nimmst du dir, mich zu maßregeln? Heh? Du weißt offenbar nicht mehr, wer du bist. Ich will es dir sagen: Ein Dreck bist du, Dreck, Dreck unter den Schuhsohlen, und ich bin deine Königin. Das solltest du dir in dein Merkbuch schreiben, meine Liebe.«

Sarah ist bestürzt. Tränen schießen ihr aus den Augen. »Ich weiß wirklich nicht, womit ich das verdient habe«, stößt sie wimmernd hervor. »Ich, ich ...«

»Verschone mich mit deinem Geflenne. Wenn du erlebt hättest, was mir in meinem Leben widerfahren ist, dann würdest du jetzt nicht weinen. Dann hättest du keine Tränen mehr.« Wie aus Trotz nimmt die Königin erneut einen Schluck. »Du weißt, was du mir immer bedeutet hast – dass du immer ein großer Trost für mich warst. Ich habe dich geliebt wie eine Schwester – ja, mehr als eine Schwester. Aber jetzt, wo ich dich mehr denn je brauche, entziehst du dich mir und verbündest dich mit meinen Feinden.«

»Das ist nicht wahr, bitte, Majestät.«

»Ich wünschte, es wäre nicht wahr. Aber die Wirklichkeit sieht leider anders aus. Du kannst doch wohl nicht ernsthaft bestreiten, dass du gemeinsame Sache mit diesen Hannoverfreunden machst – du und dein ehrenwerter Gemahl!«

Sarah schüttelt verzweifelt den Kopf. »Was heißt denn gemeinsame Sache? Es gibt doch diesen Parlamentsbeschluss über die Thronfolge. Davor darf man doch die Augen nicht verschließen. Da ist es doch gut, mit den Hannoveranern in Kontakt zu treten, damit sie wissen, was in diesem Land vorgeht.«

Wieder stimmt die Königin ein spöttisches Gelächter an. »Du gibst also zu, dass du mit den Hannoveranern in Kontakt treten willst.« Sie presst die Lippen zusammen, ballt die Fäuste. »Dass du dich nicht schämst! Diese Hannoveraner, von denen du so freundlich sprichst, sie können es doch gar nicht mehr abwarten, dass ich endlich krepiere.« Die Königin schluchzt auf. »Nicht dass du denkst, dass ich am Leben hänge. O nein, ich wünsche mir nichts sehnlicher als den Tod, träume oft davon, endlich von diesen Qualen erlöst zu sein und da hinzukommen, wo meine Kinder sind. Mein kleiner William ...«

Queen Anne beginnt zu weinen, während Sarah ihr tröstend über die Hände streicht.

»Ich weiß, dass ihr mich alle auslacht«, fährt die Königin in schneidendem Ton fort, nachdem sie die Tränen mit einem weiteren Glas Wein heruntergespült und sich wieder etwas gefasst hat. »Aber ich ertrage die Vorstellung nicht, dass die Hannoveraner ein Fest feiern, wenn ich sterbe, dass sich diese Ausländer über unser Land hermachen und es ausplündern. Dieser hannoversche Kurfürst soll sich ja nicht einmal die Mühe machen, Englisch zu lernen. Wahrscheinlich werden die Engländer bald Deutsch sprechen, wenn diese Welfen sich auf unserem Thron breitmachen.«

»So dürft Ihr nicht denken, Majestät. Der hannoversche Kurfürst wird sicher noch Englisch lernen. Seine Mutter spricht unsere Sprache jedenfalls sehr gut, heißt es. Sie soll überhaupt sehr klug sein. Und sie ist ja auch eine Stuart wie ihr und damit unserem Land verbunden. Sie ist von königlichem Geblüt.«

»Königliches Geblüt? Dass ich nicht lache. Eine alte Hure ist sie. Als der letzte Stuart-König, mein Vater, in Frankreich gestorben ist, fernab von seinem einstigen Reich, haben die Hannoveraner gejubelt und gelacht, weil ihnen dieser dumme Saufbold Macclesfield die Thronfolgeurkunde überbracht hat. Ist das Anstand? Wo bleiben da Achtung und Würde? Na?« Sie seufzt. »Natürlich, auch ich habe mich nicht dagegen gestellt, als sie meinen Vater mit ihrer glorreichen Revolution aus dem Land gejagt haben. Auch ich habe dem Oranier die Treue geschworen und mich dem Parlament unterworfen, wie es in unserem Lande Sitte ist. Ich weiß, dass Jakob Fehler gemacht hat, schlimme Fehler. Aber dennoch ist dieser Mensch, den sie wie einen Hund aus dem Land gejagt haben, mein Vater gewesen und sein Sohn, der da jetzt von Frankreich aus Ansprüche auf unseren Thron geltend macht, ist immerhin mein Bruder – auch wenn er eine andere Mutter hat. Nicht, dass ich ihn zu meinem Nachfolger machen wollte. Nein, auch ich wünsche mir keinen Katholiken auf einem englischen Thron. Aber trotzdem ist er der Sohn meines Vaters.« Als wollte sie ihren inneren Zwiespalt ertränken, schenkt sie sich Wein nach.

Sarah streicht ihr erneut über die Hände. »Ich verstehe Euch. Das alles ist nicht einfach. Aber der Herr wird es schon richten, und ihr müsst vor allem an Eure Gesundheit denken und auch das Schöne sehen. Lasst Euch mit den duftenden Cremes des Morgenlandes salben, lasst Eure Musiker aufspielen, Gamben und Hörner erklingen, lasst Euch durch Eure Gärten tragen, wenn die Sonne wieder scheint.«

»Küss mich, Sarah.«

Sarah wendet sich ab. »Ihr habt zu viel getrunken, meine Königin.«

»Zu viel ... Was?« Die Königin ist wie vom Donner gerührt. Ihre Hände, die sich wieder zu Fäusten geschlossen haben, zittern vor Wut. »Du wagst es, mich so zu beleidigen? Hatte ich also doch recht! Du bist und bleibst eine unverschämte Person, eine Schlange – undankbar und hinterhältig. Ja, das bist du! Ich habe genug von dir. Hinaus mit dir. Raus! Ich will dich nicht mehr sehen. Nie mehr!«

* * *

August 1705, Essel. Der Tisch ist reich gedeckt. Ein Gericht nach dem anderen wird der Prinzessin aufgetragen, die wie üblich allein an der langen Tafel sitzt. Aal, Fasan, Kalbsbraten, Kaninchen, dazu gedünstete Auberginen und anderes feines Gemüse und als Dessert Sahnetörtchen und Konfekt. Doch Sophie Dorothea nimmt nur wenige Bissen von den aufgetragenen Köstlichkeiten, manche lässt sie gleich wieder abräumen.

Die Prinzessin hat keinen Appetit. Vor einigen Wochen hat man sie provisorisch im Amtshof von Essel untergebracht, etwa auf halber Strecke zwischen Ahlden und Celle. Ihr kleines Schlösschen in der Allermarsch wird umgebaut, es ist absehbar, dass sie bald dorthin zurückkehren wird. Sie kann es kaum erwarten. Denn ihr Ausweichquartier in Essel ist noch enger als das Fachwerkschloss in Ahlden. Vor allem darf sie hier nicht mit der Kutsche ausfahren, sondern nur auf dem kleinen Hof spazieren gehen – noch strenger reglementiert als in Ahlden.

Doch das ist es nicht allein, was sie in diesen Augusttagen des Jahres 1705 bekümmert. Aus Celle kommen schlechte Nachrichten. Ihr Vater, heißt es, liege im Sterben. Der alte Herzog habe sich bei einer Rebhuhnjagd in Wienhausen eine schlimme Erkältung zugezogen. Fieber, Hustenanfälle, häufiges Erbrechen. Er soll kaum mehr aus dem Bett kommen.

Dabei war kurz zuvor erst wieder neue Hoffnung aufgekeimt. Sophie Dorotheas Mutter hatte ihrer Tochter berichtet, dass ihr Vater sie zu sehen wünsche, dass es ihn sehnlichst danach verlange, seine geliebte Prinzessin in die Arme zu schließen, sich endlich mit ihr auszusprechen. Er habe bereits beim Hof in Hannover einen Antrag gestellt. Der Kurfürst hatte das Gesuch zwar anfangs rigoros abgelehnt und auf das Abkommen hingewiesen, später aber so etwas wie Einlenken signalisiert und mit Rücksicht auf das Alter des Heideherzogs einen zeitlich eng begrenzten Besuch gestattet. Aber dann war diese Erkältung dazwischen gekommen.

Sophie Dorothea schiebt sich eine süße Krokantpraline in den Mund und spült mit einem Schluck Rotwein nach. Sie hat bereits einige Gläser getrunken an diesem lauen Augustabend. Allmählich kommt dadurch das Gedankenkarussell zum Stillstand, das ihren Kopf wieder einmal strapaziert. Immer deutlicher scheint sich abzuzeichnen, dass ihre Schwiegermutter auf den englischen Thron zusteuert. Gleichzeitig hat ihre Mutter ihr Neues über den Mord an ihrem Liebsten berichtet. Der italienische Mönch, der angeblich den tödlichen Stich geführt hat, soll vergiftet worden sein – vergiftet im Auftrag der Hannoveraner. Es ist nicht zu glauben! Dieser Montalban soll versucht haben, den Kurfürsten, damals war es noch Ernst August, zu erpressen. Doch statt der geforderten Taler haben sie ihm einen edlen Wein nach Mantua geschickt – ein Wein mit einer Essenz, die ihm nicht sonderlich gut bekommen ist, wie gemunkelt wird.

Sophie Dorothea denkt einen Moment darüber nach, wie es wäre, wenn der Wein, der vor ihr steht, ebenfalls vergiftet wäre. Vielleicht gar nicht so schlecht, endlich von diesen Qualen, den sinnlosen Hoffnungen und zermürbenden Enttäuschungen erlöst zu werden. Schon ganz trunken von der Vorstellung schenkt sie sich nach, trinkt, erhebt sich und bewegt sich leicht schwankend auf ihr Bett zu.

Am nächsten Morgen wird sie gleich nach dem Frühstück von einem Boten aus Celle noch tiefer ins Jammertal gestoßen: Ihr Vater ist gegen vier Uhr in der Frühe gestorben. Das Herzogtum Celle hat aufgehört zu existieren.

* * *

Thronfolgerin im Zwiespalt

November 1705, Herrenhausen. Novemberstimmung im Großen Garten. Nur wenige Rosen haben den nächtlichen Frost überlebt. Die einst so prächtigen Blumenrabatten wirken trostlos und grau. Auf dem Schlossteich treiben bräunliche, rötliche Blätter. Die Linden haben bereits den größten Teil ihres Laubes verloren, manche Bäume sind schon kahl. Die Saison geht dem Ende entgegen. Die Kurfürstin spaziert durch den dunstigen Park, um Abschied zu nehmen von ihrem Großen Garten. Schon am nächsten Tag wird sie Herrenhausen verlassen, um mit ihrem Hofstaat ins Leineschloss nach Hannover überzuwechseln.

Das Laub knistert unter ihren Füßen, während sie mit ihren Hofdamen durch die herbstlichen Alleen flaniert. Zeit für eine Bilanz. Sie lässt die letzten Monate Revue passieren. Die dramatischen Ereignisse haben sich überstürzt in dieser Zeit.

Am 1. Februar 1705 bereits starb Sophie Charlotte, ihre geliebte Tochter. Die Königin von Preußen war erst 36 Jahre, als im Leineschloss von Hannover ihr Herz zu schlagen aufhörte. Eigentlich war Sophie Charlotte nach Hannover gekommen, um mit ihrer Mutter und ihren Brüdern Karneval zu feiern. Eine kurze, aber heftige Lungenentzündung jedoch wurde ihr zum Verhängnis. Für ihre Mutter ein schwerer Schlag. Denn sie war ihrer Tochter eng verbunden. Ähnlich wie Sophie war auch Sophie Charlotte hochgebildet, sprach außer Deutsch fließend Italienisch, Französisch und Englisch, zog bekannte Persönlichkeiten ihrer Zeit an den Hof und hatte – wie ihre Mutter – ein enges Verhältnis zu dem Philosophen Leibniz. Niemand stand der alten Kurfürstin näher als ihre Tochter. Eine gemeinsame Reise mit Sophie Charlotte in die Niederlande im Jahre 1700 zählte zu den Höhepunkten ihres Lebens, dreimal besuchte sie ihre Tochter in Berlin. Der Verlust traf sie hart.

Kurze Zeit später hatte die Kurfürstin den Tod ihres Schwagers in Celle zu verkraften. Nach dem Ableben ihres Mannes im Jahre 1698 war Sophie dem Heideherzog immer näher gekommen. Georg Wilhelm tat ihr leid. Sie wusste, wie er sich danach gesehnt hatte, sich mit seiner Tochter auszusöhnen. Sie hätte es ihm von Herzen

Gottfried Wilhelm Leibniz

gegönnt, hatte auch auf ihren Sohn ein-
geredet, Gnade vor Recht walten zu
lassen. Doch dann war es auf einmal ganz schnell mit dem alten
Mann zu Ende gegangen.

Ein anderer Zwiespalt ergab
sich für die Kurfürstin daraus,
dass mit dem Ableben ihres
Schwagers der lange ersehnte
Erbfall eingetreten war: Georg
Ludwig durfte seinem Kurfürstentum das Herzogtum Celle ein-
verleiben. Der seinerzeit geschlos-
sene Ehevertrag mit Sophie Dorothea
gab ihm das Recht dazu. Die schuldig
geschiedene Gattin dagegen ging leer
aus – und musste in ihrem kleinen Aller-
schlösschen in Ahlden bleiben. Auch die Witwe des verschiedenen
Heideherzogs hatte nun in Celle ihre Koffer zu packen. Georg Ludwig verlangte, dass Eleonore d'Olbreuse das Schloss in Celle verließ
und in ihren Witwensitz nach Lüneburg übersiedelte. Die hannoversche Kurfürstin empfand Mitleid mit der vertriebenen Schwägerin,
wagte es aber nicht, ihrem Sohn zu widersprechen.

Bereits fünf Tage nach dem Trauerfall in Celle musste sich Sophie
auf ein ganz anderes Ereignis einstellen – ein eigentlich freudiges
Ereignis. Ihr Enkelsohn hielt Hochzeit. Georg August gab seiner
Braut Karoline von Ansbach das Jawort – die Trauung war seit langem geplant. Aus Anlass der Eheschließung wurde die Hoftrauer für
einige Tage unterbrochen. Doch der Großmutter des Bräutigams fiel
der Wechsel von einer Stimmungslage in die andere schwer. Sie war
schließlich nicht mehr die jüngste.

Über alledem lastet das spannungsreiche Gewölk der englischen
Thronfolge. An diesem letzten Abend in Herrenhausen leistet Leib-
niz der Kurfürstin Gesellschaft – auch um die Frage eines Besuchs im
Vereinigten Königreich zu erörtern. Schon seit Wochen hält das heik-
le Thema Sophie und den gesamten hannoverschen Hof in Atem.
Die Kurfürstin steht nicht allein mit ihrer Ansicht, dass es etwas

wenig ist, nur im Kirchengebet der Briten aufgenommen zu werden. Selbstverständlich, dies versichert sie jedem ungefragt, denke sie nicht im Traum daran, selbst als Königin auf dem englischen Thron zu glänzen. Doch im Interesse der Nachkommen sei es wohl geboten, den Act of Settlement mit etwas mehr Leben zu erfüllen. Andernfalls bestehe doch zweifellos die Gefahr, dass sich das Dokument am Ende nur als wertloses Stück Papier oder Pergament erweise. Dabei komme es nicht auf die Höhe der Rente oder des Jahresgeldes an. Wichtig seien einfach nur Zeichen,

Kurfürstenwitwe Sophie

die den fragilen Parlamentsbeschluss unumkehrbar machten.

Doch in Hannover ist bekannt, wie Queen Anne über diese Fragen denkt. Und Georg Ludwig hat Heinrich Schütz, seinen hannoverschen Gesandten in London, eindringlich angewiesen, in dieser Sache keinesfalls etwas zu unternehmen, was dem ausdrücklich bekundeten Willen der englischen Königin zuwiderlaufe. Die Mutter des Kurfürsten hat dem zwar immer zugestimmt, in der praktischen Umsetzung dieser Grundregel aber eigene Überlegungen geäußert, die auch andere Repräsentanten des Vereinigten Königreiches als die Queen ins Kalkül ziehen. Doch nicht einmal die hannoverfreundlichen Whigs haben es bisher für opportun erachtet, Sophie nach England einzuladen. Umso verwirrender ist es nun für den hannoverschen Hof, dass ausgerechnet die Tories eine offizielle Einladung ins Gespräch gebracht haben. Zeichnet sich da ein Umdenken ab? Oder ist es nur eine Falle?

»Ich grübele Tag und Nacht darüber nach, wie ich mich verhalten soll, mein Freund«, vertraut sie Leibniz in ihrem kleinen Kabinett an. »Aber ich komme zu keinem Ergebnis. Nehme ich die Einladung an, ziehe ich mir den Groll der Königin zu. Lehne ich sie ab, heißt es, dass ich das englische Parlament missachte und kein wirkliches

Interesse an der Krone zeige.«

»Ihr habt recht, Durchlaucht, die Situation ist außerordentlich unübersichtlich«, entgegnet Leibniz. »Und bei allem begründeten Interesse an einer Reise nach London, diesem Lord Haversham, der den Antrag im Oberhaus einbringen will, ist nicht zu trauen. Der Herr hat in der Vergangenheit immer wieder bewiesen, dass er kein Freund der Hannoveraner ist. Ich fürchte, dass nicht die edelsten Absichten hinter der Einladung stehen. Aber wenn sie denn von den anderen Kräften des Parlaments mitgetragen wird, kann uns das ja vielleicht egal sein. Es könnte auch eine Chance sein – eine Chance für Euch, der englischen Königin endlich etwas näher zu kommen und das Schreckgespenst aus ihrem Kopf zu vertreiben.«

»Ach, ich weiß nicht. Wahrscheinlich wird sie sich nur bestätigt sehen, wenn sie mich sieht: So eine alte Scharteke wie ich dürfte Ihre Majestät nur noch mehr in ihrer schlechten Meinung über die Hannoveraner bestärken. Nein, lieber Leibniz, ich bin ein altes, verbrauchtes Weib, viel zu heruntergewirtschaftet, um noch auf der anderen Seite des Meeres Ehre einzulegen.«

»So dürft Ihr nicht reden, Durchlaucht. Euer Geist stellt immer noch ein Dutzend halb so alte Damen in den Schatten, und Euer Liebreiz nimmt mit jedem Tag mehr zu.«

»Alter Schmeichler. Ihr macht mir nur Komplimente, weil Ihr selbst nach London wollt, um dort mit den klugen Herren zu debattieren und vor den Lords und Ladys zu glänzen. Gebt es zu, Leibniz, Euch ist es hier in Hannover zu eng, zu langweilig.«

»Wie könnt Ihr das sagen? Ihr wisst doch, wie wichtig mir die Gespräche mit Euch sind.«

»Ach, mein Lieber, das beruht natürlich ganz auf Gegenseitigkeit. Dennoch wünsche ich Euch von Herzen, dass Euch bald der frische Wind des Vereinigten Königreiches um die Nase weht.«

»Nur, wenn Ihr mir Gesellschaft leistet.«

»Womit wir wieder bei der Ausgangsfrage wären. Nein, lieber Leibniz, ich fürchte wirklich, die Königin wird nicht erfreut sein über meine Anwesenheit. Wie hat sie es noch ausgedrückt? Sie werde das Gefühl haben, in ihren eigenen Sarg zu blicken, wenn ein Thronerbe aus Hannover ihr in London seine Aufwartung mache. Nein, von dieser Haltung wird sie sich auch durch einen Parlamentsbeschluss nicht abbringen lassen.«

»Wahrscheinlich habt Ihr recht.«

»Aber warum wollen mich dann ihre politischen Freunde einladen?«

»Diese Frage habe ich auch bereits unserem Gesandten in London gestellt, und Schütz schreibt, dass es die Tories mit der Einladung möglicherweise gerade darauf anlegen, dass sich der Konflikt zuspitzt und es zu einem Krach kommt.«

»Mein Gott, diese Schurken! Vermutlich jubeln sie bereits, dass sie uns mit ihrer Offerte in diese Verlegenheit gebracht haben.«

Leibniz seufzt zustimmend und nippt an seinem Tee.

»Lieber wäre es mir gewesen, wenn unser Prinz gegangen wäre, Georg August. Die Engländer scheinen ihn zu lieben«, fährt Sophie fort. »Wäre es nach William gegangen, säße er längst im englischen Oberhaus. Aber William ist tot und Queen Anne hasst meinen Enkel ebenso wie unsere ganze Familie. Außerdem hat Georg August nun auch genug mit seiner jungen Frau zu tun – mit seiner Karoline. Eine wunderbare Frau übrigens. Habt Ihr sie schon kennen gelernt?«

»Selbstverständlich. Ich gebe Euch recht: Euer Enkelsohn hat wirklich eine vortreffliche Wahl getroffen.«

»Ich hoffe, sie läuft ihm nicht bald wieder davon. Unser Prinz ist nämlich nicht so einfach. Ein unbedachtes Wort und schon geht er in die Luft. Seine Wutanfälle sind wirklich grauenhaft.« Sophie lächelt. »Und leider scheint er auch nicht viel mehr im Kopf zu haben als das Militär. Hoffentlich bringt ihn seine Frau auf andere Gedanken. Sie ist äußerst klug und weiß über jeden Gegenstand gelehrt zu sprechen. Wirklich und wahrhaftig: ein Lichtblick in diesen schweren Zeiten.« Sie nimmt einen Schluck Schokolade. »Überall Krieg. Der junge Schwedenkönig zieht gegen den russischen Zaren zu Felde und der Kaiser und seine Verbündeten müssen sich gegen den Franzosenkönig zur Wehr setzen. Überall rufen die Trommeln zur Schlacht, überall stecken sie die jungen Männer in bunte Uniformen und hetzen sie in den Tod. Ach, es ist schrecklich.«

»Ja, der Krieg ist sehr unerfreulich. Aber manchmal geht es offenbar nicht anders.«

Sophie stößt einen schweren Seufzer aus.

»Aber ich denke, dass sich der Kurfürst sehr weise verhält«, fährt

Leibniz fort. »Dass er den Holländern und Engländern Soldaten zur Verfügung stellt, bringt uns Geld in die Kasse, und in militärischen Fragen macht ihm niemand etwas vor. Unsere Männer haben sich bei Höchstadt hervorragend geschlagen und den Alliierten einen glänzenden Sieg über die Franzosen beschert. Der Kaiser war des Lobes voll, der Heerführer der Briten, dieser Herzog Marlborough, ebenso. Vermutlich werden sie Euerm Sohn bald den Oberbefehl im Rheinland antragen.«

Sophie schüttelt den Kopf. »Ja, ja, wenn mein lieber Sohn auch noch nie ein blendender Unterhalter war, das Kriegshandwerk hat er immer schon beherrscht. Wenn ich ihn recht verstanden habe, kann er es gar nicht mehr abwarten, dass sie ihn zum Oberbefehlshaber machen. Damit wird die Thronfolge in England für ihn noch mehr zur Nebensache. Seine einzige Sorge scheint darin zu bestehen, dass ihm sein eigener Sohn zuvorkommt. Ich fürchte, das macht nicht den besten Eindruck bei unseren Freunden im Vereinigten Königreich. Sein Hauptbemühen liegt immer nur darin zu bremsen. Auch in dieser Situation vermittelt er den Eindruck, als wäre eine Einladung das größte Unglück, das uns widerfahren könnte. Ach, es ist alles so vertrackt. Ich wünschte, es wäre wieder Frühling. Mir graut vor den dunklen Tagen in Hannover.«

Zwei Wochen später kommt aus London eine Nachricht, die vom Wortlaut her eigentlich Anlass zur Enttäuschung sein könnte, aber letztlich eher ein großes Aufatmen in Hannover zur Folge hat: Der Antrag, die hannoversche Kurfürstin nach England einzuladen, ist gescheitert. Vier Stunden lang hat das Oberhaus im Beisein von Queen Anne darüber debattiert, am Ende sprach sich eine große Mehrheit dagegen aus. Die Fronten sind paradoxerweise völlig verkehrt. Während große Teile der hannoverfeindlichen Tories den Antrag unterstützten, lehnten ihn die hannoverfreundlichen Whigs entschieden ab. Sie sahen darin lediglich ein parteitaktisches Manöver, einen Trick, um die Kluft zwischen den Hannoveranern und der Königin noch mehr zu vertiefen.

Doch der Schuss ging nach hinten los. Denn die eher naive, schlicht denkende Königin durchschaute das Ränkespiel nicht. Da die Whigs gegen eine Einladung der hannoverschen Thronerben votierten, gewannen sie in ihrer Gunst ganz erheblich. So schlecht, wie sie bisher gemeint hatte, dachte sie, sind diese Lords offenbar gar nicht. Die Tories, auf die sie bisher ganz und gar gesetzt hatte, scheinen ihr indessen mit einem Mal verdächtig. Die Queen versteht die Welt nicht mehr. Die hannoversche Kurfürstin dagegen hat eine Sorge weniger.

* * *

Besuch aus Mantua

Oktober 1707, Hannover, Leineschloss. Audienz beim Kurfürsten. Ein Bittsteller nach dem anderen begehrt im Antichambre des hannoverschen Leineschlosses Einlass, um Gehör beim Herzog zu finden. Ein Wundarzt hat angeblich ein neues Mittel gegen die Gicht entdeckt und beansprucht hierfür ein Patent des hannoverschen Hofes; ein Erfinder will mit Hilfe der Wasserkraft die Erzförderung in den Bergwerken im Oberharz verbessern; ein Musiker bewirbt sich als Hofkapellmeister und lässt sich nur mühsam davon abbringen, Kostproben seines Könnens auf einer mitgebrachten Geige zu geben; ein Landjunker liegt seit Jahren im Streit mit seinem Nachbarn und klagt über die Gerichte, die ihm das Recht verweigern; der Bürgermeister von Göttingen sucht um Genehmigung zur Erhebung neuer Steuern nach; der Oberhofjägermeister aus der Göhrde will die Einzelheiten der geplanten Herbstjagden besprechen; ein Bischof, drei Kaufleute, zwei Hofbeamte, ein Offizier, ein Wunderheiler – die Reihe der Bittsteller im Vorzimmer der Macht nimmt kein Ende. Georg Ludwig hat seine wöchentliche Audienz bereits um acht Uhr in der Frühe begonnen. Um drei Uhr am Nachmittag stehen immer noch sechs Besucher auf der Liste. Schon der dritte Schreiber ist damit beschäftigt, die vorgetragenen Wünsche, Klagen, Schmeicheleien und Proteste einschließlich der kurfürstlichen Einlassungen zu protokollieren.

Anfangs hat sich Georg Ludwig noch jeden Besucher geduldig angehört und meist seine anwesenden Minister und Hofbeamten gebeten, den Fall zu prüfen oder mit knappen Worten eine wohlwollende Entscheidung zugesagt. Doch mittlerweile haben sich seine Geduld und Aufnahmebereitschaft erschöpft. Der Kurfürst fällt den Bittstellern unwirsch ins Wort, fordert sie auf, zur Sache zu kommen oder bricht die Audienz entnervt ab. Besonders ungehalten reagiert er, als wieder einmal einer dieser Alchimisten wortreich beteuert, er könne Steine in Gold verwandeln – Leibniz soll ihm über die Mutter des Kurfürsten den Termin beim Herzog verschafft haben. Ungehalten fährt Georg Ludwig dem Mann in die Parade. »Das ist doch alles nur dummes, aufgeblasenes Geschwätz«, wettert der nüchtern veranlagte Landesfürst. »Warum habt Ihr zum Beweis Eurer Kunst nicht gleich einen Sack Gold mitgebracht? Man sollte Euch solange einsperren, bis Ihr bewiesen habt, dass Ihr das Wunderwerk, von dem Ihr so wortreich sprecht, wirklich versteht. Habt Ihr dazu den Mut? Nein? Dann geht, bevor ich Euch in Ketten legen lasse. Geht!«

Als der Alchimist fluchtartig das Antichambre verlassen hat, beklagt sich der Kurfürst wütend bei seinen Hofbeamten, dass sie den Mann vorgelassen haben.

Georg Ludwig hat sich den Ruf eines sparsamen, ja knauserigen Landesfürsten erworben. Prunk, höfischer Luxus sind ihm verhasst – damit unterscheidet er sich stark von seinem verstorbenen Vater. Aus Gründen der Sparsamkeit hat der junge Kurfürst die Ausgaben für den hannoverschen Karneval erheblich gekürzt und das Opernhaus, das sein Vater erst 1689 eröffnet hatte, gleich nach seiner Amtsübernahme wieder geschlossen. »Kammermusik tut es auch«, ist sein Motto.

Mäßigung kennzeichnet auch seine Grundhaltung in militärischen Fragen. Georg Ludwig führt seine Schlachten nicht mit Brutalität und Härte, sondern mit dem Kalkül eines bedachten Schachspielers. Dabei betrachtet er seine Soldaten nicht als Schachfiguren, sondern auch als Menschen. Als seine Truppen sich zum Beispiel 1693 bei der Schlacht von Neerwinden nicht gut geschlagen hatten, lehnte er es entschieden ab, zur Strafe jeden zehnten Mann erschießen zu lassen – eine Kollektivstrafe, wie sie Wilhelm III. bedenkenlos praktizierte und folglich auch von ihm erwartet hatte.

Sein Talent als Militärstratege hat ihn zum Oberbefehlshaber der Reichsarmee am Oberrhein gemacht. In wenigen Tagen wird er nach Frankfurt am Main aufbrechen, um mit dem englischen Heerführer Marlborough und anderen führenden Köpfen der Alliierten das weitere Vorgehen gegen die Franzosen im Spanischen Erbfolgekrieg zu erörtern. Am Rande wird dabei vermutlich auch über die politische Situation im Vereinigten Königreich und die Thronfolgedebatte gesprochen werden – voraussichtlich auch über die gegenwärtige Gemütslage von Queen Anne, die Marlborough ebenso feindselig gegenübersteht wie Georg Ludwig. Immerhin hat das britische Parlament inzwischen ein Gesetz verabschiedet, das der hannoverschen Kurfürstin und ihren leiblichen Nachkommen die englische Staatsbürgerschaft zusichert und sie in den gleichen Stand versetzt, als seien sie in England geboren. Eine weitere Hürde auf dem Weg zum Thron ist damit beiseite geräumt.

Doch Georg Ludwig weigert sich, diesem Thema größere Beachtung zu schenken. Für den wortkargen Welfen stehen die Interessen seines angestammten Kurfürstentums weiterhin obenan. Auf außenpolitischer Ebene hat der Herzog zudem genügend mit den beiden Kriegen zu tun, die den europäischen Kontinent erschüttern. Neben dem vereinten Kampf gegen den Sonnenkönig tobt auch der Nordische Krieg zwischen Schweden und Russland. Georg Ludwig hat ein Bündnis mit dem jungen Schwedenkönig Karl XII. geschlossen, ist aber in große Schwierigkeiten mit seinen übrigen Bündnispartnern geraten, als der tollkühne Schwede in Sachsen einfiel, um von hier aus Moskau zu erobern. Sicher, August dem Starken geschieht es recht, dass ihn endlich mal einer in seine Grenzen weist. Aber die Unruhe, die dieser Einmarsch mit sich bringt, ist nicht im Sinne der Hannoveraner. Georg Ludwig schätzt diplomatisches Geschick mehr als ein schlagkräftiges Heer – und der Herzog von Hannover und Celle ist gut beraten, sich in den kriegerischen Konflikt nicht allzu tief hineinziehen zu lassen.

Ein wenig Wärme und Geborgenheit findet Georg Ludwig zwischen all den Staatsgeschäften bei seiner Mätresse. Melusine von der Schulenburg ist immer mehr zu einer Lebensgefährtin geworden. Die großgewachsene Dame mit den grobknochigen Wangen, die offiziell immer noch dem Hofstaat seiner Mutter angehört, stellt ihn nie in Frage, sondern gibt ihm die Anerkennung, die seine geschiedene Frau ihm einst verweigerte. Die drei unehelichen Kinder, die aus der Beziehung hervorgegangen sind, werden am Hofe zwar als die Kinder der Schwestern Melusines bezeichnet, erfahren bei der Erziehung und materiellen Ausstattung aber die gleiche Wertschätzung wie Herzogskinder. Und Georg Ludwig ist ihnen auch menschlich zugetan – besonders dem kleinen Trudchen. Die Kinder aus der Ehe mit Sophie Dorothea haben sich inzwischen beide weitgehend aus dem Gesichtskreis ihres Vaters entfernt. Nach Georg August hat im November 1706 auch dessen Schwester den Bund der Ehe geschlossen. Sophie Dorothea die Jüngere hat ihren Cousin Friedrich Wilhelm geheiratet, den Sohn des preußischen Königs, der seinen hannoverschen Neffen in seiner Leidenschaft für das Militär noch übertrifft und nicht gerade als Feingeist gilt. Schon als Kind ist Friedrich Wilhelm durch seine rüden Redensarten hervorgetreten. Alle Frauen nannte der Prinz in jungen Jahren schlicht »Huren«, auch seine Halbschwestern. Das Hofzeremoniell mit seinen Kavalieren, Hofdamen und galanten Umgangsformen war ihm zuwider. Da seine französische Erzieherin kein Wort Deutsch verstand und seine Mutter ebenfalls nur Französisch mit ihm sprach, lernte er Deutsch ausschließlich durch die Dienerschaft. Er lauschte den Pferdeknechten und Domestiken ihre groben Sprüche ab, ahmte die gemeinen Soldaten nach, rauchte schon als Achtjähriger Tabak, fluchte, band sich einen Riesensäbel um und regte sich furchtbar auf, als man die Waffe schließlich durch einen kleineren Degen ersetzte. Wenn er nicht fluchte, sprach er schnarrend, leise, kurz und abgerissen, meist ein schlechtes Deutsch, durchsetzt mit französischen Wendungen. Die mangelhafte Ausdrucksfähigkeit spiegelte sich besonders beim Schreiben wider. Friedrich-Wilhelm formte die Wörter nach Gehör, so dass seine wirren Briefe kaum verständlich waren. Unfähig, bei dem vornehmen Geplauder der Kavaliere und Hofdamen mithalten zu können, verabscheute er alle Formen der höfischen Konversation. Der Prinz aus Preußen bevorzugte den Befehlston, freute sich, wenn er seine Umgebung mit groben Sprüchen schockieren konnte.

Besonders groß war die Aufregung, die er als Siebenjähriger auf sich zog. »Der Teufel hole mich!«, kündigte er forsch an. »Wenn ich groß werde, will ich sie alle miteinander aufhängen lassen und ihnen den Kopf abhauen.«

Viele zeigten sich entsetzt. Manche in Berlin akkreditierten Gesandten nahmen den Ausspruch des Knaben so ernst, dass sie ihre

Dienstherren an den europäischen Königs- und Fürstenhöfen davon in Kenntnis setzten. Friedrich-Wilhelms Großmutter in Hannover indessen, die sich selbst der Etikette mit einer Selbstdisziplin unterwarf wie keine Zweite, zeigte sich amüsiert und lachte über ihren Enkelsohn. »Wo er das nur her hat?« Der preußische Prinz war der hannoverschen Kurfürstin trotz seiner derben Art schon vor langer Zeit ans Herz gewachsen. Als kleiner Junge hatte Friedrich-Wilhelm auf Wunsch seiner Mutter zweieinhalb Jahre bei seiner Großmutter am hannoverschen Hof verbracht. Eigentlich sollte er auf diese Weise kultiviert werden. Doch das war gründlich misslungen. In seiner rauflustigen, aufbrausenden Art war er vor allem immer wieder mit seinem Cousin und Spielgefährten Georg August zusammengestoßen, den er oft verprügelte. Georg August entwickelte daher einen glühenden Hass auf seinen preußischen Vetter, der seinerseits ebenfalls keinerlei zärtliche Gefühle für den Welfensohn hegte. Die Feindschaft der beiden verstärkte sich noch, als Georg August schließlich Karoline von Ansbach zum Traualtar führte – die Jugendliebe des preußischen Cousins, vielleicht die einzige Frau, die Friedrich-Wilhelm überhaupt jemals verehrt und angehimmelt hatte.

Inzwischen hat sich der Kronprinz in mancher Schlacht behauptet und ist zu einem heiratsfähigen Bräutigam mit prächtigen Aussichten herangereift. Unter dem dreimaligen Salut von 50 Kanonenschüssen war sein Vater, Friedrich I., am 16. Juni 1706 mit ihm durch das Steintor von Hannover gezogen, um machtvoll seine Werbung vorzubringen. Mit einem französischsprachigen Handschreiben erbat der König in Preußen die Einwilligung Sophies, deren Entscheidung besonderes Gewicht zufiel, weil sie sowohl die Großmutter des Bräutigams als auch der Braut war. Die 18-jährige Kurprinzessin wurde bei alldem ebenso wenig gefragt wie deren Mutter in Ahlden, die vom hannoverschen Hof behandelt wurde, als sei sie längst gestorben.

Bereits am 18. Juni wurde die Verlobung verkündet. Sechs Tage später reiste die Delegation aus Preußen wieder ab.

Fortan wurde die Hochzeit vorbereitet. Friedrich I. legte großen Wert darauf, dass seine künftige Schwiegertochter nach der neuesten Mode der europäischen Königshöfe gekleidet war, und da in solchen Fragen immer noch Versailles tonangebend war, bat er die hannoversche Kurfürstin, die Mutter seiner früh verstorbenen Gemahlin, sich bei ihrer in Paris lebenden Nichte zu erkundigen. Liselotte von der Pfalz, die Schwägerin des Sonnenkönigs, empfahl ihrer Tante gleich, die passende Brautausstattung in Paris zu bestellen. Obwohl die Hannoveraner Krieg gegen die Franzosen führten, griff Sophie den Vorschlag dankbar auf. Ludwig XIV. soll süffisant bemerkt haben, dass möglichst viele deutsche Prinzessinnen dem Vorbild der hannoverschen Braut folgen sollten, um das Schneiderhandwerk seines Landes gebührend zu fördern.

Am 14. November 1706 fand in Hannover die sogenannte Prokurationstrauung statt, eine vorläufige Eheschließung in Abwesenheit des Bräutigams. Sophie Dorotheas Bruder Georg August übernahm die Rolle des ungeliebten Cousins aus Preußen. Drei Tage später reiste die Braut mit großem Gefolge nach Berlin, wo am 28. November die eigentliche Hochzeit in barocker Pracht mit dem echten Bräutigam stattfand.

Georg Ludwig, der in früherer Zeit schon versucht hatte, seine Tochter mit einem Schwedenprinzen zu verheiraten, war zufrieden mit der standesgemäßen Eheschließung.

Doch die Hochzeit bereitete ihm nicht nur Vergnügen. Abgesehen von den hohen Kosten der Feierlichkeiten und Geschenke vollzog sich damit auch die räumliche Trennung von seiner geliebten Tochter.

Denn seit je her verband ihn mit Sophie Dorothea der Jüngeren ein sehr inniges Verhältnis. Im Juli 1706 war er mit der damals 17-Jährigen noch zu einem Badeurlaub nach Pyrmont gereist, wo beide bei einem jüdischen Geistlichen Hebräischunterricht genommen hatten. Glückliche Tage waren das gewesen – zumindest rückblickend. Und wenn Georg Ludwig auch kein großer Briefschreiber war, so wechselte er mit seiner Tochter Briefe in ungewöhnlich liebevollem Ton.

Die schier endlos lange Reihe der Bittsteller hat endlich ihr Ende erreicht. Nur noch ein italienischer Advokat wartet im Antichambre. Minister Bernstorff, der nach dem Tod des Heideherzogs von Celle nach Hannover übergewechselt ist, hat sich für den Mann eingesetzt. Er vertrete einen Weinhändler, heißt es, der Hoflieferant in Hannover werden möchte. Georg Ludwig hatte seinen Minister gebeten, doch selbst mit dem Italiener zu verhandeln, um das Audienzprogramm ein wenig abzukürzen. Doch Bernstorff bat den Kurfürsten eindringlich, den Italiener persönlich zu empfangen. »Es ist ihm wichtig, selbst mit Euer Gnaden zu sprechen.«

Der Mann ist vornehm in Schwarz gekleidet, klein und von untersetzter Statur, seine Augen haben etwas Bedrohliches. Georg Ludwig fühlt sich durchbohrt von den Blicken des Mannes, der sich mit hintersinnigem Lächeln tief verbeugt.

»Es ist mir eine große Ehre, Euer Gnaden. Luigi Sabbatino, Advokat aus Mantua.«

»Herzlich willkommen, Ihr müsst eine lange Reise gehabt haben.«

»O ja, das kann man sagen. Fast drei Wochen bin ich unterwegs gewesen. Ihr wisst, der Weg über die Alpen ist sehr beschwerlich.«

»Ich hoffe, die Reise wird sich für Euch lohnen.«

»O ja, das hoffe ich auch.«

Georg Ludwig müht sich, ein Gähnen zu unterdrücken. Er ist hungrig und müde und kürzt den Austausch von Höflichkeiten daher ab, um den Advokaten nach seinem Anliegen zu fragen.

»Ich habe die Freude, Euch einen der besten Rotweine Italiens anbieten zu können, so süß und schwer, wie Ihr wahrscheinlich keinen zweiten finden werdet. Aber kostet selbst, ich habe selbstverständlich ein Fläschchen dabei.« Mit diesen Worten öffnet der Mann auch gleich seinen Lederkoffer und holt lächelnd eine Flasche heraus. Doch der Kurfürst wehrt ab.

»O vielen Dank, Monsieur ...«

»Sabbatino.«

»Pardon. Also vielen Dank, Monsieur Sabbatino, aber ich bin jetzt nicht in der Verfassung, um einen edlen Wein schätzen zu können. Außerdem gibt es bei uns am Hof einen Mann, der sich weitaus besser auf edle Weine versteht als ich. Schenkt ihm davon ein, ich bin sicher, er wird Euern Rebensaft loben. Wie ist denn der Preis?«

»Meine Auftraggeber haben mir erlaubt, Euch einen Sonderpreis anzubieten: zehn Taler die Flasche.«

»Zehn Taler? Das scheint mir recht teuer zu sein.«

»Qualität hat ihren Preis. Außerdem habt Ihr doch bereits gute Erfahrungen mit Menschen aus Mantua gemacht?«

»Menschen aus Mantua?« Der Kurfürst stutzt.

»Ein Graf unserer Stadt stand vor einigen Jahren in Euern Diensten, Euer Gnaden«, antwortet der Besucher mit dem Dauerlächeln. »Graf Don Nicoló Montalban.«

Georg Ludwig zuckt zusammen.

»Der Graf soll sich große Anerkennung in Hannover erworben haben, wie mir zu Ohren gekommen ist«, fährt der Besucher mit dem Dauerlächeln fort. »Leider ist er allzu früh verstorben, wie Ihr vermutlich wisst.«

»So? Montalban ist verstorben? Das höre ich zum ersten Mal.«

Unruhe befällt den Kurfürsten, es fällt ihm schwer, die richtigen Worte zu finden. »Woran, ich meine, wie ist er denn gestorben?«

»Ja, das weiß niemand so genau zu sagen. Seine Diener berichten, dass er sich in furchtbaren Krämpfen gewunden hat – Magenkrämpfen, wie es scheint. Die Rede ist von Gift.«

»Gift?«

»So geht das Gerücht. Ein Wein soll seinen Tod herbeigeführt haben. Aber die Leute reden natürlich viel.«

Dem Kurfürsten scheint es, als grinse ihn der Teufel persönlich an. Die Müdigkeit ist mit einem Schlag einer panikartigen Alarmbereitschaft gewichen. Ein Verdacht bestürmt ihn. Der Verdacht, dass der Mann, der da vor ihm steht, kein gewöhnlicher Bittsteller ist.

»Das ist natürlich sehr bedauerlich, ja schockierend«, stammelt er. »Aber andererseits ist es ja auch schon sehr lange her und leider nicht mehr zu ändern.«

»Leider.«

»Wir sollten uns daher auf die Gegenwart konzentrieren. An welche Liefermenge habt Ihr denn gedacht?«

»Tausend Flaschen pro Jahr.«

»Zum Preis von zehn Talern die Flasche? Das ist eine große Summe.«

»Aber Ihr seid reich und habt die schönsten Aussichten, Euer Gnaden. Und ich bin sicher, dass das Haus Hannover noch viel zu feiern hat in den nächsten Jahren. Es wäre doch schön, wenn wir Menschen aus Mantua dazu einen kleinen Beitrag leisten könnten – auch im Gedenken an die Dienste, die unser leider viel zu früh verblichener Graf Montalban schon für Euch erbracht hat.«

* * *

Die Bewährungsprobe

Juli 1708, Flandern. Ein herrschaftliches Heerlager in Flandern im Frühsommer 1708. Im Hauptquartier Marlboroughs laufen die letzten Vorbereitungen der Alliierten für eine neue Schlacht gegen den Sonnenkönig. Unter den Offizieren des englischen Oberbefehlshabers ist auch ein junger Prinz aus Hannover: Georg August, Sohn des hannoverschen Kurfürsten, 25 Jahre alt. Nach der Geburt seines ersten Stammhalters hat sein Vater ihm endlich die Erlaubnis erteilt, sich in einem Krieg zu bewähren. Georg Augusts Frau Karoline ist am 31. Januar 1707 von einem gesunden Jungen entbunden worden, der auf den Namen Friedrich-Ludwig getauft wurde. Damit ist zwar der Fortbestand der Dynastie noch längst nicht gesichert, doch nach eingehender Risikoabwägung hat sich der Kurfürst entschieden, dem Drängen seines Sohnes nachzugeben. Sollte Georg August fallen, könnte nun immerhin dessen Stammhalter in die Fußstapfen seiner Vorfahren treten. Doch darauf will es der hannoversche Kurfürst, mittlerweile Oberbefehlshaber am Oberrhein, nicht ankommen lassen. Georg Ludwig hat seinem Sohn den bewährten Prinzenerzieher Philipp Adam von Eltz als Aufpasser mit auf den Weg gegeben. Der Edelmann, der seinerzeit vermutlich auch an der bestellten Liquidierung Königsmarcks beteiligt war, soll darauf achten, dass der Prinz allzu großen Gefahren aus dem Weg geht. In einer Denkschrift, die eigens für die militärische Bewährungsprobe des Prinzen abgefasst wurde, heißt es:»Sein Hauptmerk muss darauf gerichtet sein, zu einer guten und soliden Kriegsexperientz zu gelangen, deshalb fleißig mit erfahrenen Generals-Personen und verständigen Officieren zu reden. Wahre Tapferkeit ist hohen Staatspersonen würdig, aber Verwegenheit ohne Noth und Nutzen unanständig.«

Der Prinz, der sich von seinem Vater ohnehin nur schikaniert und gemaßregelt fühlt, weist solche Gängelung weit von sich und brennt darauf, sich endlich, endlich auf dem Schlachtfeld zu beweisen. Eine gute Gelegenheit hierfür bietet sich bei der Schlacht von Oudenaarde am 11. Juli 1708. Die Lage ist kritisch. Ein feindliches Reiterheer bedrängt die Reihen der Alliierten. In dieser Situation übernimmt der Prinz die Führung der Leibschwadron eines Dragonerregiments von

Bülow und führt sie mit tollkühnen Kommandos dem Feind entgegen. »Vorwärts, Männer«, brüllt der Prinz. »Mutig voran, jagt die Franzosen in die Flucht.«

Doch noch bevor der Kampf richtig begonnen hat, wird Georg Augusts Pferd von einer feindlichen Gewehrkugel getroffen und bricht unter seinem Reiter zusammen. Georg August ist den Gegnern schutzlos ausgeliefert und muss fürchten, jeden Moment von den Franzosen überrannt und getötet zu werden oder zumindest in Gefangenschaft zu geraten. Da eilt ihm der Kommandeur der Schwadron zu Hilfe. Oberst Johann Albrecht von Lösecke überlässt Georg August kurzentschlossen sein eigenes Pferd. Der Prinz nimmt das Angebot mit flüchtigem Dank an und kann sich so aus der brenzligen Situation befreien. Nur ein Streifschuss verletzt seine Brust. Der Oberst dagegen muss seine Hilfsbereitschaft mit dem Tod bezahlen. Fast wehrlos ist Lösecke einem Hieb ausgesetzt, der ihn mit voller Wucht trifft und seinen Körper spaltet.

Doch darüber wird am Ende kaum mehr gesprochen. Die Schlacht endet mit dem Sieg der Alliierten, und Georg August wird für seinen vermeintlichen Heldenmut gefeiert. Da der Heeresabschnitt unter dem Kommando Marlboroughs steht, gelangt der hannoversche Kurprinz in England zu großem Ruhm. Kein geringerer als der berühmte irische Schriftsteller Jonathan Swift, Autor von »Gullivers Reisen«, feiert Georg August als »Young Hanoverian Brave«:

»Not so did behave
Young Hanoverian Brave
In the bloody field, I assure ye:
When his warhorse was shot,
He valued it not
But fought it on foot like a fury.«
(Ganz anders verhielt sich der tapfere Hannoveraner
Auf dem blutigen Schlachtfeld.
Es kümmerte ihn nicht, als sein Schlachtross erschossen wurde,
Zu Fuß kämpfte er weiter wie eine Furie.)

Der Ruhmgesang geht zwar über die Wirklichkeit weit hinaus, doch der Enkelsohn der Thronfolgerin gewinnt auf diese Weise derart an Popularität, dass sich die Whigs erneut entschließen, ihn nach England einzuladen. Auch Marlborough spricht sich dafür aus. Queen Anne dagegen reagiert mit einem Wutanfall, als sie von dem Plan erfährt. Jeder, verkündet sie zornig, werde sich zu ihrem persönlichen Feind machen, der derart beleidigenden, unverschämten Gedanken nachhänge. Niemand wagt es daraufhin mehr, die Einladung zu wiederholen oder gar im Parlament zu beantragen.

Nach seiner Rückkehr in Hannover erntet der Prinz auch bei seinem eigenen Vater nur wenig Anerkennung für den umjubelten Ritt. Der Empfang fällt kühl aus und frostiger noch als üblich wechselt der Kurfürst mit seinem Sohn einige wenige Sätze über den Kriegsverlauf in Flandern. Mit keinem Wort geht Georg Ludwig dabei auf den risikoreichen Einsatz des Prinzen und den Tod seines Lebensretters ein. Nur in allgemeiner Form bekräftigt der Herzog seine Mahnung, absehbaren Gefahren aus dem Weg zu gehen und Menschenleben wenn irgend möglich zu schonen.

Am hannoverschen Hof wird gemunkelt, dass der Kurfürst seinem Sohn den Popularitätsgewinn missgönnt, den ihm der Kriegseinsatz beschert hat – immerhin ist Georg August zum Herzog von Cambridge ernannt worden. Wie auch immer. Als der Prinz im nächsten Jahr darum bittet, an einem neuen Feldzug teilnehmen zu dürfen, verweigert sein Vater ihm die Zustimmung.

Auch seine Großmutter tritt dafür ein, ihn zu bremsen. Der Prinz dürfe keine Gelegenheit mehr erhalten, mit seiner Tollkühnheit sein Leben aufs Spiel zu setzen, mahnt Sophie. Gleichzeitig aber erkennt auch die alte Dame an, dass Georg August spürbar gereift von seinem Kriegseinsatz in Flandern zurückgekehrt ist.

In der Tat: Der Kurprinz gibt sich sehr viel verantwortungsbewusster als zuvor – ein Eindruck, den auch seine Gemahlin Karoline teilt.

Gleichwohl muss Karoline mit ansehen, wie ihr Ehemann dem Vorbild seines Vaters auch auf weniger rühmliche Weise folgt: Georg August hält sich eine Geliebte. Dabei handelt es sich um die Frau eines Engländers, den es wie viele seiner Landsleute nach Hannover gezogen hat, um sich beizeiten der Gunst der künftigen Herrscherfamilie des Vereinigten Königreiches zu versichern: Mr. Henry Howard, dritter Sohn des Grafen von Suffolk – trotz seiner Herkunft ein grobschlächtiger Kerl, der sich als Trinker und Verschwender des Familienerbes keinen besonders günstigen Ruf erworben hat. Seine Frau Henrietta dagegen gilt als charmant, hübsch, klug und warmherzig. Die Lady ist um die dreißig und sieht keinen Anlass, ihr seidiges braunes Haar unter einer Perücke zu verbergen. Ihr Mann hat nichts dagegen einzuwenden, dass sie mit dem hannoverschen Kurprinzen ein Verhältnis eingeht. Ganz im Gegenteil. Der heruntergekommene Grafensohn unterstützt die Liaison: Was schließlich kann es Besseres geben, als in einem so engen Verhältnis zum künftigen König Englands zu stehen?

Auch Karoline sieht es gelassen. Sie findet die Mätresse ihres Mannes durchaus sympathisch und nimmt sie sogar als Kammerfrau in ihren kleinen Hofstaat auf. Die Großmutter des Prinzen betrachtet die Affäre von der praktischen Seite. »Bei Mrs. Howard«, sagt die verwitwete Kurfürstin, »lernt er wenigstens Englisch.«

Es sollte nicht bei einer kurzlebigen Affäre bleiben: Die Beziehung hielt fünfzehn Jahre.

* * *

Im goldenen Käfig

Ahlden, März 1709. In einem kleinen Fachwerkschloss in der Allermarsch steht eine Dame vor einem goldgerahmten Spiegel. Sie betrachtet sich in ihrem dunkelroten perlenbesetzten Seidenkleid, das gerade aus Paris angeliefert worden ist: Sophie Dorothea, Prinzessin von Braunschweig und Lüneburg, die seit ihrer Verbannung den Spottnamen »Prinzessin von Ahlden« trägt. Das Kleid ist nach der neuesten Mode geschnitten, wunderschön. Dennoch ist die Prinzessin nicht glücklich. Das Spiegelbild stimmt sie traurig. Sie stellt wieder einmal fest, dass sie dick geworden ist. Das Kleid spannt am Bauch und an den Hüften. Sie muss es weiten lassen. Doch auch das wird nichts daran ändern, dass sie keine Schönheit mehr ist.

Die Jahre im goldenen Käfig haben Spuren hinterlassen. Sie schnürt ihr Mieder, dass ihr die Luft wegbleibt, zwingt sich mit dem Fischbeinkorsett eine majestätische Haltung auf, die ihr innerlich längst abhanden gekommen ist. Sie ist eine Verstoßene, verachtet und verhöhnt – darüber können weder ihre prachtvollen Kleider hinwegtäuschen noch die wertvollen Gobelins oder die vergoldeten Ledertapeten, mit denen sie sich gerade ihre kleine, abgeschiedene Welt hat verzieren lassen.

Die Demütigung sitzt tief. Die Prinzessin, die einst Prinzen in ganz Europa betört hat, ist eine gebrochene Frau. Einsam und verbittert. Neuerdings muss sie sich sogar zwingen, ihre kleine Kutsche zu besteigen. Die Jahre der Gefangenschaft, die vielen Enttäuschungen sind ihr aufs Gemüt geschlagen. Seit ihr Vater gestorben ist und ihr geschiedener Gatte auch über das frühere Herzogtum Celle herrscht, ist ihre Lage noch hoffnungsloser geworden. Auch die Besuche ihrer Mutter sind seltener, seit sie das Celler Schloss räumen und ihren Witwensitz in Lüneburg beziehen musste.

Sophie Dorothea hat erfahren, dass sich ihre Kinder verheiratet haben, hat aber nach wie vor keinen direkten Kontakt zu ihnen. Auf verschlungenen Pfaden hat sie ihrer Tochter mehrere Briefe zukommen lassen. Doch die Antworten sind stets einsilbig und frostig ausgefallen. Auch von Georg August hat sie lange nichts mehr gehört. Es hatte sie gerührt, als er einst den vergeblichen Versuch unternahm, zu ihr vorzudringen – verkleidet als Jäger. Doch seither sind zehn Jahre vergangen und es hat nicht den Anschein, dass es ihn weiterhin drängt, seine Mutter zu sehen.

Das Eis ist getaut, das nachfolgende Hochwasser abgeflossen. Der Frühling aber lässt noch auf sich warten. Eine stinkende Schlickschicht überzieht die Wiesen der Umgebung. Ein Bild, das auch die Stimmung der verbannten Prinzessin kennzeichnet. Öde und trist kriechen ihre Tage in Ahlden dahin. Wenn ihre Mutter ihr vom Hofleben berichtet, kann sie sich kaum mehr vorstellen, dass sie einmal selbst dazu gehört hat. Auch an diesem Tag wird sie sich wieder mit ihrem Wein über den Kummer hinwegtrösten.

* * *

Ein Kältepanzer hat sich über Hannover gelegt. Eine dicke Eisschicht überzieht die Leine. Die Erde ist so hart, dass frisch Verstorbene auf ihre Beisetzung warten müssen, weil die Totengräber kein Loch in den Boden kriegen. Vögel sollen bereits tot vom Himmel gefallen sein, und manche Menschen fürchten, dass ihnen ebenfalls der Kältetod droht. Denn bei Weitem nicht alle Hannoveraner können sich an einem Ofen wärmen.

So frostig wie die Temperaturen ist an diesem Januartag auch die Atmosphäre, als der Kurfürst seinen Sohn im Leineschloss empfängt. Vier Tag musste Georg August auf die Audienz bei seinem Vater warten. Dabei hatte er es eigentlich sehr eilig.

»Was führt Euch zu mir, Prinz?«

Keine Spur von Herzlichkeit schwingt in der Frage mit, eher Ungeduld, fast schon etwas wie eine böse Vorahnung. In Erwartung eines drohenden Streitgesprächs hat der Herzog bereits seine Kammerherren hinausgeschickt. Die Abwehrhaltung, die Georg Ludwig seinem Sohn entgegenbringt, ist physisch spürbar. Der Kurprinz sieht daher keine Veranlassung, die Zeit mit Höflichkeitsfloskeln zu vertun.

»Ich muss mit Euch über einen Brief sprechen, Euer Gnaden.«

»Einen Brief?«

»Die Pröpstin des Stiftes Quedlinburg hat mir geschrieben.«

»Die Pröpstin des Stiftes Quedlinburg? Ich verstehe nicht.«

»Vermutlich versteht Ihr, wenn ich Euch den Namen der Pröpstin nenne: Gräfin Marie Aurora von Königsmarck.«

Georg August bemerkt, dass sich die Hände seines Vaters zu Fäusten schließen, eine Sorgenfalte durchzieht die fürstliche Stirn. Keine Frage also, dass ihm dieser Name etwas sagt. Nach einem kurzen Moment der Überraschung fragt der Kurfürst: »Was schreibt sie denn, die Gräfin?«

»Es geht um ihren Bruder, wie Ihr Euch wohl denken könnt. Sie schreibt, dass er in Euerm Auftrag getötet wurde.«

»Was? Getötet? In meinem Auftrag? Absurd! Das ist dummes Zeug, albernes Gerede, das nicht dadurch wahrer wird, dass man es ständig wiederkäut.« Die kühle Selbstbeherrschung ist plötzlich aufgebrochen. Der Kurfürst ist nicht mehr länger in der Lage, seine Erregung unter der Maske der Majestät zu verbergen, gestikuliert, wird lauter. »Ich verstehe nicht, wie Ihr diese ungeheuerlichen Anschuldigungen gegen Euren Vater ernst nehmen könnt, es ist doch bekannt, dass ich gar nicht in Hannover war, als der Bruder dieser, dieser Madame verschwand. Ich war zu der fraglichen Zeit in Berlin, um meine Schwester zu besuchen. Das ist der Dame mehrfach mitgeteilt worden. Alles spricht dafür, dass Königsmarck bei einem Duell ums Leben gekommen ist. Für alle anderen Anschuldigungen gibt es keinerlei Anhaltspunkte oder gar Beweise. Nichts! Habt Ihr mich verstanden?«

»Ich habe Euch verstanden. Aber es scheint sehr wohl einen Beweis zu geben. Ein Italiener, schreibt die Gräfin, habe ein Geständnis abgelegt – gestanden, dass der Hof ihm den Auftrag zu der Bluttat erteilt hat.«

»Dummes Geschwätz. Welcher Hof denn?«

»Euer Hof oder der Eures Vaters.«

»Das, das ist doch ungeheuerlich. Warum kommt der Kerl erst jetzt damit? Warum nach so vielen Jahren?«

»Der Mann ist längst tot. Das Geständnis hat man in seinem Nachlass gefunden.«

Georg Ludwig schüttelt heftig den Kopf. »Dann will ich dieses Geständnis sehen, dann soll sie es mir bringen, damit wir prüfen können, was dahinter steckt. Wer soll es denn überhaupt geschrieben haben?«

»Ich glaube, Ihr kennt den Namen sehr gut.«

»Welchen Namen? Was erlaubt Ihr Euch? Was sind das für Anschuldigungen? Ihr lasst Euch zum Werkzeug unserer Feinde machen. Habt Ihr vergessen, wer Ihr seid?«

»Das habe ich leider nicht vergessen. Jeden Tag werde ich daran erinnert, dass Ihr mein Vater seid. Was für ein Vater, der Ihr mich schlechter behandelt als seine Hunde.«

»Was untersteht Ihr Euch?«

Der Prinz tut, als habe er die drohende Frage nicht gehört, fährt wie berauscht fort. »Aber ich habe auch eine Mutter, und daran hat mich die Gräfin Königsmarck erinnert. Sie schreibt, dass ihrem Bruder niemand mehr helfen kann, dass aber die Frau, die der

Kavalier einst mehr liebte als sein Leben, immer noch wie eine Gefangene gehalten wird. Und sie bittet mich, Euch daran zu erinnern und diesen teuflischen Bann endlich aufzuheben. Um ihres toten Bruders willen, der anders nicht zur Ruhe kommen kann.« »Hirngespinste, Weibergeschwätz. Diese, diese Dame, von der Ihr sprecht, ist in Wahrheit bereits gestorben. Sie hat sich selbst gerichtet und aus den Reihen der ehrbaren Menschen verabschiedet. Ich verbiete Euch, ihren Namen zu erwähnen. Und ich bin nicht bereit, mich länger in dieser Weise anklagen zu lassen. Das Gespräch ist beendet. Hinaus mit Euch. Hinaus!«

Bei der letzten Aufforderung ist der Kurfürst so laut geworden, dass sich unmittelbar darauf die Tür öffnet und zwei Wachen besorgte Blicke in sein Privatgemach werfen.

Für Georg August ist klar, dass an eine Fortführung der Unterredung nicht zu denken ist.

* * *

Händel erobert Hannover

Ende Mai 1710 bewirbt sich in Hannover ein Musiker um das Amt des Kapellmeisters, der erst 25 Jahre alt ist, in Rom und Venedig aber schon große Erfolge gefeiert hat: Georg Friedrich Händel. Oberstallmeister Johann Adolf Kielmannsegg, der mit Georg Ludwigs illegitimer Halbschwester Sophie Charlotte, der Tochter der einst so mächtigen Mätresse Elisabeth von Platen, verheiratet ist, hat den jungen Musiker und Komponisten aus Halle auf die vakante Stelle hingewiesen und in Hannover empfohlen. Seit Kielmannsegg Händels umjubelte Oper »Agrippina« in Venedig gesehen hat, gehört der Baron zu dessen glühendsten Verehrern.

Auch in Hannover findet der erfolgreiche Musiker sofort Bewunderer. Er trifft dort Karoline von Ansbach wieder, die Frau des hannoverschen Kurprinzen, die er bereits in Berlin kennengelernt hat, als sie noch am Hofe des Preußenkönigs lebte. Die Prinzessin ist begeistert. Händels Musik hilft ihr über die Nachwehen einer Fehlgeburt hinweg. Dies bleibt auch der Kurfürstin nicht verborgen. In einem Brief an ihre Enkelin Sophie Dorothea, die nun schon im dritten Jahr mit dem Preußenkönig Friedrich I. verheiratet ist, schreibt die 80-Jährige: »Ich besuche täglich unsere Kurprinzessin, die sich nun wohl befindet und nicht mehr im Bett liegt. Sie ergötzt sich an der Musik eines Sachsen, die alles übertrifft, was ich je auf dem Cembalo und in der Komposition gehört habe. Er ist in Italien sehr bewundert worden. Er eignet sich sehr zum Kapellmeister. Wenn der Kurfürst ihn hätte, würde seine Musik besser in Ordnung sein als heute.«

Die letztere Bemerkung bezieht sich darauf, dass Georg Ludwig weit weniger in das Musikleben Hannovers investiert als sein Vater. Das prunkvolle Opernhaus mit seinen venezianischen Lampen liegt praktisch brach, seit dem Tode seines Vaters hat Georg Ludwig den aufwendigen Opernbetrieb aus Sparsamkeitsgründen eingestellt und nur noch hin und wieder Schauspiele, Bälle oder Maskeraden in dem großen Musiktheater mit den 1300 Plätzen veranstaltet, das einst als prachtvollstes Opernhaus Deutschlands galt. Der Kurfürst hat das Opernensemble entlassen und begnügt sich mit durchreisenden italienischen Theatergruppen. Die Hofkapelle, die nach französischem Vorbild zusammengesetzt ist, genießt dagegen höchste Anerkennung.

»Hier ist der beste Kern von Frankreichs Wissenschaft zu einem hohen Baum und reifer Frucht gediehen«, schreibt zum Beispiel der Barockkomponist Georg Philipp Telemann. Der Kurfürst hat seine Hofkapelle insbesondere durch Bläser verstärken lassen, vor allem Oboisten. Ein entscheidender Grund dafür sind die häufigen Freiluftkonzerte im Gartentheater Herrenhausen. Dank der geballten Klangkraft der Bläser sind Rhythmus und Melodie nun auch noch zu hören, wenn eine Sommerbrise durch die Lindenalleen fährt.

Was Händel vom musikalischen Niveau der Truppe gehalten hat, ist nicht überliefert. Bekannt hingegen ist, dass ihn die Frau des Konzertmeisters – sie hieß Victoria – beeindruckt hat. »Er ist ein recht ansehnlicher Mann«, fährt die Kurfürstin im Brief an ihre Enkeltochter fort. »Man redet ihm nach, dass er ein Liebesverhältnis mit Victoria gehabt habe.«

Mit Georg Ludwig wird sich Händel schnell einig. Schon am 16. Juni 1710 ernennt er den gefeierten Musiker offiziell zum Kapellmeister und sagt ihm ein fürstliches Jahresgehalt von 1000 Talern zu.

Karoline von Brandenburg-Ansbach

Darüber hinaus gewährt der Kurfürst dem Musiker, der sich bisher immer gegen eine feste Anstellung an einem Fürstenhof gewehrt hat, das Recht, dass »ihm auf zwölf Monate oder länger, wenn er's verlangte, Urlaub gegeben werden sollte, zu reisen, wohin er wollte«.

Von vornherein hat Händel kein Hehl daraus gemacht, dass er nicht daran denkt, in Hannover zu versauern. Die Weltstadt London mit ihren vielfältigen Möglichkeiten zieht ihn magisch an. Und da es sich bei dem hannoverschen Kurfürsten allem Anschein nach um den nächsten englischen König handelt, geht es für den Musiker auch darum, Hannover als Sprungbrett zu nutzen und Beziehungen zu knüpfen. Umgekehrt hoffen auch der Kurfürst und vor allem dessen Mutter, dass der in Italien zu großem Ruhm gelangte Komponist dem Hause Hannover in England von Nutzen sein kann – als eine Art Kulturbotschafter, der gesellschaftliche Kreise anspricht, die auf den üblichen Wegen der offiziellen Diplomatie unerreichbar sind. Möglicherweise könnte es auf diese Weise sogar gelingen, über einen Umweg doch wieder in Verbindung zur kränkelnden Königin zu treten.

In seiner Rolle als Kapellmeister von Hannover erntet Händel indessen wenig Ruhm. Er scheitert mit seinem Wunsch, das Opernhaus neu zu beleben, und muss sich damit begnügen, Karoline Cembalounterricht zu erteilen. »Eins, zwei, drei; eins, zwei, drei«, zählt er der Kurprinzessin vor, während er sich mit dem Seidentuch den Schweiß von der Stirn tippt. »Nicht ganz so hart, Durchlaucht. Etwas mehr Leichtigkeit.«

Nein, das ist es nicht, was sich der Maestro nach seinen Triumphen in Venedig erträumt hat. Während die sorgsam manikürten Finger der Prinzessin auf den Tasten des teuren Instruments spielen, schweifen Händels Gedanken in die Ferne: London, das wäre etwas

84

anderes. Das Queen's Theatre am Haymarket zum Beispiel, das ist ein Haus, das ihm ein etwas anderes Podium bieten könnte als dieses Leineschloss.

Händel findet am hannoverschen Hof einen Gesprächspartner, der seine Englandleidenschaft teilt: Leibniz. Auch der große Philosoph träumt davon, in Hannover seine Koffer zu packen, um übers Meer zu reisen. Doch Leibniz geht bereits auf die siebzig zu. Händel dagegen hat sein Leben noch vor sich.

Und schon im Herbst des Jahres 1710, als die kurfürstliche Familie zur Jagd in die Göhrde aufbricht, macht er von seinem vertraglich zugesicherten Urlaubsrecht Gebrauch. Der Komponist besucht zunächst seine

Kurprinz Georg August

Mutter in Halle, fährt weiter nach Düsseldorf, um dem dort herrschenden Kurfürsten den versprochenen Besuch abzustatten, und bricht bereits wenige Wochen später in Richtung Nordseeküste auf, um seinen Traum zu verwirklichen: die großen Opernhäuser und Konzertsäle im Vereinigten Königreich zu erobern.

Händels Hoffnungen werden nicht enttäuscht. Er lässt sich vom hannoverschen Gesandten in die wichtigen Londoner Adelshäuser einführen und sucht sich Förderer für ein großes Opernprojekt. Gleichzeitig tritt er aber auch bei den Konzerten eines Kohlehändlers auf und erschließt sich ein bürgerliches Publikum. Die größte Ehre wird ihm zuteil, als er Anfang Februar 1711 den Auftrag erhält, Queen Anne zu ihrem Geburtstag eine Kantate zu schreiben – eine Ehre, die üblicherweise nur Briten zuteil wird. Mit Erfolg: Die Königin ist »extremly well pleas'd«, auf gut Deutsch: überaus erfreut.

Händel seinerseits hat noch mehr Grund zur Freude, als am 24. Februar 1711 im Queen's Theatre vor großem Publikum die italienische Oper »Rinaldo« uraufgeführt wird, deren Libretto er vertont hat.

Die Premiere lässt auch im Ausland aufhorchen. Bis in den Juni hinein wird die Oper 15-mal aufgeführt. Sie begeistert das Publikum nicht nur mit musikalischen Attraktionen, sondern auch mit zahlreichen Spezialeffekten, dem Auftritt von Zauberern und Massenszenen. Sogar Pferde wirken mit, und bei jeder Aufführung wird ein Schwarm Sperlinge in die Freiheit entlassen.

Jenseits solcher Zirkusnummern weiß das Publikum aber auch die Musik zu schätzen. Die Arien werden zu Ohrwürmern – die heroischen ebenso wie die leisen, zu Herzen gehenden:»Lascia ch'io pianga ...« (Lass mich beweinen mein grausames Schicksal).

Händel darf zufrieden sein. Sein Ruhm hat sich in olympische Höhen gesteigert, sein Marktwert ebenso.

Trotz solcher Erfolge beendet der gefeierte Musiker im Juni 1711 seinen »Urlaub« und kehrt nach Hannover zurück. Georg Ludwig hat allen Grund, stolz auf seinen Kapellmeister zu sein. Einen besseren Repräsentanten hätte er sich in London kaum wünschen können.

Zudem sind der hannoversche Kurfürst und seine Mutter außerordentlich interessiert daran, mit Händel über dessen Englandeindrücke zu sprechen. Denn die Lage ist angespannt, die Beziehungen zum englischen Hof lassen nach wie vor zu wünschen übrig.

Händel indessen hat als Musiker Zutritt zu den Salons des Hochadels und dem Kabinett der Königin gehabt. Wie denken die führenden Kreise Englands über Hannover? Welche Chancen geben sie den Thronerben an der Leine? Ist es sinnvoll, mehr zu tun, um die Herzen und Köpfe Britanniens zu gewinnen? Und vor allem: Wie geht es der Königin? Weigert sie sich immer noch so beharrlich, ein Mitglied des Hauses Hannover in London zu empfangen?

Händel wird mit Fragen geradezu bestürmt. In musikalischer Hinsicht sind die Erwartungen des hannoverschen Hofes dagegen nicht besonders groß. Der Kapellmeister widmet sich weiterhin vorrangig der Kurprinzessin. Er erteilt Karoline Unterricht, komponiert Kammerduette für sie, begleitet ihren Gesang am Cembalo.

Gleichzeitig übt der Komponist sich weiter im Erwerb der englischen Sprache und hält Kontakt zu Künstlern und Konzertveranstaltern im Vereinigten Königreich. Denn es steht für ihn fest, dass Hannover nur ein Intermezzo sein wird.

Schon nach einem Vierteljahr stellt er seinen zweiten Urlaubsantrag. Georg Ludwig gewährt ihm die Bitte unter der Bedingung, »sich nach Verlauf einer geziemenden Zeit wieder einzufinden«. Händel aber denkt gar nicht an eine Rückkehr.

* * *

Ein Soldat mit Bodenhaftung

Der hannoversche Kurfürst hat andere Sorgen, als sich über seinen treulosen Kapellmeister zu grämen. An zwei Fronten ist der Herzog in Kriege verstrickt. Als Oberbefehlshaber im Rheinland hat er eine führende Rolle im Spanischen Erbfolgekrieg zwischen den Alliierten des Kaisers und dem Sonnenkönig in Paris übernommen, und im Nordischen Krieg zwischen Schweden und Russland steht er auf der Seite des Schwedenkönigs Karls XII., der gerade eine vernichtende Niederlage gegen den russischen Zaren hinnehmen musste. Dazu kommen die Auseinandersetzungen um die englische Thronfolge, die ihm das Gefühl vermitteln, von seiner übereifrigen Mutter vor vollendete Tatsachen gestellt zu werden.

Hinter den Kulissen sind zudem die Gespenster einer alten Affäre zum Leben erwacht. Das Weinangebot des italienischen Advokaten hat sich schon bald als verkappter Erpressungsversuch erwiesen. Ziemlich unverhohlen droht der Mann mit dem Dauerlächeln damit, das Geheimnis um den Königsmarck-Mord in alle Welt hinauszuposaunen, falls der hannoversche Hof nicht jährlich 10.000 Taler für einen Wein zahlt, der allenfalls ein Zehntel wert ist.

Immer wieder kommt es dieser Tage vor, dass sich der Kurfürst schlaflos im Bett wälzt und das Schicksal verflucht, das ihn zum Schurken in dieser unsäglichen Tragödie gemacht hat. Eigentlich war es doch die Mätresse seines Vaters gewesen, diese Gräfin Platen, die darauf gedrängt hatte, Königsmarck den Garaus zu machen. Er selbst war zwar eingeweiht, aber nicht einmal in Hannover, als die Tat ausgeführt wurde.

Mit der Beseitigung des frechen Kavaliers war es eben leider nicht getan. Königsmarcks Schwester, diese hochverehrte Marie Aurora, und der Kurfürst von Sachsen verlangten immer dringlicher Aufklärung. Und dann besaß dieser Mönch aus Mantua auch noch die Unverschämtheit, den hannoverschen Hof zu erpressen und einen Nachschlag für seine Bluttat zu verlangen! Da musste selbstverständlich gehandelt werden. Der Plan mit dem vergifteten Wein schien ja auch wunderbar zu funktionieren, und die Welt war durch den Tod dieses geldgierigen, skrupellosen Mannes aus Mantua nun wirklich nicht ärmer geworden.

Doch nun , viele, viele Jahre später, kommt dieser Winkeladvokat und präsentiert die Rechnung – eine Forderung, die nicht mit der Weinrechnung beglichen ist, sondern als unkalkulierbare, bedrohliche Größe fortan über allem schweben wird.

Als wäre das nicht schon genug, erscheint in diesem Schmierentheater auch noch der eigene Sohn und schwingt sich auf zum Ankläger gegen den Vater. Ach, es ist zum Verzweifeln.

Dabei haben sich die Dinge im Bereich der hohen Politik durchaus erfreulich entwickelt. Der Traum des verstorbenen Herzogs ist in Erfüllung gegangen. Die Kurwürde ist gesichert, Georg Ludwig wird mittlerweile als vollwertiges Mitglied im Kreis des Kurkollegs akzeptiert und kann sogar das ehrenvolle Amt des Schatzmeisters übernehmen. Auch die Thronfolge in England ist trotz aller Rückschläge in so greifbare Nähe gerückt, wie man es noch vor Jahren nicht für möglich gehalten hätte. Von all dem selbstverständlichen Reichtum einmal abgesehen. Für einen Bauern wäre es ein unfassbares Glück, nur einmal an einem kurfürstlichen Abendessen teilzunehmen – mit acht Gängen und mehr. Doch Glücksgefühle haben bisher im Leben Georg Ludwigs Seltenheitswert gehabt. Selbst das Zusammensein mit Melusine ist zur Routine erstarrt. Der Schatten Sophie Dorotheas, der Ascheregen dieser Affäre lässt alles grau erscheinen.

Die Sünden der Väter werden über die Kinder kommen, geht es Georg Ludwig durch den Kopf. Eine dieser Bibelweisheiten, die wie eine fortwährende Mahnung über den Alltagsgeschäften liegt und ihren Wahrheitsgehalt bisweilen mit einer Wucht entfaltet, die den Boden zum Wanken bringt.

Dabei steht der Kurfürst solch großen Worten gemeinhin eher skeptisch gegenüber. Pathos ist seine Sache nicht. Nein, Sprücheklopfer und Schönredner sind Georg Ludwig seit jeher suspekt, ebenso Weltverbesserer, Schwärmer, Eiferer und sogenannte Helden und Lichtgestalten. Oft genug haben sich solche Menschen als blutige Tyrannen entpuppt und das Geld, das andere für sie erarbeitet haben, mit vollen Händen ausgegeben. Nein, der hannoversche Kurfürst fühlt sich den Tatsachen verpflichtet, realen Menschen – und auch seinen Untertanen. Mögen andere Luftschlösser bauen, die Ideen dieser Philosophen nachplappern, der Herzog von Hannover schämt sich seiner Besonnenheit nicht und hat die Selbstdisziplin zur Tugend erhoben. Ein Soldat mit Bodenhaftung – sparsam und verantwortungsbewusst, liberal und fast immer vernunftgeleitet. Eine größere Kontrastfigur zum Sonnenkönig in Paris ist kaum vorstellbar.

Sicher, Georg Ludwig ist sich selbst sehr wohl bewusst, dass seine Auftritte andere nicht zu Begeisterungsstürmen hinreißen; er weiß, dass er kein witziger, geistreicher Unterhalter ist und als langweilig gilt, ein Realpolitiker eben, ein Staatsmann der pragmatischen Art – ohne große Visionen, aber dennoch vorausschauend.

Mögen ihn auch die Gelehrten bespötteln oder gar verachten, die einfachen Leute, das ist ihm immer wieder gesagt worden, lieben ihn. Sie sehen in ihm die Erhöhung und Verherrlichung ihres eigenen bescheidenen Lebens. »Die Bauern würden sich für ihn schlagen«, hat seine Mutter einmal in einem ihrer vielen Briefe geschrieben. Und darauf ist er stolz, stolzer als auf die Kniefälle all seiner Höflinge.

* * *

Ein stürmischer Novembertag des Jahres 1710. Die Nordseewellen schlagen hoch. Es geht ein kräftiger Wind aus Nordwest. Dennoch ist der hannoversche Diplomat Hans Caspar von Bothmer mit seiner Yacht vom niederländischen Hafen Hellevoetslouis aufgebrochen, um auf der anderen Seite des Meeres seinen neuen Dienst anzutreten: als neuer Gesandter des Hauses Hannover in England. Der bisherige Welfenbotschafter Ludwig Sinold Schütz, der seit 1689 Celle und Hannover in London vertreten hat, ist am 26. Februar 1710 gestorben. Der kommissarische Nachfolger gilt als begabtester Diplomat in den Diensten des hannoverschen Kurfürsten. Bothmer, 1656 geborener Spross eines niedersächsischen Landadelsgeschlechts, war zunächst Hofjunker bei der mittlerweile verbannten Prinzessin Sophie Dorothea und vertrat seit 1683 den hannoverschen Hof in Wien, Den Haag, Berlin und Paris.

Seine Entsendung nach London ist nicht auf Dauer angelegt, sondern hat nur vorläufigen Charakter. Es ist absehbar, dass es seine bisher schwierigste Mission wird. Denn die Beziehungen zwischen dem Kurfürstentum Hannover und dem Vereinigten Königreich haben sich immer weiter abgekühlt. Bei den Neuwahlen im Herbst haben die hannoverfeindlichen Tories einen triumphalen Sieg errungen. Die bisher herrschenden Whigs sind von den kriegsmüden Briten für ihr Eintreten im Spanischen Erbfolgekrieg abgestraft worden. Schon zuvor bröckelte die Macht der Whigs. Königin Anne hat bereits zahlreiche Minister ihrer Ämter enthoben und durch Anhänger der Torypartei ersetzt. Der Wendepunkt war bereits im August 1710 erreicht, als die Königin ihren Lordschatzmeister Sidney Godolphin feuerte, der bisher in enger Zusammenarbeit mit Marlborough die Regierung geführt hatte.

Damit steht die hannoversche Thronfolge nur noch auf dem Papier. Königin, Regierung und Parlamentsmehrheit stehen den Welfen skeptisch bis ablehnend gegenüber. Der hannoversche Kurfürst wird von seinen Beratern bedrängt, sich stärker in die britische Innenpolitik einzumischen, die hannoverfreundliche Partei der Whigs finanziell zu unterstützen, zumindest den ihm angebotenen Titel eines Herzogs von York nicht länger zurückzuweisen. Doch Georg Ludwig hält sich weiter vornehm zurück und beschränkt sich darauf, seinen besten Diplomaten an die Themse zu schicken.

Die Wetterverhältnisse an jenem Novembertag verheißen nichts Gutes: Der Gegenwind ist so stark, dass Bothmers Yacht umkehren muss. Als der Diplomat nach Den Haag zurückkommt, wird er gleich mit einer neuen Hiobsbotschaft empfangen: Marlboroughs Schwager William Cadogan ist seines Postens als britischer Hochkommissar in Brüssel enthoben worden. Damit ist ein weiterer Eckpfeiler im Thronfolgekonzept eingestürzt. Bothmer fürchtet, dass nun auch bald Marlborough selbst, der wichtigste Verbündete der Hannoveraner, seinen Posten als britischer Heerführer räumen muss. Ein entscheidender Nachteil für Marlborough besteht darin, dass er sich als Oberkommandierender der alliierten Streitkräfte in diesen schwierigen Zeiten fernab der Insel auf dem europäischen Kontinent aufhält.

Doch am 4. Januar 1711 geht Marlborough in Hellevoetsluis an Bord, um die Heimreise nach England anzutreten – gemeinsam mit Bothmer. Wieder weht eine kräftige Brise. Die Überfahrt dauert drei Tage. Wegen des schlechten Wetters kann das Segelschiff nicht in die Themsemündung einlaufen, sondern muss eine ruhigere Bucht in Suffolk ansteuern, sodass die Passagiere gezwungen sind, sich über einen längeren Landweg nach London zu begeben. Doch der Empfang ist freundlich. Überall, wo der gut aussehende Heerführer mit dem bürgerlichen Namen John Churchill erkannt wird, feiern ihn die Menschen als Kriegshelden. Auch von Bothmer profitiert davon, dass er im Windschatten des populären Verbündeten seinen Einzug in England halten darf.

Selbst die Königin überhäuft Marlborough mit Komplimenten, zeigt sich von ihrer höflichsten Seite. Gegen Ende der Audienz verhärten sich aber plötzlich ihre Gesichtszüge, und ihre Stimme nimmt einen verbitterten Befehlston an. »Bei aller Wertschätzung, werter Herzog«, beginnt sie, »ich kann es nicht länger dulden, dass Eure Gemahlin weiterhin den Rang der Oberhofmeisterin bekleidet. Ihr müsst sie dazu bringen, den goldenen Schlüssel abzugeben. Wenn sie nicht freiwillig aus ihren Hofämtern ausscheidet, könnte ich sie auch entlassen. Ich fürchte, dass dies einen Lärm nach sich zieht, der von unseren Feinden ausgenutzt wird. Ich erwarte daher, dass Ihr Eurer

Gemahlin den Ernst der Lage klarmacht und sie zur Einsicht bringt. Habt Ihr mich verstanden?«

Tiefer Groll spricht aus den Worten, Hass. Schon seit gut einem Jahr hat die Königin ihre einstige Freundin Sarah nicht mehr empfangen. Nun will sie ihr auch alle Titel nehmen.

Marlborough, zunächst noch geblendet vom Glanz des freundlichen Empfangs, braucht eine Weile, um zu begreifen, in welche Zwickmühle ihn die Königin mit ihrem Ansinnen gebracht hat: Um seinen eigenen Posten als Oberbefehlshaber der Alliierten zu retten, soll er seine Frau überreden, auf all ihre Hofämter zu verzichten. Dabei weiß er gut, dass er seinen Aufstieg am englischen Hof vor allem Sarah verdankt. Er geht vor der Königin auf die Knie, fleht sie an, Gnade walten zu lassen und von ihrer Forderung mit Blick auf die großen Verdienste seiner Frau großzügig abzusehen. Doch die Queen bleibt hart.

Als er seiner Frau gegenüber nur andeutet, was sie von ihm verlangt hat, schlägt ihm sofort Entrüstung entgegen. »Niemals«, entfährt es Sarah. »Niemals werde ich dieser Lady freiwillig den goldenen Schlüssel überlassen. Niemals werde ich freiwillig zu Kreuze kriechen. Ich habe kein Tafelsilber gestohlen und auch sonst nichts Unrechtes getan. Warum also soll ich mich in Sack und Asche hüllen, damit die Königin ihren Heiligenschein behält, wenn sie mich vor die Tür setzt? Es tut mir weh, ungeheuer weh, dass du dich zu einem Werkzeug ihrer Bosheit machst.«

»Aber meine Liebste, du verstehst mich falsch.«

»O nein, ich habe schon verstanden, worum es geht. Aber ich werde nicht mitspielen in dieser schmutzigen Komödie.«

Marlborough ist bestürzt, müht sich, seine Frau zu beruhigen, versichert ihr, dass er lieber selbst seinen Abschied nehmen werde, als seine geliebte Gemahlin weiter unter Druck zu setzen.

Als Hans Caspar von Bothmer von dem Konflikt erfährt, ist ihm der Ernst der Lage sofort bewusst: Wenn Sarah den goldenen Schlüssel nicht abgibt, ist ihr Mann nicht mehr zu halten. Der hannoversche Gesandte entschließt sich daher, selbst mit der halsstarrigen Herzogin zu sprechen. Dabei ist ihm klar, wie schwer das wird. Es ist ja bekannt, wie maßlos verbittert die herrschsüchtige Herzogin über ihre Entmachtung ist.

Doch es gelingt. Die Unterredung nimmt einen außerordentlich dramatischen Verlauf. Lady Sarah ballt die Fäuste, Tränen fließen. Ein Schwiegersohn fungiert als Dolmetscher, übersetzt Sarahs Klagen, Flüche und Verwünschungen und die Einwendungen des Gesandten, da von Bothmers Englischkenntnisse noch zu schwach sind und die Herzogin sein Französisch nicht versteht. Trotz der Sprachbarriere schafft es der Diplomat aus Hannover, Lady Sarah klarzumachen, wie viel an ihrem Verzicht auf die Titel hängt, die sie ohnehin verloren hat. Die Herzogin spricht am Ende von einem »großen Opfer«, das sie gebracht habe, um die Thronfolge des Hauses Hannover zu festigen.

Von Bothmers Verhandlungserfolg lässt das Ansehen des hannoverschen Sondergesandten enorm ansteigen – sowohl bei der Königin als auch bei den Tories.

Sarah indessen wird in aller Öffentlichkeit von ihrer einstigen Freundin, der Königin, gedemütigt. Ihre Hofämter werden auf zwei andere Frauen verteilt. Queen Annes Privatschatulle wird ausgerechnet Sarahs Todfeindin übertragen: Abigail Masham, jener Cousine vom Lande, die Sarah einst bei der Königin als Gesellschafterin eingeführt hat, um sich selbst etwas mehr Freiraum zu verschaffen.

Auch Marlboroughs Stellung bleibt nicht dauerhaft gesichert. Seine Position als Oberbefehlshaber der Alliierten kann er zwar zunächst noch behaupten, doch am Hof und in der britischen Regierung büßt er allen Einfluss ein. Von den Tories und ihrer Parteipresse wird er als Kriegsgewinnler attackiert, zur Hassfigur aufgebaut. Als gebrochener Mann verlässt er schließlich im Januar 1712 mit seiner Frau Sarah das Land.

* * *

Ahlden, Mai 1714. Hufgetrappel und Peitschenknallen hallen durch Ahldens enge Straßen. Hühner ergreifen gackernd die Flucht, die Dorfköter kläffen wie wild. Die verrückte Prinzessin ist wieder unterwegs. Heute mit einem Einspänner, der von einem schönen Schimmel gezogen wird – wie üblich gefolgt von Reitersoldaten mit gezückten Säbeln. Kinder und Greise, Bauersfrauen, Schmiede und Müllerburschen sind aus den Häusern gelaufen, um das bekannte Schauspiel zu bestaunen. So viel hat das Leben in Ahlden sonst nicht zu bieten.

»Allez, allez, hü, hopp.«

Wieder geht es der Prinzessin scheinbar nicht schnell genug, wieder haben die Uniformierten Mühe, der hochwohlgeborenen Dame zu folgen.

Dabei ist Sophie Dorothea noch fülliger geworden. Die gute Kost, der Bewegungsmangel sind ihr anzusehen. Wie aufgedunsen wirkt ihr Gesicht. Eine Weile sah es schon aus, als würde sie ihr Schloss gar nicht mehr verlassen. Alle Antriebskraft, aller Lebensmut schienen erloschen.

Doch mit dem Frühling erwachten auch in der Prinzessin die Lebensgeister. Und es war nicht nur der Frühling.

Ein neuer Mann trat in das Leben der Verbannten: Heinrich Sigismund von Bar. Der weitgereiste Kammerrat ist der Prinzessin vom hannoverschen Hof als Helfer für ihre Verwaltungsaufgaben zur Seite gestellt worden. Und Sophie Dorothea schätzt den gebildeten Grafen nicht nur als Verwaltungsexperten, sondern auch als Freund – als Vater und Verehrer in einer Person. Und als Verbündeten. Seit Sophie Dorotheas Mutter nach ihrem Umzug nach Lüneburg fast nur noch über ihre Krankheiten und Altersgebrechen klagt, sind die Besuche Bars zu den Höhepunkten in ihrem einförmigen Leben geworden. Sophie Dorothea schreibt dem Kammerherren in Hannover lange Briefe, klagt über den ständigen Ärger mit kleinlichen Hofbeamten, lässt sich über die Entwicklung der Thronfolge in England unterrichten, unternimmt zaghafte Versuche, ihre Verbannung zu lockern – um vielleicht doch noch einmal irgendwann an den Hof zurückkehren zu können. Endlich sieht auch die Prinzessin wieder einen Sinn darin, den wertvollen Schmuck anzulegen und sich mit ihren teuren Duftwässerchen zu parfümieren.

Die Kutsche passiert die Schlossbrücke und fährt rasselnd auf den Innenhof der herrschaftlichen Fachwerkanlage, gefolgt von berittenen Soldaten. Kaum hat der Trupp sein Ziel erreicht, wird das Tor auch schon wieder geschlossen.

* * *

Die bösen Briefe

Frühling 1714, London. Auf der anderen Seite des Meeres lebt eine Frau in Glanz und Gloria. Dennoch ist ihr das Leben zur Hölle geworden. Die Gicht macht jede Bewegung zur Qual, oft fällt ihr das Atmen so schwer, dass sie zu ersticken meint.

Der Gesundheitszustand der englischen Königin hat sich weiter verschlechtert. Es heißt, dass sie sich täglich betrinkt, um ihre Schmerzen zu betäuben. Die meisten Amtsgeschäfte haben längst andere übernommen. Nur unter Aufbietung ihrer letzten Kräfte gelingt es Königin Anne, die Thronrede zur Einführung der neuen Regierung zu halten. Um Wochen verspätet.

Immer wieder kommt in Hannover das Gerücht auf, dass sie schon nicht mehr am Leben sei. Gleichzeitig schießen die Spekulationen über den »Pretender« ins Kraut, den Sohn des letzten vertriebenen Stuart-Königs, der in Frankreich Exil gefunden hat und von Ludwig XIV. als Thronfolger anerkannt und unterstützt wird. Auch im Vereinigten Königreich hat der Katholik Anhänger – vor allem in Schottland. Jakob Eduard sei bereits dabei, heimlich über den Kanal überzusetzen, heißt es, um die Macht zu erobern oder zumindest der erste zu sein, der nach Annes Hinscheiden nach der Krone greift.

Wie stehen die Tories zum »Pretender«? Werden sie, wenn es hart auf hart kommt, die Entscheidung des Parlaments verteidigen, die das protestantische Haus Hannover für den Thron vorsieht? Wie hat sich Queen Annes Beziehung zum Halbbruder entwickelt? Wie groß ist ihre Abneigung gegen die Hannoveraner wirklich? Muss man nicht stärker darauf drängen, dass endlich ein Repräsentant des Hauses Hannover Stellung in London bezieht? Auf all diese Fragen gibt es derzeit keine verlässlichen Antworten. Angesichts der Unsicherheit und der angespannten Beziehungen kommt der Diplomatie eine entscheidende Bedeutung zu. Doch von Bothmer, der sich mit seiner Mission »Marlborough« so glänzend bewährt hat, ist aufs europäische Festland zurückbeordert worden und hat einen neuen Posten als Gesandter in Den Haag übernommen. Weil er hohe Sonderzahlungen verlangte, ist er beim sparsamen Kurfürsten in Hannover in Ungnade gefallen. Als 1713 schließlich ein neuer Botschafter für England gesucht wurde, entschied sich Georg Ludwig für einen eher blassen, unerfahrenen Diplomaten, für Georg Wilhelm Schütz, einen 24 Jahre jungen Kammerjunker, dessen Vater bereits bis 1710 hannoverscher Gesandter in London gewesen war.

Widersprüchliche Instruktionen hatte der Diplomat erhalten, als er sich im August 1713 auf den Weg nach England machte. Kurfürst Georg Ludwig erteilte dem Gesandten andere Weisungen als dessen Mutter. Um Schütz Gelegenheit zu geben, in seinem neuen Tätigkeitsfeld Kontakte zu knüpfen und Fuß zu fassen, wird seine Reise zunächst als Privatreise tituliert. Erst nach einigen Wochen soll sein Inkognito gelüftet werden, so dass er damit beginnen kann, Antrittsbesuche bei Parteileuten, Regierungsvertretern und der Königin zu machen. Dabei ist es von Nachteil, dass er kein Englisch spricht und seine Gesprächspartner seinem Französisch nicht folgen können. Sein Empfang bei Großschatzmeister Robert Harley, dem Grafen von Oxford, wird zu einer Witznummer. Der Tory, der achselzuckend mitteilt, dass er Schütz nicht versteht, unterbricht dessen Rede etwa zwanzigmal, indem er sich hartnäckig, aber gleichzeitig uninteressiert nach dem Befinden der kurfürstlichen Familie in Hannover erkundigt.

Ähnlich peinlich verläuft die Audienz bei der Königin. Schütz berichtet später, die kranke Dame in dem schweren Samtkleid habe sich in ihrem Sessel kaum bewegt und fast kein Wort gesprochen, und – schlimmer noch – beim anschließenden Essen habe niemand auf die hannoversche Thronfolge angestoßen.

Auch sonst fallen die Berichte des Gesandten nicht sehr ermutigend aus. Georg Ludwig wird daher erneut bedrängt, sich die Gunst im Vereinigten Königreich zu erkaufen, den Wahlkampf der hannoverfreundlichen Whigs zu unterstützen und finanzschwachen Lords unter die Arme zu greifen, die den Welfen gewogen sind. Doch der Kurfürst bleibt hart und wird damit erneut als knausrig und uneinsichtig gescholten, auch von seiner eigenen Mutter.

Die greise Witwe unternimmt in dieser schwierigen Situation einen neuen Versuch, ihrem Enkelsohn ein England-Ticket zu verschaffen. Sophie bittet Schütz in einem Brief, auf ein Einberufungsschreiben zu drängen, das Georg August, der ja bereits zum Herzog von Cambridge ernannt worden ist, nun auch den ihm zustehenden Sitz im Oberhaus zusichert – quasi eine Einladung ins Vereinigte Königreich.

Schütz begreift den Brief als Auftrag und begibt sich umgehend zum Lordkanzler, um das Writ, das Einverständnis, für den Kurprinzen zu erbitten. Anfangs lässt sich alles noch gut an. Der Lordkanzler erbleicht zwar, als er das Schreiben überfliegt, verspricht jedoch pflichtschuldig, alles rechtlich Mögliche in die Wege zu leiten.

Zum Entsetzen des Gesandten entwickelt sich das Ersuchen dann aber in Windeseile zur Staatsaffäre. Die Königin fühlt sich übergangen – wenn nicht gar hintergangen. Sie wertet das Vorgehen des neuen Gesandten als hinterhältigen Versuch, den Kurprinzen hinter ihrem Rücken unter Ausnutzung bestehender Gesetze ins Land zu holen.

»Es ist unfassbar, eine bodenlose Unverschämtheit. Sie können es einfach nicht abwarten, dass ich unter der Erde bin. Aber das werden sie mir büßen. Diesmal werde ich nicht schweigen. Diesmal nicht.«

Die Monarchin bäumt sich von ihrem Krankenbett auf, vielleicht ein letztes Mal, schreit ihre Wut in die Welt hinaus.

Unter dem Vorsitz der kranken Königin wird im St. James Palast schließlich eilends eine Kommission zusammengestellt, die die Sache beraten soll. Premierminister Sir Henry Bolingbroke, Tory wie die übrigen Regierungsmitglieder, spricht sich dafür aus, das Einberufungsschreiben zu verweigern. Doch die übrigen Minister widersprechen und betonen, dass die Regierung aus rechtlichen Gründen gar keine andere Wahl habe, als dem Hannoveraner das Writ zu gewähren.

So bekommt Schütz das Einberufungsschreiben tatsächlich ausgehändigt. Der junge Gesandte jubelt. Ganz London erwarte bereits in unaussprechlicher Freude die Ankunft des Kurprinzen, teilt er triumphierend nach Hannover mit.

Doch der Jubel ist verfrüht. Eine Unterredung mit dem Großschatzmeister holt den unerfahrenen Diplomaten auf den Boden der Tatsachen zurück und macht ihm bewusst, welches Unheil er mit seinem Ersuchen angerichtet hat. »Nie zuvor in meinem Leben«, sagt der Graf von Oxford, »habe ich die Königin so erregt gesehen wie bei der Debatte um das Writ.«

Am gleichen Abend noch erscheint der Oberzeremonienmeister bei Schütz. Der Hofbeamte teilt ihm mit, dass Queen Anne seine Abberufung verlangt habe und ihn nicht mehr am Hofe sehen wolle. Er habe die Würde Ihrer Majestät verletzt, heißt es zur Begründung.

Der Gesandte ist so bestürzt, dass er ohne Rücksprache mit der hannoverschen Kurfürstin sofort die Koffer packt und schon am übernächsten Tag London verlässt, um in Harwich ein Schiff zu besteigen.

Georg Ludwig ist fassungslos in seinem Zorn. Er erteilt dem Heimgekehrten einen scharfen Verweis und verfügt seine fristlose Entlassung – insbesondere, weil er den Namen »Unserer Frau Mutter Gnaden« missbraucht und ohne den Befehl des Kurfürsten gehandelt habe. Der hannoversche Hof beeilt sich, der englischen Königin mitzuteilen, dass alles nur ein Missverständnis sei, doch der diplomatische Schaden erscheint irreparabel, völlig irreparabel.

In Hannover entsteht der Eindruck, dass die Thronfolge in weite Ferne gerückt ist. Plötzlich kursieren auch Berichte, wonach britische Regierungsvertreter bereits in Kontakt mit Jakob Eduard in Frankreich getreten sind, um ihn zur Aufgabe seines katholischen Glaubens zu bewegen. Als Protestant nämlich wäre der »Pretender« als Thronfolger in England theoretisch durchaus willkommen.

Die Nervosität in Hannover wird dadurch nur noch größer. So verfasst Staatsminister von Bernstorff ein Memorandum, das der britischen Regierung noch einmal in höflicher Form die Sichtweise des Hauses Hannover erläutern soll. »In Hannover hält man es bei der kritischen Lage der Sukzession für unumgänglich und nicht länger aufschiebbar, dass ein Mitglied der hannoverschen Familie Aufenthalt in England nimmt«, heißt es darin.

Keinesfalls soll das Memorandum der Königin zur Kenntnis gelangen. Doch genau dies geschieht. Es ist, als habe man Öl ins Feuer gegossen, und in der Queen flammt erneut der Ärger über das Einberufungsschreiben auf. Ihre Wut entlädt sich in drei Briefen, die an den hannoverschen Kurfürsten, seine Mutter und seinen Sohn adressiert sind und als die »bösen Briefe« in die Geschichte eingehen werden.

Besonders ungehalten geht die kranke Königin mit Georg August ins Gericht, den sie als »Mon Cousin« anspricht.

»Mir drängt sich der Eindruck auf, dass es Eure Idee war, Euch auf diesem Wege in meinem Land zu etablieren. Ich missbillige dies zutiefst. Denn es steht zu erwarten, dass mein Volk dadurch in eine große Unruhe versetzt werden würde. Ich ersuche Euch daher dringend, solche Versuche in Zukunft zu unterlassen.«

Georg Augusts Vater spricht sie als »Mein Bruder und Cousin« an, lässt ihrem Ärger aber ebenso freien Lauf:

»Da das Gerücht sich ausweitet, dass mein Vetter, der Kurprinz, beschlossen hat, hierher zu kommen, um sich zu meinen Lebezeiten in meinem Königreiche niederzulassen, so halte ich es nicht für ratsam, auch nur einen Augenblick zu verlieren, um Ihnen in dieser wichtigen Sache zu schreiben und meine Ansichten mitzuteilen.

Ich gestehe Ihnen ganz offen, nicht fassen zu können, dass ein Fürst von solcher Einsicht und solchem Scharfblick wie Eure Kurfürstliche Hoheit jemals an einem derartigen Versuch mitzuwirken vermöchte. Ich halte Sie für zu gerecht, um zu gestatten, dass meine Souveränität in einer Weise verletzt wird, die Sie bezogen auf Ihre eigene Souveränität nie zulassen würden. Ich bin überzeugt, dass Sie nicht die geringste Schmälerung Ihrer Autorität dulden würden. Ich meinerseits bin in dieser Hinsicht nicht weniger feinfühlig, und, wie unheilvoll auch die Konsequenzen sein mögen, ich bin entschlossen, jedem Projekt, das meine königliche Autorität untergräbt, entgegenzutreten.

Eure kurfürstliche Hoheit sind zu gerecht, um mir das Zeugnis zu versagen, dass ich bei allen Gelegenheiten Beweise meines Wunsches gegeben habe, dass Ihr Haus die Nachfolge meiner Kronen antreten möge. Ich empfehle meinem Volk diese Nachfolge jederzeit als den sichersten Pfeiler der Religion und der Gesetze dieses Königreiches.

Ich werde all meine Sorgfalt darauf richten, dass diese Eindrücke in den Herzen meiner Untertanen erhalten bleiben und nichts geschieht, sie zu tilgen. Wenn allerdings die Würde und Vorherrschaft der souveränen Persönlichkeit beschädigt wird, die zur Zeit die Krone trägt, so wird sich dies unweigerlich auch auf die Nachfolger auswirken und einen gefährlichen Autoritätsverlust nach sich ziehen. Darum zweifle ich nicht, dass Sie mit Ihrer erprobten Weisheit dem Versuche eines solchen Schrittes zuvorkommen und mir eine Gelegenheit geben, die Versicherungen der aufrichtigen Freundschaft zu erneuern ...«

Die Königin schont auch die 84 Jahre alte Kurfürstin nicht. »Meine Schwester und Tante«, lässt Queen Anne in französischer Sprache schreiben.

»Seitdem Ihr und Eure Nachkommen für die Thronfolge in unserem Königreich bestimmt worden seid, arbeiten böswillige Personen, die nur ihre eigenen Interessen im Blick haben, daran, Euern Kurprinzen in meinem Lebensbereich zu etablieren. Ich hätte bis heute nicht geglaubt, dass sie so weit gehen würden, wie sie es jetzt offenkundig getan haben. Es geht das Gerücht, dass Eure Durchlaucht sich diesen Plan zu eigen gemacht hat. Dies erstaunt mich sehr, und ich muss darauf hinweisen, dass dadurch die geplante Thronfolge ernstlich in Gefahr geraten könnte. Bestrebungen solcher Art untergraben die Autorität der Krone und führen zu Revolte und Unruhen.«

Es ist bekannt, dass Vertreter der Tory-Regierung wie Schatzkanzler Robert Harley die Briefe entworfen haben. Doch es besteht kein Zweifel, dass sie die Empörung der Queen zum Ausdruck bringen – und zwar in nie gekannter Schärfe.

Der Hof in Hannover ist schockiert. Besonders bestürzt ist die Kurfürstin. »Diese Sache wird mich krank machen, ich werde sie nicht überleben«, teilt sie am 8. Juni 1714 der Gräfin Johanne Sophie von Schaumburg-Lippe mit. Sie beschließt, die »bösen Briefe« zu veröffentlichen, damit alle Welt erfahre, dass es nicht ihre Schuld gewesen sei, wenn ihre Kinder die »drei Kronen« verlieren.

* * *

Der letzte Spaziergang

Der 8. Juni 1714 ist ein grauer Tag, regnerisch und trüb. Der Große Garten in Herrenhausen steht in voller Pracht. Die Rosen und Lilien verströmen ihre süßen Düfte, Linden und Hainbuchenhecken leuchten in sattem Grün, im Palmgarten reifen die Früchte der Orangen-, Zitrus- und Kaffeebäume. Doch die Nässe und die tiefhängenden Wolken trüben das Bild, so dass sich kaum jemand zu einem Spaziergang entschließt. Einsam ziehen die Schwäne auf dem Schlossteich ihre Bahn, verloren plätschert die große Fontäne.

Die alte Kurfürstin ist an diesem Tag wie üblich früh aufgestanden und hat mit gutem Appetit gefrühstückt. Am Tag zuvor hatte sie über starke Magenschmerzen geklagt, so dass sie kaum das Bett verließ. Doch in der Nacht hat sie gut geschlafen und nun scheint es ihr deutlich besser zu gehen. Sie plaudert, lässt sich von ihrem Privatsekretär Nicolas Gargan aus den Lebenserinnerungen Calvins vorlesen, schreibt Briefe, diniert »öffentlich« mit ihrem Sohn.

Obwohl ein Schauer droht, bricht sie gegen sieben Uhr abends zu ihrem gewohnten Spaziergang auf – begleitet von der Kurprinzessin Karoline und der Gräfin von Schaumburg-Lippe, gefolgt von ihrem Enkelsohn Georg-August und einem Kreis von Kammerherren. Im angeregten Gespräch mit Karoline kommt die Kurfürstin auch auf die »bösen Briefe« zu sprechen, erregt sich dabei zwar wieder etwas, wechselt aber bald das Thema.

Irgendwann setzt leichter Regen ein. »Wir müssen uns beeilen, dass wir ins Kabinett kommen«, ruft die Gräfin zu Schaumburg-Lippe und steuert eines der kleinen Fachwerkhäuschen an, die dazu gedacht sind, Schutz zu bieten. Doch die Kurfürstin scheint nicht zu verstehen. »Was? Was?« Sie wirkt seltsam verwirrt, scheint zu wanken. Als Karoline erschrocken fragt, ob sie sich nicht wohlfühle, zeigt sie auf ihren Magen und wispert: »C'est ici, c'est ici« (Es ist hier, es ist hier).

Der Regen wird stärker. Die beiden Frauen nehmen die Kurfürstin in die Mitte, versuchen, mit ihr das Kabinett zu erreichen, doch Sophie fällt das Gehen schwer. »Es geht mir sehr schlecht«, bringt sie mühsam hervor. »Geben Sie mir Ihre Hand.« Dies werden ihre letzten Worte sein.

Sie stirbt in den Armen der Kurprinzessin bei strömendem Regen. Mitten in ihrem geliebten Garten.

In der Nacht vom 9. auf den 10. Juni wird der Leichnam Sophies von Herrenhausen in die Schlosskapelle von Hannover überführt – ohne großes Zeremoniell, wie es sich die Patriarchin immer gewünscht hat. Die Trauerfeier indessen wird dann doch zu einem barocken Staatsakt. Denn nicht nur am hannoverschen Hof ist man sich darüber einig, dass eine ungewöhnliche Persönlichkeit das Zeitliche gesegnet hat.

»Die sich schon auf der Welt geschwungen himmelan,
Gott ohne Falsch geliebt, dem Nächsten gut getan,
im Unglück nicht verzagt, im Glück sich nicht erhoben,
und alles angesehen, als käm es ihr von oben.«

Dies sind die ersten Verse eines Nachrufes, den Leibniz zu Ehren seiner Gönnerin und Freundin gedichtet hat. Besonders traurig ist Sophies Lieblingsnichte Liselotte von der Pfalz, die mit ihrer Tante manch sarkastischen Brief gewechselt hat. Die Schwägerin Ludwigs XIV. schreibt an eine Cousine: »Ihr habt recht, liebe Cousine, in unserem ganzen Jahrhundert kommen nicht wieder solche Personen wie unsere Kurfürstin vor.«

Auch 300 Jahre später noch ragt die Patriarchin aus ihrer Zeit heraus – in menschlicher, geistiger und politischer Hinsicht. Sophie von der Pfalz war geprägt von einer liberalen, weltoffenen Grundhaltung, die sich mit humanistischen Werten verband. Jede Form von Gewalt war ihr verhasst, vor allem Gewalt im Namen der Religion. Die Kurfürstin lehnte den weltlichen Herrschaftsanspruch des Papstes ab und bekannte sich zum Protestantismus, hatte aber keine Probleme damit, Verfehlungen ihrer Kirche öffentlich anzuprangern oder mit Katholiken zu sprechen. Die Verbrennung von Ketzern war für sie ein Verbrechen an der Menschheit. Sie verurteilte die Galeerenstrafe der Franzosen ebenso wie die Massaker der anti-katholischen Cromwell-Armee in Irland. In Tausenden von Briefen an Verwandte, Freunde, aber vor allem auch Staatsmänner in ganz Europa verlieh sie ihren Ansichten Ausdruck – höflich zwar, aber immer auch pointiert und manchmal sogar recht scharf. Sie sprach fünf Fremdsprachen und debattierte mit Leibniz über alle philosophischen Themen.

Die hannoversche Kurfürstin beweist, dass der Mensch mehr sein kann als das Produkt seiner Zeit. Dies zeigt sich an ihrer Mutterrolle. Anders als in der Barockzeit üblich überließ Sophie ihre Kinder nicht nur ihren Hofdamen. Sie nahm intensiven Anteil an ihrer Entwicklung, äußerte in Briefen Muttergefühle, die manche Soziologen erst dem bürgerlichen Zeitalter zuschreiben wollen.

Auch in ihrer Körperpflege war sie ihrer Zeit voraus. Die Kurfürstin misstraute den Wunderheilern und Quacksalbern und hielt sich mit langen Spaziergängen und geistigen Herausforderungen fit. Anders als in der höfischen Gesellschaft üblich legte sie auch großen Wert auf Zahnpflege. Bis zum Alter von 82 Jahren war ihr Gebiss noch komplett.

Bei aller Nächstenliebe war sie nicht frei von persönlichem Ehrgeiz. Ein großer Traum beflügelte ihr Leben: der Traum, den gesellschaftlichen Absturz ihrer Eltern, die demütigenden Erfahrungen ihrer Kindheit und Jugend wettzumachen und für sich und ihre Nachkommen den englischen Thron zu erobern. Leibniz lag vermutlich nicht ganz falsch, wenn er vermutete, dass es ihre geheime Sehnsucht war, in Westminster Abbey zur ewigen Ruhe gebettet zu werden. Dieser Traum erfüllt sich nicht. Doch schon wenige Wochen nach ihrem Tod wird ihr Lebensziel Wirklichkeit.

* * *

Reise in ein neues Leben

Abschied von Herrenhausen

September 1714. Niemand lacht. Die Stimmung ist gedämpft. Keine Begeisterung malt sich in den Gesichtern. Kein Triumph drückt sich aus in den Worten des hannoverschen Kurfürsten, als er am 11. September 1714 in Herrenhausen Abschied von seinem Hofstaat und einigen geladenen Gästen aus seinem Herzogtum nimmt. »Adieu, du lieber Ort, an dem ich so viele vergnügte und ruhige Stunden verbracht habe«, sagt Georg Ludwig, der eigentlich sonst nicht zu Sentimentalität oder gar Pathos neigt. »Ich gehe von dir, wiewohl nicht auf ewig, ich hoffe, dich bisweilen wiederzusehen.«

Manch einer der Versammelten wischt sich verstohlen eine Träne aus dem Gesicht. Nein, diese Zusammenkunft hat nichts von einer Siegesfeier. Eher schon scheint die Trauerfeier nachzuhallen, die einige Wochen zuvor zu Ehren der verstorbenen Kurfürstin in Hannover stattgefunden hat.

Von den Wänden des Rittersaals im Schloss Herrenhausen blicken die Vorfahren ehrfürchtiger als sonst auf den Nachgeborenen, der sich nun anschickt, übers Meer zu fahren, um die englische Königsrobe anzulegen und über ein Weltreich zu herrschen, das um ein Zehnfaches größer ist als das deutsche Herzogtum. Allein in London leben 700.000 Menschen – so viele wie im gesamten Herzogtum Hannover zusammen. Mehr als 200 Kriegsschiffe segeln im Namen der Krone über die Weltmeere. Kaufleute aus dem Vereinigten Königreich treiben Handel in aller Herren Länder.

Der hannoversche Kurfürst ist auf dem Wege, einer der mächtigsten Männer der Welt zu werden, doch er verrät keinerlei Vorfreude. Nur Wehmut, Abschiedsschmerz spricht aus seinen Worten. Natürlich, es ist in den vier Wochen, die seit der Botschaft aus London vergangen sind, schon vorgekommen, dass er so etwas wie Stolz empfand. Doch übermächtiger war die Sorge, dass ihn diese riesige Verantwortung, die ihm da über Nacht zugewachsen war, erdrücken könne.

Die Hofgesellschaft stimmt einen Choral an:
»Großer Gott, wir loben dich,
Herr, wir preisen deine Stärke,
vor dir neigt die Erde sich
und bewundert Deine Werke.«

Es ist zu spüren, dass die Versammelten den künftigen König von
England, Schottland und Irland vor Augen haben, während sie den
Allmächtigen preisen. Der Hofgeistliche würdigt in seiner Predigt
auch die große alte Dame, die so großen Anteil am wunderbaren Aufstieg des Hauses Hannover gehabt hat. Und die ernsten Blicke deu-
ten darauf hin, dass alle diese Wertschätzung teilen. Würdevoll, klug,
aber gleichzeitig freundlich und bescheiden blickt die alte Kurfürstin
aus einem Gemälde, das erst wenige Jahre vor ihrem Tod angefertigt
worden ist. Güte und Größe drücken sich in dem Porträt aus. Und
während der Prediger noch einmal Sophies Verdienste preist, ist sich
Georg Ludwig darüber im Klaren, dass der Einfluss seiner Mutter
weiter nachwirken wird. Gerade hier in Herrenhausen, geht es ihm
durch den Kopf, gerade hier wird sie immer lebendig bleiben. Nicht
nur die vielen Bilder, die sie im Schloss von ihren Verwandten und
Freunden hat aufhängen lassen, werden an sie erinnern. Ihr Geist
schwebt über den Alleen, den Grachten, Blumenrabatten und Rosen-
stöcken und wer die Augen schließt, meint immer noch zu hören, wie
im Großen Garten der Kies unter ihren Schritten knirscht.
    Nein, Georg Ludwig beschleichen nicht nur dankbare Gefühle,
wenn er an seine Mutter denkt. Das Erbe, das sie ihm hinterlassen
hat, wiegt so schwer, dass es wie ein zentnerschwerer Kornsack auf
seinen Schultern lastet. In Zukunft wird er als Kurfürst und König
über zwei Reiche herrschen. Bisweilen befällt ihn ein eigenartiger
Schwindel, wenn er an diese Doppelbelastung denkt.
    Aus seiner Gesandtschaft in London sind ihm bereits Berichte
zugegangen, wonach die Engländer fragen, warum er nicht längst
abgereist ist. Es wird gemunkelt, dass er sich nicht von seiner Heimat
trennen könne, keine Eile habe, die neuen Amtsgeschäfte aufzunehmen, dass er seine alte Zögerlichkeit immer noch nicht abgelegt habe.
»Unsinn! Diese Ignoranten« geht es ihm durch den Kopf. »Sie können sich doch wohl denken, was alles zu tun ist, bevor man sein

Kurfürstentum verlässt, um auf einem Königsthron Platz zu nehmen!«

In den vergangenen Tagen war er emsig damit beschäftigt, die Regierungsgeschäfte in Hannover für die Zeit seiner Abwesenheit zu regeln. Geheime Räte sollen die Entscheidungsgewalt übertragen bekommen. Bei allen wichtigen Angelegenheiten aber hat er sich das letzte Wort ausbedungen. Dies gilt auch für die Kriegskanzlei und die Ernennung der höheren Staatsbeamten. Nur wenn Gefahr im Verzuge ist, dürfen die Geheimen Räte wichtige Entscheidungen ohne Rücksprache fällen. Aber wann ist Gefahr im Verzuge? Was sind wichtige Entscheidungen? Der Teufel sitzt bekanntlich im Detail. Georg Ludwig hat oft Stunden wach im Bett gelegen, während ihm die vielen ungeklärten Details durch den Kopf gegangen sind.

Es geht ja nicht nur darum, das Kurfürstentum auf die Zeit seiner Abwesenheit einzustellen. Gleichzeitig muss der Thronfolger auch Vorkehrungen für sein neues Amt auf der Insel treffen. Schon Anfang Juli hat er bereits seinen bewährten Diplomaten von Bothmer nach London zurückgeschickt, um Königin Anne die höflich gehaltenen Antwortschreiben auf ihre »bösen Briefe« zuzustellen und die Lage zu sondieren. Jetzt sind die wichtigsten Personalentscheidungen für die neue englische Regierung zu fällen. Bei einer Person ist ihm die Entscheidung leicht gefallen: Er hat nicht gezögert, dem Herzog von Marlborough seine frühere Stellung als Oberbefehlshaber der britischen Streitkräfte zurückzugeben.

Bereits am Todestag der Königin ist der so schmachvoll geschasste Kriegsmann in Dover gelandet und in einem wahren Triumphzug nach London gezogen. Gern wäre Marlborough auch in die neue Übergangsregierung aufgenommen worden. Doch über diese sogenannte Regentenliste kann der künftige König nicht allein entscheiden, hier haben auch Parlaments- und Parteienvertreter ein Wort mitzureden. Somit gehören der neuen Regierung Großbritanniens auch Minister an, die bereits unter Queen Anne in der Regierung waren und daher für den neuen König nur schwer einzuschätzen sind. Die Männer sind für den Herzog aus Hannover ebenso unkalkulierbar wie das gesamte parlamentarische System in seinem neuen Herrschaftsbereich. Welche Fallstricke warten auf der Insel?

Das Schlimme ist, dass er sich seine Unsicherheit, seine Ängste nicht anmerken lassen darf. Mehr denn je hat er ja die Rolle des selbstsicheren, überlegenen Steuermanns zu verkörpern – Kurfürst und König von Gottes Gnaden und selbstverständlich frei von Ängsten und Selbstzweifeln.

Nur seiner Melusine hat er sich in den vergangenen Tagen bisweilen anvertraut.

»Ach, es ist eine schwere Last«, gestand er der Geliebten an einem lauen Abend. »Ich beneide die Bauern, die jetzt im Schweiße ihres Angesichts ihre Ernte einfahren und müde, aber zufrieden ins Bett fallen, um sich für den nächsten Tag zu stärken. Die müssen hart arbeiten, haben keinen Wein, keinen Hirschbraten, keinen Kaviar auf dem Tisch und gehen in abgerissenen Kleidern, aber ihr Leben verläuft in geregelten Bahnen, und sie haben ihre kleinen Freuden, unbeschwert von großen Zukunftssorgen.«

»Mein Liebster, Ihr seid undankbar. Auch die kleinen Leute haben ihre Sorgen. Sie müssen fürchten, dass Hagel oder Dürre ihnen die Ernte zerstören oder Typhus und Cholera ihnen die Kinder nehmen.

Schloss Herrenhausen in Hannover

Nein, jeder Stand hat sein Kreuz zu tragen, und Ihr habt allen Grund, stolz zu sein und Euch zu freuen. Ihr geht herrlichen Zeiten entgegen.«

»Herrliche Zeiten? Schwer wird es werden, entsetzlich schwer.«

»Ihr steht nicht allein, Ihr habt viele Helfer.«

»Aber auch viele Feinde. Es gibt Hunderttausende, die danach lechzen, dass ich einen Fehler mache. Dieser Pretender in Frankreich wartet doch nur darauf, dass er endlich das Startsignal erhält, um das Erbe seines Vaters zurückzuerobern, und ich weiß, dass der Mann viele Verbündete auf der Insel hat.«

»Ach, Liebster, Ihr redet Euch die Sorgen herbei. Die Engländer werden Euch zujubeln, die Welt liegt Euch zu Füßen.«

»Die Welt? Was ist die Welt? Mein wichtigster Trost ist, dass Ihr in meiner Nähe seid.«

In diesem Augenblick war es, als wäre ein Schatten auf das Gesicht der blonden, großgewachsenen Hofdame gefallen. »Ich weiß nicht«, erwiderte sie, plötzlich selbst bekümmert. »Ich weiß immer noch nicht recht, ob es wirklich klug von Euch ist, mich mitzunehmen. Ich habe gehört, dass die Engländer mich schon jetzt verspotten und verhöhnen. Was werden sie erst sagen, wenn sie mich an Eurer Seite in ihrem eigenen Land erblicken? Wahrscheinlich werden sie sich fragen, was aus Eurer Frau geworden ist, wenn sie mich sehen.«

»Unsinn. Jetzt fangt Ihr aber an, Euch die Sorgen herbeizureden. Niemand im Vereinigten Königreich wird es wagen, Euch zu verspotten und Fragen nach der Madame in Ahlden zu stellen. Euch erwartet ein Leben in Pracht und Herrlichkeit. In England werdet Ihr endlich den Rang bekleiden können, der Euch zusteht, glaubt mir.«

Melusine strich dem Geliebten über die Hand. »Ich danke Euch. Wir werden es schaffen.«

Zurück zur Abschiedsfeier in Herrenhausen. Die Versammelten erheben sich von den Plätzen, um die Hände zum Gebet zu falten. Der Hofgeistliche dankt dem Herrn im Himmel für die große Gnade, die er dem Land und seinem Kurfürsten erwiesen hat, und bittet um Gottes Segen für das hannoversche Kurfürstentum und das Wirken des geliebten Herzogs als Herrscher im Vereinigten Königreich.

Nicht alle, die ihre Hände gefaltet haben, teilen solche Segenswünsche. In ganz andere Richtung gehen offenkundig die Gedanken des Kurprinzen. Kühl, feindselig sind die Blicke, die Georg August auf seinen Vater richtet. Zu dem alten Zorn über die Demütigung seiner Mutter ist neuer Ärger gekommen. Der Kurfürst hat entschieden, dass nur sein Sohn allein ihn auf der Reise nach England begleiten darf. Georg Augusts Frau Karoline darf erst später mit den drei Töchtern nachkommen. Friedrich Ludwig, der sieben Jahre alte Sohn des Prinzen, von der Familie Fritz genannt, soll ganz in Hannover bleiben, um die kurfürstliche Familie weiterhin im deutschen Stammland zu repräsentieren. Der Kurfürst hat verfügt, dass sein Enkelsohn in die Obhut seines jüngsten Bruders Ernst August, dem designierten Fürstbischof von Osnabrück, gegeben wird und mit Hilfe seiner Erzieher das Kurfürstentum Hannover kennenlernen soll – eine Entscheidung, die der junge Vater zutiefst missbilligt.

Den abschließenden Lobgesang begleitet Georg August daher nur missmutig mit pflichtschuldigen Lippenbewegungen. Die übrigen Versammelten dagegen stimmen aus vollem Herzen ein:
»Nun danket alle Gott
mit Herzen, Mund und Händen,
der große Dinge tut
an uns und allen Enden ...«

* * *

Der Morgen des 16. September 1714 lässt einen schönen Tag erwarten. Über den Wiesen und Flussauen liegt Nebel. Die Sonne aber hat sich bereits durch den Frühdunst gekämpft und wirft wärmende Strahlen auf die Erde. In dieser Stunde beginnt für Georg Ludwig eine Reise in ein neues Leben, eine Reise mit Bildern und Eindrücken, die sich bis an sein Lebensende in seinem Gedächtnis festsetzen werden. Dabei eröffnen sich manche Perspektiven nur Außenstehenden. Dazu gehört das Bild von dem großen Konvoi, der an diesem Morgen die Schlossanlage in Herrenhausen verlässt und sich gen Westen bewegt. Gut dreißig herrschaftliche Kutschen rollen da mahlend und knirschend durch die Allee – bespannt mit den stattlichsten Rössern des Kurfürstentums.

Die prächtigste ist dem künftigen König von England vorbehalten. Sechs Hengste aus dem kurfürstlichen Marstall in Hannover ziehen die goldglänzende Karosse mit dem Wappen des Hauses Hannover und den besonders hohen Rädern. Georg Ludwig ist bedrängt worden, für diese Fahrt eine neue, noch repräsentativere Kutsche bauen zu lassen. Doch der Kurfürst hat in seiner Sparsamkeit entschieden, dass es ausreiche, das bestehende Prunkstück aufzupolieren und auszubauen. So erhielt das Gefährt eine komfortablere Federung, ein besseres Polster mit noch wertvolleren Brokatbezügen, ein neues Wappen und eine Lackierung, die durch die Septembersonne nun besonders prächtig funkelt. An jeder Relaisstation sollen die Pferde gewechselt werden, so dass nie der Eindruck entsteht, dass Seine Majestät sein neues Reich mit erschöpften Zugtieren ansteuert.

Die erste Etappe der Reise führt über Osnabrück und Bentheim, Amersfoort und Utrecht nach Den Haag. Fünf Tage sind dafür eingeplant. Georg Ludwig lässt sich von seinem gesamten persönlichen Hofstaat begleiten – vom Leibarzt bis zum Hofprediger, vom Schneider bis zum Trompeter, vom Mundschenk bis zum Vorkoster. Selbstverständlich sind auch die beiden Kammertürken Mustafa und Mehmet dabei, sie stehen ihrem Herrn abwechselnd in seiner Kutsche zu Diensten. Darüber hinaus lässt sich Georg Ludwig während der Fahrt von seinen Geheimen Räten oder leitenden Hofbeamten über

Einzelheiten seines künftigen Herrschaftsbereiches informieren. Keine Minute soll sinnlos verstreichen in dieser Zeit. An jeder größeren Station warten zudem reitende Boten, die den Fürsten mit den neuesten Nachrichten aus England versorgen.

Premierminister Bernstorff und Kammerpräsident Wilhelm von Görtz sind mit ihrem Gefolge bereits vorgefahren, um in Den Haag alles für die Ankunft ihres Dienstherren vorzubereiten.

Der Prinz fährt, begleitet von seinen Junkern und Kammerherren, in einer eigenen Kutsche hinter seinem Vater her. Auch Melusine von der Schulenburg reist getrennt vom Fürsten. Georg Ludwigs Mätresse wird von Sophie Charlotte begleitet, der Halbschwester des künftigen Königs. Streng genommen bekleiden die beiden nur den Rang von Hofdamen, aufgrund ihrer Beziehung zum Kurfürsten aber nehmen sie eine Stellung ein, die ihnen das Privileg eines eigenen Gefolges und eines vorderen Platzes im Geleitzug verschafft. Es heißt, Sophie Charlotte sei froh, das hannoversche Kurfürstentum zu verlassen, da sie in den vergangenen Jahren über ihre Verhältnisse gelebt und erhebliche Schulden angehäuft habe. Sie soll ihren Gläubigern zugesagt haben, ihre Verbindlichkeiten von England aus zu begleichen – was im Vereinigten Königreich bereits für bissige Berichte und böses Blut gesorgt hat. »Sie bezahlt ihre Schulden mit dem Gold unserer Krone«, wird geschrieben. »Das fängt ja gut an.«

Der künftige englische König nächtigt während seiner Reise nicht nur in Adelspalästen, sondern auch in reichen Bürgerhäusern, die vorab für ihn reserviert worden sind. In Osnabrück macht Georg Ludwig selbstverständlich im Schloss Station – da, wo er von 1673 bis 1679 sechs Jahre seiner Kindheit und Jugend verlebt und sein Vater als Fürstbischof residiert hat. Mit den vertrauten Räumen kommen auch die Erinnerungen, doch seine Gedanken sind so sehr auf die Zukunft gerichtet, dass er den Schattengestalten keinen Raum gibt. Zudem sind alle Würdenträger der Stadt und alle Landadeligen der Umgebung erschienen, um ihm ihre Aufwartung zu machen. Fünf Stunden dauert das Bankett mit den geladenen Gästen.

In allen Orten, durch die der herrschaftliche Konvoi mit den fürstlichen Kutschen rasselt, stehen Menschen am Straßenrand und winken. Ein noch größeres Aufheben hat sich Georg Ludwig verbeten. »Kein Brimborium«, so lautet die ausdrückliche Anweisung. »Kein großes Trara.«

Doch auch in den Niederlanden hat sich herumgesprochen, dass der Kurfürst von Hannover auf dem Weg zur Thronbesteigung ist, und selbstverständlich sind hier die örtlichen Landesherren nicht an das hannoversche Gebot der Zurückhaltung gebunden. So wird der Kurfürst in Leiden von 54 Salutschüssen begrüßt, als er die Stadtgrenze passiert – für jedes Lebensjahr eine Kanonenkugel.

Besonders groß ist die Aufmerksamkeit, die dem designierten Monarchen in Den Haag zuteil wird, wo er am Abend des 16. September ankommt und elf Tage verbringen wird. Die Nachricht von seinem Aufenthalt in der niederländischen Residenzstadt und Handelsmetropole hat sich nicht nur unter den Repräsentanten des örtlichen Adels herumgesprochen, sondern auch unter den Botschaftern der Großen Allianz, die hier residieren. Sogar aus dem Vereinigten Königreich sind zahlreiche Kavaliere und Lords angereist, um die Hand ihres künftigen Herrschers vor den Mitbewerbern zu küssen und möglichst mit ihrem noch ungekrönten König zu tafeln.

Georg Ludwig kann gar nicht anders, als täglich »öffentlich« zu dinieren und nacheinander die vielen, vielen Herrschaften an seine Tafel zu bitten, die um diese Gnade nachgesucht haben. Zu seiner Erleichterung sprechen ihn die Besucher aus England in französischer Sprache an, so dass seine mangelhaften Englischkenntnisse nicht zum Problem werden. Mit höflichem Kopfnicken und interessiertem Blick folgt Georg Ludwig den oft eitlen Selbstdarstellungen seiner Gäste ebenso wie den Lobeshymnen, die sie auf ihn anstimmen. Doch niemand sieht ihn lächeln.

Am Abend schwirrt ihm der Kopf von all den Namen, Lebensschicksalen und Angeboten. Die Flut von Einladungen, die auf ihn einströmt, versucht er nach Möglichkeit zurückzuweisen, aber natürlich gibt es Persönlichkeiten, die er keinesfalls brüskieren kann.

Schon für seine Unterbringung standen ihm mehrere Optionen offen. Diplomaten wie Bothmer oder der englische Graf Stafford wetteiferten darum, ihm ihre Häuser in Den Haag zur Verfügung zu stellen. Doch die Holländer ließen es sich nicht nehmen, den mächtigen Besucher in der alten Oranierresidenz Oude Hof einzuquartieren, dem königlichen Palais der Stadt. Selbstverständlich laufen in Den Haag neben all den Empfängen, Banketts und Audienzen die Gespräche über die Besetzung von Ministerposten oder Fragen der britischen Politik weiter. Auch Bernstorff ist nun dabei.

Bei einer der Zusammenkünfte verfügt Georg Ludwig, den britischen Premierminister Sir Henry Bolingbroke aller Ämter zu entheben. Der führende Repräsentant der hannoverfeindlichen Torys steht im Verdacht, gemeinsame Sache mit Jakob Eduard in Frankreich zu machen, dem »Pretender«, der nach wie vor Ansprüche auf den englischen Thron erhebt.

* * *

Eingeengt

Ahlden. Wieder hallen Hufgetrappel und aufgeregte Rufe durch die engen Straßen Ahldens. Die Prinzessin kehrt von ihrer Kutschfahrt zurück – gefolgt von einem guten Dutzend berittener Soldaten, dem üblichen Wachtrupp. Kinder und Greise, Bauern und Knechte laufen am Straßenrand zusammen, um das Schauspiel nur ja nicht zu versäumen.

Die Sonne geht bereits unter, als Sophie Dorothea an diesem Augustabend das Tor zu ihrem kleinen Fachwerkschloss durchquert. Zu spät, folgt man den exakt festgelegten Bewachungsvorschriften des hannoverschen Hofes. Schlosskommandant Gabriel de Malortie macht der Heimgekehrten heftige Vorhaltungen, die Sophie Dorothea, noch berauscht und erhitzt von ihrem Ausflug, empört zurückweist. »Was erlaubt Ihr Euch, Monsieur. Aus dem Weg.«

»Wenn Ihr nicht bereit seid, Vernunft anzunehmen, muss ich Euch die Ausfahrten untersagen.« Der übliche Streit, die üblichen Drohungen!

Sophie Dorothea ist empört, fühlt sich gedemütigt. In der Nacht macht sie ihrem Ärger Luft, indem sie sich in einem Brief an ihren hannoverschen Sekretär von Bar über den kleinlichen Schlosskommandanten beklagt:

»Die Statthalter des Kurfürsten werden nicht müde, mir vor Augen zu führen, dass ich nicht mehr bin als eine Gefangene – schuldbeladener als jede Giftmischerin.«

* * *

Am 27. September 1714 endlich kann die Reisegruppe aus Hannover in See stechen. Georg Ludwig begibt sich in dem kleinen Hafenstädtchen Maaslandssluys mit seinem engsten Kreis auf die »Peregrine«, begleitet von Melusine und Sophie-Charlotte. Die Staatsjacht soll eine schnelle Überfahrt garantieren. Der Rest der Gefolgschaft verteilt sich auf sechs weitere Segelschiffe – darunter die »William and Mary«, auf der Kurprinz Georg August Platz findet. Dann werden auch schon die Anker gelichtet und die Segel gehisst. Jedes Schiff wird mit Salutschüssen verabschiedet.

Und das Wummern hält an. Die gesamte Seereise ist von Kanonendonner untermalt; vom Ufer und von vorbeifahrenden Schiffen kommen die krachenden Ehrbezeugungen. Dass die königliche Flotte nicht etwa von feindlichen Kanonen beschossen wird, sollen elf englische und acht holländische Kriegsschiffe sicherstellen, die die Überfahrt in angemessener Entfernung begleiten. Zur Begrüßung lassen auch sie ihre Kanonen knallen.

Der Wind steht günstig. Die Flotte kommt gut voran und nähert sich schon am Morgen des 28. September der englischen Küste.

Schließlich ist der Hafen von Harwich in Sichtweite. Georg Ludwig ballt die schweißnassen Hände zu Fäusten und bemüht sich gleichmäßig und ruhig zu atmen, um nichts von seiner inneren Erregung nach außen dringen zu lassen. Gern wäre er in Harwich schon von Bord gegangen, um von hier aus auf dem Landwege so unauffällig wie möglich nach London zu reisen. Aber von Bothmer hat ihn mit Nachdruck darauf hingewiesen, dass er es als künftiger König der britischen Nation schuldig sei, in Greenwich an Land zu gehen, um eine möglichst große Menschenmenge an seiner Ankunft teilhaben zu lassen.

Von einem Kastell an der Küste Suffolks steigt Rauch auf. Feuer? Der Kapitän schüttelt lächelnd den Kopf und reicht seinem berühmten Passagier das Fernglas. Der Rauch steigt aus Kanonenrohren, aus denen sich auch hier Salutschüsse gelöst haben. Dann ist wieder das ferne Donnern zu hören, das nun für den Rest der Seereise nahezu ununterbrochen anhalten wird. Auch Freudenfeuer und Raketen grüßen die Hannoveraner von den Küsten Englands. Entzückt weist Melusine ihren Freund immer wieder auf die bunten Lichtblitze über dem Wasser hin. Doch der, dem dieses Feuerwerk gilt, nickt nur bedächtig. Als die Flotte die Themsemündung bei Gravesend erreicht hat, ist dicker Nebel aufgezogen, so dass sich die Weiterreise um viele Stunden verzögert.

Erst im Laufe des nächsten Tages, einem Sonnabend, hebt sich der graue Schleier. Georg Ludwig, der Kronprinz und sein Gefolge können in die königlichen Barken umsteigen, die gekommen sind, um die Hannoveraner auf der Themse nach Greenwich zu bringen. Jedes der Boote wird von zwölf Matrosen in bunter Livree gerudert, während die Menschen am Flussufer jubeln, winken und Fahnen schwenken.

Um sechs Uhr abends geht der hannoversche Kurfürst an der gleichen Anlegestelle in Greenwich an Land wie bei seinem ersten Englandbesuch vor vierunddreißig Jahren. Damals blieb seine Ankunft nahezu unbemerkt. Jetzt erwartet ihn eine dichtgedrängte lachende Menge. Die Kirchenglocken läuten, die Kanonen donnern und die versammelten Menschen überbieten sich mit Hochrufen in diesem hügeligen Hafenstädtchen, das Jakob II. durch die Gründung eines Observatoriums zum Scheitelpunkt der Welt gemacht hat. Es herrscht ein unglaubliches Geschiebe. Jeder möchte dem König nahe kommen und möglichst seine Hand küssen – egal ob Whigs oder Torys. Sie sind bereit, sich vor ihm in den Matsch zu werfen.

Doch Georg Ludwig ist von der langen Seereise viel zu ermüdet und erschöpft, um all die Huldigungen entgegenzunehmen, er bittet in dürren Worten um Verständnis und begibt sich auf schnellstem Wege in das mächtige Bett, das für ihn im Königspalast in Greenwich bereitsteht.

Am folgenden Tag, einem Sonntag, hält der neue Monarch bereits seine ersten Audienzen auf englischem Boden. Die Andeutung eines Lächelns huscht über sein Gesicht, als Admiral Marlborough, dieser alter Weggefährte, ihm seine Aufwartung macht. »Mein Herzog«, raunt er ihm zu. »Ich hoffe, Ihre Schwierigkeiten haben jetzt ein Ende.« Auch den führenden Repräsentanten der Whigs schenkt er seine Aufmerksamkeit. Frostig, fast abweisend tritt er dagegen den Politikern entgegen, die ihm als Angehörige der Torys vorgestellt werden. Dieses Misstrauen bekommt vor allem der Graf von Oxford zu spüren, der unter Queen Anne bis kurz vor deren Tod das wichtigste Regierungsamt bekleidet hatte. Oberhofmeister Lionel Dorset kündigt den Schatzkanzler mit den Worten an:»Vor Ihnen steht der Earl of Oxford, von dem Eure Majestät schon gehört haben müssen.« Der verlegene König erlaubt dem Grafen zwar einen Handkuss, wendet sich aber gleich ab.

Oxfords Nachfolger im Amt des Schatzkanzlers, Lord Bolingbroke, hat sich erst gar nicht auf den Weg nach Greenwich gemacht – der hannoverfeindliche Tory-Politiker hat bereits von seiner Entlassung erfahren.

Während der neue König den ganzen Tag über im Palast huldvoll die Hand ausstreckt, französische Höflichkeitsfloskeln austauscht und in erlauchter Gesellschaft diniert, versammelt sich vor dem Palast eine wachsende Menge, die darauf drängt, ihren neuen König und dessen Sohn zu sehen. Und der Hannoveraner, den wir zum letzten Mal Georg Ludwig nennen, kommt diesem Drängen nach und zeigt sich mit Georg August am Fenster.»Seine Majestät und der Prinz waren so gnädig, sich einige Zeit am Fenster zu zeigen, um das ungeduldige Interesse ihrer ihn liebenden Untertanen zu befriedigen«, wird später eine Zeitung schreiben.

Am nächsten Tag schließlich hält der neue Herrscher Einzug in London. Die Septembersonne strahlt wie lange nicht an diesem Montag.»Königswetter«, jubeln die Journale.

Gegen zwei Uhr am Nachmittag nimmt am Greenwich Park eine Prozession ihren Verlauf, wie man sie in England bisher noch nicht erlebt hat. Im Unterschied zu früheren Aufmärschen zu Ehren einer neuen Majestät handelt es sich diesmal nicht um eine Militärparade. An dem imposanten Aufzug nehmen neben berittenen Offizieren die Vertreter aller einflussreichen Schichten der Nation teil. Der Zug wird angeführt von zweihundert sechsspännigen Kutschen des Landadels, gefolgt von den Angehörigen etlicher Ritterorden in ihren Karossen – geschmückt mit Standarten, die in Ehrerbietung für den neuen König in der Welfenfarbe Gelb gehalten sind. Dabei ist den Teilnehmern wohl bewusst, dass sich diese Farbe nur in Nuancen von dem Orange unterscheidet, mit dem der letzte König von England traditionsgemäß verbunden war, der aus dem Ausland kam: Wilhelm III.

Je weiter die Parade voranschreitet, desto höher der Rang der Teilnehmer. Hinter den Ordensrittern fahren die Generäle in ihren Festtagsuniformen auf, dahinter hoch zu Ross der niedere Adel, gefolgt von den jüngeren Söhnen der Barone und Viscounts, den Vertretern der höchsten Gerichte, den ältesten Söhnen der Barone und Viscounts, den jüngeren Söhnen der Grafen, der Barone, der Viscounts und den Grafen selbst, den Söhnen der Herzöge, dem Sprecher des Unterhauses, den Hofbeamten in vollem Ornat, den festlich gewandeten Bischöfen, Herzögen, Mitgliedern des Oberhauses und der Regierung sowie – als herausgehobener Glanzpunkt in besonders prunkvoller Kutsche – dem Erzbischof von York. Aus unerklärlichen Gründen fehlt nur der Erzbischof von Canterbury, der höchste geistliche Würdenträger Großbritanniens.

Der lange Zug besteht ausschließlich aus Männern. Frauen haben ebenso wenig das Recht sich einzureihen wie Bauern, Metzger, Bäcker oder Hausierer. Dem einfachen Volk bleibt nur die Möglichkeit, sich am Straßenrand aufzubauen und für den herrschaftlichen Zug ein Spalier zu bilden.

Der neue König Georg I. landet in Greenwich bei London 1714

117

Im Mittelpunkt all des Glanzes präsentieren sich am Ende der langen Prozession der neue König und sein Sohn in einer riesigen gläsernen Kutsche, geschmückt mit Goldbeschlägen und dem königlichen Wappen. Die Staatskarosse wird von acht prächtigen Rössern gezogen und von festlich gekleideten Postillionen gelenkt. Als Ehrenbegleitung thronen auf den Vordersitzen der Herzog von Northumberland und Graf Lionel Dorset, der dem neuen König als Oberhofmeister dienen wird.

Der noch ungekrönte König ist überwältigt, müht sich aber, majestätische Contenance zu wahren. Georg I. lehnt sich etwas vor und verbeugt sich immer wieder mit einem leichten Nicken vor der jubelnden Menge, indem er die rechte Hand aufs Herz legt. Sein Blick bleibt ernst.

Das Lächeln übernimmt der neben ihm sitzende Kronprinz. Georg I. hat seinem Sohn die Order erteilt, die Huldigungen der Menge keinesfalls mit einem Nicken zu erwidern. Dies soll allein dem König vorbehalten bleiben. Georg August muss sich damit begnügen, aufrecht neben seinem Vater zu sitzen – und zu lächeln.

Unmittelbar hinter der königlichen Kutsche rollen die Karossen mit den Vertrauten aus der hannoverschen Gefolgschaft Georgs I. Dazu zählen selbstverständlich auch die beiden Damen, die im Vereinigten Königreich bereits durch satirische Schriften und Karikaturen zu zweifelhaftem Ruhm gelangt sind: Melusine von der Schulenburg und Sophie Charlotte von Kielmannsegg. Beide gelten als Mätressen des neuen englischen Königs und müssen sich manchen Spottruf gefallen lassen. »Hey, ihr Hübschen«, wird ihnen zugerufen. Von weniger rücksichtsvollen Schaulustigen werden die Damen aus Hannover auch unter dem Gelächter der Menge als »Nutten« und »Huren« verhöhnt. Zum Glück verstehen sie kein Englisch. Und das allgemeine Bild, das sich ihnen am Straßenrand bietet, drückt vor allem überschwänglichen Jubel aus. Das feindselige Feixen geht darin unter.

Überall entlang der Route sitzen Jungen und junge Männer in den Bäumen, winken mit Fahnen und rufen »God save the King« (Gott schütze den König).

Als der Zug schließlich London erreicht, lösen sich vom Tower Kanonenschüsse. In Southwark kommt es zu einem kleinen Zwischenaufenthalt, weil der Bürgermeister von London, der in Begleitung etlicher Stadtväter erschienen ist, einige Worte an den neuen König richten möchte. Die Worte summieren sich zu einer langen Rede, die vom Protokollführer des Bürgermeisters verlesen wird: »Die Bürger der Stadt London haben Euer Gnaden bereits mit größter Ungeduld erwartet«, lässt das Stadtoberhaupt mitteilen. »Es ist für uns ein unschätzbarer Segen, mit der Gegenwart Eurer Königlichen Hoheit beschenkt zu werden, und wir schätzen uns überglücklich, nach so langer Zeit wieder einen Prinzen an der Seite unserer Majestät zu sehen.«

Georg I. neigt nur pflichtschuldig den Kopf und stößt von Zeit zu Zeit ein wohlwollendes Grunzen aus, während er mit bedächtiger Miene dem langen Vortrag lauscht, von dem er fast kein Wort versteht. Denn selbstverständlich spricht der Bürgermeister von London Englisch.

Doch als sich dann der Zug langsam und stockend über die London Bridge bewegt, die City durchquert und die St Paul's Kathedrale erreicht hat, muss der König aus Hannover kein Englisch verstehen, um die Botschaft der Hymne zu ermessen, die ihm hier aus viertausend Kinderkehlen entgegenschallt:

»God save our gracious King,
Long live our noble King,
God save the King!
Send him victorious,
Happy and glorious,
Long to reign over us;
God save the King!
O Lord, our God arise,
Scatter his enemies
And make them fall;
Confound their politics,
Frustrate their knavish tricks,
On Thee our hopes we fix,
God save us all«!

Rührung, tiefe Rührung erfasst in diesem Augenblick den Mann in der gläsernen Kutsche, und wenn er kurz zuvor das neue Amt noch als entsetzliche Bürde mit schier unlösbaren Aufgaben empfunden hat, so erfüllt in diesem Augenblick erstmals so etwas wie Dankbarkeit seine Brust und er muss unwillkürlich daran denken, was seine Mutter gefühlt haben würde.

Während die Glocken von St. Paul's läuten, setzt sich der Zug allmählich wieder in Bewegung, und Georg I. sieht, wie die Menschen in den vornehmen Bürgerhäusern auf den Balkonen oder hinter den weit geöffneten Fenstern stehen, mit Fahnen winken, Jubelrufe ausstoßen, Blumen auf die Straße werfen. Die Springbrunnen der Stadt entbieten ihren Gruß mit besonders hohen Fontänen. Die Polizei hat sorgsam darauf geachtet, dass keine zerlumpten Kinder oder ausgemergelten Frauen und Greise zur Königsroute vordringen, so dass Seiner Majestät der Anblick des Elends in dieser brodelnden Metropole vorerst erspart bleibt.

Erst gegen acht Uhr abends, die Dunkelheit hat sich bereits über London gesenkt, erreicht der lange Zug den St. James Park und damit sein Ziel. Georg I. kann nun endlich mit seinem Gefolge seine Residenz beziehen, den St. James Palast, dieses rotbraune Backsteingemäuer mit seinen Zinnen und Türmen, das eher etwas von einer Trutzburg hat als von einem herrschaftlichen Schloss.

Die Jubelfeiern sind damit aber noch längst nicht zu Ende. Bis tief in die Nacht hinein brennen die Freudenfeuer.

Zwischen all dem fröhlichen Treiben kommt es aber in den frühen Morgenstunden auf der Straße vor dem St. James Park zu einem Zwischenfall mit blutigen Folgen. Der Streit nimmt seinen Ausgang, als Lord Aldworth, Parlamentsabgeordneter der Torys, von Leutnant Chudleigh, einem leidenschaftlichen Parteigänger der Whigs, als »Jakobit« beschimpft wird – als Feind des hannoverschen Königs und Anhänger des »Pretenders« in Frankreich also. Beide haben dem Wein reichlich zugesprochen, dennoch verfügt Lord Aldworth noch über genügend Geistesgegenwart, um zu erkennen, welche unverschämte Beleidigung ihm da gerade entgegengeschleudert worden ist. Der Tory-Abgeordnete beschimpft den Leutnant als »dreckigen Hurensohn« und fordert ihn auf, sich unverzüglich für die »gemeine Beleidigung« zu entschuldigen. Doch nun gerät der als »Hurensohn« angesprochene Offizier in Rage und bekräftigt seine Beschimpfung, statt sich zu entschuldigen. Der Streit spitzt sich derart zu, dass beide nur noch die Chance sehen, die Sache mit einem Duell zu bereinigen.

Begleitet von ihren Sekundanten kreuzen die Streithähne wenige Stunden später in den Marylebone Fields die Klingen. Lord Aldworth bleibt auf der Strecke. »Kein Wunder«, höhnt ein hannoverfreundlicher Zeitgenosse. »Der Mann hat doch nur Pudding in den Armen gehabt.«

* * *

Hoffnungsschimmer

Oktober 1714, Ahlden. Regenschwere Wolken verdüstern die Allermarsch. Obwohl es erst auf sechs Uhr zugeht, ist es im Schloss schon so dunkel, dass die Kerzen und Öllampen angezündet werden müssen. Das Kaminfeuer brennt bereits seit dem Morgen. Die kalte Jahreszeit wirft ihre Schatten voraus. Die Tage werden kürzer, trüber und kühler. Schweren Herzens blickt Sophie Dorothea aus dem Schlossfenster, lässt den Blick über die dunstigen Wiesen schweifen. Bald schon, geht es ihr durch den Kopf, wird die Aller wieder über die Ufer treten und die Marsch mit Hochwasser überziehen, sodass alle Verbindungen zur Außenwelt abgeschnitten sind.

Gleichzeitig ist ein Hoffnungsschimmer in ihr aufgekeimt. Ihr neuer Freund von Bar hat ihr im letzten Brief mitgeteilt, dass der Kurfürst nun endlich nach England aufgebrochen ist, um dort als König zu regieren. Hat sich damit die Situation nicht grundlegend geändert? Warum soll sie länger in der Verbannung verbringen? Wem könnte ihre Anwesenheit in Celle oder Hannover noch schaden? Sie beschließt, ihrem früheren Ehemann zu seinem wunderbaren Aufstieg zu gratulieren und noch einmal seine Vergebung zu erbitten.

* * *

Auf dem Thron

In den Gemächern einer Toten

12. Oktober 1714, London. »Was für ein Zirkus! Mir scheint, die verhöhnen mich mit ihrem Mummenschanz. Dieser ganze Zinnober und verstaubte Flitter! Was soll das? Wie eine Mischung von italienischer Komödie und schwarzer Messe kommt mir das alles vor. Wenn ich schon diese Zeremonienmeister und Ordensritter mit ihren komischen Schwertern und Zeptern sehe! Ich träume schon von diesen Gestalten. Mein Gott, ich habe immer mehr das Gefühl, dass sie mich hier zur Witzfigur machen.«

Georg ist außer sich. Zum dritten Mal hat ihm der Oberhofmeister den Ablauf der bevorstehenden Krönungszeremonie in Westminister Abbey erläutert, zum dritten Mal die Antworten mit ihm einstudiert, die er auf die traditionellen Fragen des Erzbischofs von Canterbury zu geben hat – selbstverständlich auf Englisch, einer Sprache, die ihm immer noch fremd ist. Daraufhin hat er sich erschöpft in sein Privatgemach zurückgezogen, entnervt seine Perücke in die Ecke geschleudert und Mustafa gebeten, ihm ein Bier zu bringen, hannoversches Schwarzbier! Als Bernstorff erscheint, um ihm mitzuteilen, dass auch der Lordkämmerer noch Details der Zeremonie zu besprechen wünscht und die Roben anprobiert werden müssen, explodiert der König. Der aufgestaute Ärger, der Überdruss über »dieses ganze Brimborium«, wie er es nennt, bricht aus ihm heraus wie Donnerschläge bei einem schweren Gewitter. »Was für Roben? Was bilden sich diese lächerlichen Hofschranzen eigentlich ein?«, zetert er. »Ich bin doch kein Komödiant. Sollen sie sich einen Hofnarren für ihr Theater suchen!«

Bernstorff, der zu den wenigen gehört, die sein Vertrauen genießen, seufzt. »Ich verstehe Euch vollkommen, Majestät«, entgegnet der vornehme Herr mit der schwarzen Allongeperücke und den immer etwas kalt blickenden Augen mit ergebenem Kopfnicken. »Aber die Briten hängen an ihren Zeremonien. So machen sie es schon seit Jahrhunderten und wir müssen uns wohl oder übel darauf einstellen.

Dabei solltet Ihr Euch immer vor Augen führen, welch große Ehre Euch hier zuteil wird – was es ihnen bedeutet, einen König zu krönen. Sie wollen Euch ihren Respekt bekunden, auf ihre altertümliche Weise. Und ich bin sicher, sie werden Euch nicht nur respektieren, sie werden Euch auch lieben.«

Georg schüttelt den Kopf. »Dass ich nicht lache! Sie werden mich ganz sicher nicht lieben. Ich werde für sie immer der Kurfürst aus Hannover bleiben, der sich auf ihrem Thron breitmacht und ihr Land ausplündert. So schreiben sie doch in ihren unverschämten Journalen! Bothmer hat mir erst gestern wieder gezeigt, was diese Schmierfinken in ihren Blättern über uns verbreiten. Das Schlimme ist, dass sie auch die Gräfin von Schulenburg und die Baronin von Kielmannsegg in den englischen Schmutz ziehen. Wie haben sie sie genannt? Maibaum und Elefant! Die eine groß und die andere fett! Und dazu diese respektlosen Zeichnungen! Als 'Huren' haben sie die Damen in den Zeitungen verhöhnt, Dinge in die Welt gesetzt, die so empörend falsch und niederträchtig sind, dass es mich sprachlos vor Zorn macht. Ich schäme mich vor meinen Kindern. Man sollte sie alle einsperren lassen. Auf jeden Fall muss man ihnen ihr schändliches Tun verbieten.«

»Das geht leider nicht, Majestät. Dieses Land hält sich sehr viel auf seine freie Presse zugute. Die Gesetze geben den Schriftstellern und Zeitungsleuten große Freiheit, und die Lords in den Parlamenten und Parteien nutzen die Schreiber und Zeichner, um auf ihre Gegner einzuschlagen.«

»Wollt Ihr mir weismachen, dass hier auch Majestätsbeleidigung mit dem Gesetz vereinbar ist?«

»Es scheint so, aber wir werden es prüfen lassen und sehen, ob es nicht vielleicht möglich ist, die Gesetze in unserem Sinne ändern zu lassen.«

»Dann wird es wieder heißen, dass die Ausländer Recht und Gesetz beugen und zur alten Tyrannenherrschaft zurückkehren wollen. Es ist ja noch gar nicht so lange her, dass sie einen König aus dem Land gejagt haben, weil er sich ihren Parlamenten und Parteien widersetzt hat. Sie schwärmen doch immer noch von ihrer 'glorreichen Revolution'.«

»Ihr habt recht, Durchlaucht, wir müssen vorsichtig sein. Ihr solltet diese Schmierereien also am besten gar nicht beachten. 'Damit muss man hier leben', hat mir Marlborough gesagt. Und Marlborough ist ein alter Fuchs, wie Ihr wisst.«

Georg trinkt einen Schluck Bier und lehnt sich mit einem erschöpften Ächzen zurück. »Wahrscheinlich habt Ihr recht. Wir haben unsere Freiheit gegen Paläste und Kronjuwelen eingetauscht, und überall lauern Fallstricke, überall.«

Der König tupft sich resigniert die Schweißperlen von der Stirn und starrt einen kurzen Moment aus dem Fenster auf den bereits dunklen Park. »Dieser Advokat aus Mantua gibt scheinbar auch keine Ruhe.«

»Verzeihung, Eure Majestät. Advokat aus Mantua? Wovon sprecht Ihr?«

»Von dem Italiener, dem Ihr gestern eine Audienz bei mir verschafft habt. Heißt er nicht Sabbatino? Egal. Dieser Mensch erdreistet sich auf jeden Fall, mich mit dieser alten unseligen Geschichte unter Druck zu setzen, Ihr erinnert Euch.«

Bernstorff gibt mit gedankenschwerem Nicken zu erkennen, dass er die Andeutung versteht. »Das ist in der Tat delikat. Was wollte der Kerl?«

»Der Mensch will Hoflieferant werden – die britische Krone mit Wein aus Italien beliefern, der doppelt, ja dreimal so teuer ist wie der Wein aus Frankreich oder von der Mosel. Es ist eine einzige Unverschämtheit! Und der Mensch entblödet sich nicht, durchblicken zu lassen, dass wir mit dem überhöhten Preis auch für sein Schweigen bezahlen, Ihr versteht.«

Bernstorff reibt sich das Kinn. »Ich verstehe. Wir müssen gut überlegen, was wir tun können. Ich gebe zu, dass ich mir Sorgen mache. Die Zeitungsschreiber hier in London warten doch nur darauf, dass sie Futter bekommen. Und wenn dieser Weinhändler sie mit seinen Skandalgeschichten beliefert, könnte sich das sehr ungünstig auf die öffentliche Stimmung auswirken. Sehr ungünstig!«

Georg hebt mit verzweifelter Triumphgeste die Hände. »Seht Ihr, so ist es um die öffentliche Meinung in diesem Land bestellt, und Ihr wollt mir weismachen, dass sie mich lieben. Aber genug. Ich bin müde und hungrig.«

Die vergangenen Tage sind anstrengend gewesen. Die Audienzen wollten kein Ende nehmen. All diese Lords und Peers, diese Earls und Dukes, die sich mit Komplimenten überbieten, in Wirklichkeit aber nur um die lukrativsten Posten wetteifern und ihren Vorteil suchen! Schmeichler! Blender! Speichellecker! Immer mehr beschleicht Georg das Gefühl, dass er in seinem Reich niemandem trauen kann, nicht einmal den Angehörigen dieser Whigs-Partei, die immer betonen, wie lieb und teuer ihnen die Hannoveraner sind. Und dann diese endlose Reihe der Hofbeamten, die sich ihrem neuen König vorstellen wollen: der Großkämmerer, der Oberhofmeister, der Hofmarschall, der Lordsiegelbewahrer, der Oberstallmeister, die Kammerherren und Höflinge mit ihren unterschiedlichen Spezialaufgaben, die Hofdamen, die Leibgardisten, die Getlemen-at-Arms, die mit ihren karminroten Uniformen, goldenen Tressen und Litzen als Ehrenwache zumindest etwas Farbe ins Schloss bringen, die Hofmusiker, die Trompeter, die Kesselpauker, die Tambourmajore, die Wasserleute, denen die Aufgabe zufällt, das Galaboot des Königs zu rudern, der Obermundschenk, der Küchenmeister, Zuckerbäcker, Oberhofmaler, Waffenmeister, die Hofdichter, Wundärzte, Schriftmaler, Dechiffrierer, Siegelschneider, Spielkartenmacher, der Garderoben-Intendant, der Rattentöter, der Maulwurfsfänger.

Georg schwindelt von all den beeindruckenden Titeln und Kurzdarstellungen der Tätigkeitsfelder, die immer mühsam vom Englischen ins Französische übersetzt werden müssen.

Er hat zwar zahlreiche Vertraute aus seinem hannoverschen Hofstaat mit nach London genommen, kann das Personal von Königin Anne aber nicht einfach vor die Tür setzen. Natürlich sind die meisten der Domestiken aus Hannover nur auf Zeit mit an die Themse gekommen, doch von etlichen will er sich keinesfalls trennen. Wie etwa soll er mit dem englischen Oberstallmeister verfahren? Das gleiche Amt bekleidet bereits Kielmannsegg, der Gatte seiner Halbschwester Sophie-Charlotte. Den kann er unmöglich nach Hannover zurückschicken. Auch von Mehmed und Mustafa will er sich keinesfalls trennen. Die beiden umsorgen ihn in seinem engsten Intimbereich. Keinesfalls will er englischen Kammerherren Zugang zu seinen Privatgemächern gewähren, keinesfalls!

Im Übrigen haben sich die Privatgemächer seit dem Tod von Königin Anne kaum verändert: dieselben Seidentapeten, die gleichen Spiegel und nahezu die gleichen Bilder. Georg hat sich lediglich erlaubt, zwei Gemälde durch die Porträts seiner Eltern zu ersetzen. Auf diese Weise ist die hannoversche Kurfürstin Sophie doch noch in den englischen Königspalast eingezogen.

Außer den Bildern hat der neue Bewohner nur ein Prunkbett, einen Sessel, einen Spiegeltisch und einen Sekretär für sich anschaffen lassen. Das restliche Mobiliar stammt aus der Ära Queen Annes: Kommoden, Schränke und Sekretäre aus Palisander und Mahagoni mit edelsteinbesetzten Intarsien, kunstvoll gedrechselte Stühle und Tische, Standuhren mit Goldrahmen und Juwelen. Dies alles wirkt sehr viel prunkvoller und eleganter als das vergleichsweise schlichte und wuchtige Mobiliar aus Eiche und Nussbaum in Hannover.

Gleichzeitig geht von den zumeist dunklen Möbeln, Vorhängen und Tapeten jedoch auch eine tiefe Schwermut aus. Immer wieder muss der neue Schlossherr daran denken, dass er ja das Sterbelager seiner Amtsvorgängerin bezogen hat. Schon vor dem Ende der Königin waren Krankheit und Tod ständige Gäste in diesen Räumen – all die kleinen Prinzen und Prinzessinnen, die gestorben sind, ehe sie laufen konnten – die meisten bereits im Leib ihrer Mutter, und dann der kleine William, elf Jahre alt war er, als ihn der Sensenmann holte.

All der Schmerz, all die Trauer, all die Todesqualen scheinen in dem vornehmen, aber düsteren Interieur ihren Niederschlag gefunden zu haben, mag man auch noch so viel lüften und putzen.

Nein, der neue König hat fest vor, sich nach und nach von dem niederdrückenden Interieur zu befreien, ein behaglicheres Ambiente zu schaffen. Aber damit hat es noch Zeit. Der Schlossherr wird von so vielen Fragen und Problemen bestürmt, dass an eine Neueinrichtung seiner Privatgemächer vorerst nicht zu denken ist.

Sein Abendessen pflegt er ohnehin im Privatgemach Melusines einzunehmen. So ist es auch an diesem Tag vorgesehen.

Auf dem Weg dorthin durchquert er wie üblich den Rittersaal. An der langen Wand hängen die Porträts seiner Amtsvorgänger: alle englischen Könige und Königinnen seit dem frühen Mittelalter – ernste, nicht besonders glücklich wirkende, meist selbstgefällig dreinblickende Herrscher in den Gewändern ihrer Zeit. Wenn Georg sein neues Amt auch nach wie vor als schwere Last empfindet, so beschleicht ihn angesichts all dieser Mächtigen doch so etwas wie Stolz. Denn es ist sicher, dass irgendwann die Reihe der Majestäten durch sein eigenes Bild erweitert werden wird.

Wie gewohnt nehmen auch seine drei Töchter an der Tafel teil, die als Melusines Nichten in England eingeführt worden sind: Anne Luise, Melusine und Gertrud, genannt Trudchen, die mit 13 Jahren die jüngste außereheliche Tochter des Königs ist. Der Anblick der drei jungen Damen wärmt ihm das Herz. Zu den vertrauten Gesichtern beim Abendessen zählen neben Melusine auch seine Halbschwester Sophie-Charlotte sowie deren Mann Johann Adolf von Kielmannsegg. Georg lobt das Essen, das nach wie vor von deutschen Köchen zubereitet wird. Tauben, Rehrücken und Karpfen werden serviert, dazu Trüffeln und Pilze, etliche Vorspeisen und köstliche Desserts. »Das ist doch etwas Anderes als dieser englische Fraß«, scherzt der König ungewohnt leutselig und berichtet, dass der Herzog von Marlborough ihm einen Ochsenbraten aufgetischt habe, der noch ganz blutig gewesen sei.

»Diese Engländer sind überhaupt merkwürdige Gesellen«, schließt Sophie-Charlotte an. Und da der König beunruhigt nachfragt, wie sie darauf komme, berichtet die Baronin verschämt von einem Zeitungsbericht, den ihr eine englische Hofdame beschafft und ins Französische übersetzt habe. »Es ist wirklich infam«, beginnt sie. »Sie schreiben, ich sei Eure Mätresse. 'Der König teilt sein Bett mit seiner Halbschwester', steht in diesem Blatt.«

Georg verschlägt es den Appetit. »Das ist ungeheuerlich«, kommentiert er. »Man muss den Schmutzfinken das freche Maul stopfen. Mag mir Bernstorff noch so viel von freier Presse erzählen, solche Lügen und Beleidigungen müssen wir uns nicht gefallen lassen. Das geht zu weit.«

Damit ist der Damm gebrochen. Auch Melusine weiß von beleidigenden Zeitungsberichten zu erzählen: »'Hässliche Schlampen' nennen sie uns. Meine Kinder verhöhnen sie als 'königliche Bastarde'. Die Prinzessin von Celle dagegen stellen diese Schreiberlinge wie eine Heilige dar. Sie sei von ihrem bösen, unbarmherzigen Gatten in die Verbannung geschickt worden, damit der ungehemmt seine Geliebten besteigen könne, schreiben sie. Das ist doch wirklich unverschämt.«

Georg tupft sich mit der Serviette den Mund ab, trinkt einen

Schluck Rotwein und beendet das Mahl mit dumpfem Schweigen. Seine zuckenden Gesichtsmuskeln lassen erahnen, wie es in ihm rumort. Kielmannsegg müht sich, seinen Herrn zu trösten. »Ihr dürft Euch das nicht so zu Herzen nehmen, Majestät. Es gibt auch Berichte, in denen Ihr als weiser und gerechter Herrscher gerühmt werdet – gar nicht zu reden von Euerm Sohn! Oh ja, der Kronprinz wird von den Zeitungsleuten wie ein strahlender Held gefeiert. 'Der Mut des jungen Hannoveraners überstrahlt unser Königshaus', hat einer von denen geschrieben.«

Georg enthält sich eines Kommentars und mahlt mit den Kiefern, ohne etwas im Mund zu haben. Das Schweigen lässt nicht eben auf Begeisterung schließen.

Der Oberstallmeister aber ist so berauscht von seiner eigenen Erzählung, dass ihm das Stirnrunzeln Seiner Majestät entgeht. »Sie feiern ihn immer noch als Helden der Schlacht von Oudenarde, Ihr habt allen Grund stolz zu sein. Einer von diesen Dichtern hat sogar einen Hymnus über den Kronprinzen geschrieben. Wartet, ich habe den Text mitgebracht.« Und ohne zu bemerken, dass der König keinerlei Interesse an dem Lobgesang auf seinen Sohn zeigt, bittet der Baron einen Kammerherrn, den Hymnus zu verlesen und auch gleich zu übersetzen:

»Not so did behave young Hanover brave
On this bloody field, I assur ye;
When his war-horse was shot, he valued it not,
But fought still on foot like a fury.«

Der König gibt mit mürrischem Räuspern zu verstehen, dass er genug gehört hat. »Verzeiht, meine Herrschaften, ich bin müde.« Damit ist das Abendessen beendet.

* * *

Die Krönung

20. Oktober 1714, Westminster Abbey. Der Moment ist gekommen. Ein neuer Heros betritt die Bühne der Weltgeschichte. Der Kurfürst aus Hannover ist mit seinem Gefolge in Westminster Abbey eingezogen, um den englischen Thron zu besteigen. In der gleichen überlieferten Zeremonie wie all die Großen in der Geschichte Englands zuvor, umgeben von der düsteren und zugleich grandiosen Pracht dieses mittelalterlichen Gotteshauses, das in seinem Labyrinth von Gräbern die Gebeine seiner Amtsvorgänger birgt.

Alles, was Rang und Namen hat im Vereinigten Königreich, ist unter dem mächtigen Gewölbe der siebenhundert Jahre alten Abtei mit den riesigen Türmen und monumentalen Seitenflügeln zusammengeströmt, um dem neuen König seine Referenz zu erweisen: die Herzöge und Grafen in ihren purpurfarbenen Samtroben und Hermelinumhängen, die Landlords und Barone, die höchsten Hof- und Protokollbeamten wie der Lordkämmerer, die Träger der Schwerter oder die hohen Vertreter des Wappenamtes, die Mitglieder der Regierung, die Angehörigen des Oberhauses, die führenden Repräsentanten des Unterhauses, die Gouverneure aus den Kolonien, die Oberhäupter der Kirche mit dem Erzbischof von Canterbury an der Spitze, der die Krönungszeremonie, wie seine Vorgänger seit Jahrhunderten, leitet.

Das Hüsteln und Wispern, das Rascheln und Füßescharren der Mächtigen verdichtet sich zu einem Rauschen, das in Wellen durch die gesamte Abtei hallt und die erwartungsvolle Spannung ebenso zum Ausdruck bringt wie die Ehrfurcht gegenüber dem Amt, das hier neu besetzt werden soll. Der modrige Geruch des alten Mauerwerks mischt sich mit den feinen Parfüms des hochherrschaftlichen Publikums.

Eine strenge Sitzordnung lenkt die Schritte der Eintretenden. Die vornehmsten Ehrengäste nehmen im westlichen Chorgestühl Platz. Das südliche Querhaus ist dem männlichen Adel vorbehalten, das nördliche Querhaus den Damen der britischen Aristokratie. Im Hochchor der Abtei erhebt sich ein Podest, »Theater« genannt, wo der Krönungsstuhl auf den neuen Monarchen wartet. Daneben, über dem Grab der Königin Anne von Kleve, befindet sich die Ehrenloge für die königliche Familie. Kronprinz Georg August, der sich jetzt »Prince of Wales« nennen darf, ist endlich wieder mit seiner Familie vereint. Karoline ist mit den drei Töchtern erst wenige Tage zuvor von Hannover nach London übergesiedelt. Der Kronprinz und seine Familie finden an diesem Tag ganz besondere Aufmerksamkeit. Es ist lange her, dass ein Prince of Wales bei einer Krönung zugegen war.

Doch im Mittelpunkt steht selbstverständlich der Vater des Prinzen. Seht: Begleitet von einer Ehrengarde der Gentlemen-at-Arms wird der neue Monarch nun zu seinem Platz geführt, dem Chair of Estate, dem Staatsstuhl. Der König ist bekleidet mit der Crimson Robe, einem purpurnen Gewand mit Hermelinumhang und langer samtener Schleppe.

Erst nachdem er Platz genommen hat, dürfen sich auch die übrigen Teilnehmer der Krönungszeremonie setzen. In einem feierlichen Akt werden zu Beginn die Kronjuwelen präsentiert. Selbstverständlich legt man dem König die Edelsteine nicht einfach in den Schoß. Dem Dekan von Westminster Abbey fällt die ehrenvolle Aufgabe zu, den königlichen Schmuck auf einem dafür vorgesehenen Samtkissen auf dem Hochaltar niederzulegen.

Doch das ist lediglich das Vorspiel des Vorspiels. Jetzt erheben sich die Repräsentanten der höchsten Kreise erst einmal und sprechen dem Monarchen in vorgegebenen Formeln ihre Anerkennung aus – darunter der Lordkanzler und der hohe Vertreter des Wappenamtes. Die Herren in den imposanten Roben nehmen an der Süd-, Nord-, Ost- und Westseite der großen Kirche Aufstellung und lauschen der traditionellen Frage des Erzbischofs von Canterbury:

»Meine Herren, ich zeige Euch hiermit Georg I., Euern unumstrittenen König. Wir sind hier zusammengekommen, um unsere Huldigung vorzunehmen und unseren Dienst zu tun. Sind Sie willig, dies zu tun?«

Die Antwort lautet: »Gott schütze den König.«

Die Segenswünsche, vorgetragen mit ernsten, festen Stimmen, hallen durch die Abtei, als kämen sie aus einer anderen Welt.

Während Georg I. sich nach allen Seiten dankend verbeugt, besiegeln Fanfarenstöße die feierliche Anerkennung.

Das Gesicht des Königs bleibt maskenhaft, wie versteinert wirkt sein Blick. Doch die Zweifel sind verflogen, kein Gedanke mehr daran, diese großartige Zeremonie als »Zinnober« abzutun. Nein, der Kurfürst aus Hannover ist bemüht, eine gute Figur zu machen, um sich der großen Ehre würdig zu erweisen. Bei all den Audienzen und Unterredungen der vergangenen Tage ist ihm immer deutlicher geworden, wie unermesslich groß das Reich ist, das ihn zu seinem König erkoren hat, groß und voller Abgründe.

Mit gut zwanzig Millionen Einwohnern ist Frankreich unter dem greisen Sonnenkönig zwar immer noch das bevölkerungsreichste Land Europas, und auch das österreichische Kaiserreich mit seinen zehn Millionen Untertanen übertrifft Britannien nach wie vor mit seiner Einwohnerzahl. Doch wenn im Vereinigten Königreich auch nur 8,5 Millionen Menschen leben, so ist es doch die mächtigste Seemacht der Welt. Denn Großbritannien beschränkt sich nicht auf England, Irland und Schottland, den drei Kronen; Großbritannien umspannt den ganzen Globus. Mit Kolonien und Handelsstützpunkten in Ostindien, Nordamerika, in der Karibik, in Afrika und Neufundland. Im Verlauf des Spanischen Erbfolgekrieges ist dem Commonwealth darüber hinaus unter anderem auch noch Gibraltar zugefallen, die so wichtige Brücke zwischen Europa und Afrika. Von Bombay bis zu den Bahamas, von Kalkutta bis Jamaika, von Menorca bis Pennsylvania, von New York bis Nairobi reichen die Einflusssphären. Die Kolonien machen Großbritannien reich. Über die Ostindien-Kompanie hat sich das Vereinigte Königreich eine Vormachtstellung im lukrativen Handel mit Gewürzen, Tee, Baumwoll- und Seidenstoffen erkämpft. Egal ob Tabak oder Rohrzucker, Kaffee oder Gold – die englischen Handelsschiffe liefern nahezu alles, was in Europa Geld bringt.

Die Royal African Company sichert der britischen Krone überdies das Monopol über den einträglichen Sklavenhandel. Zehntausende von Schwarzen werden Jahr für Jahr in Westafrika mit Schnaps und roher Gewalt gefangen, entführt, in Ketten gelegt, in stickigen Unterdecks zusammengedrängt übers Meer verschifft und in den amerikanischen Kolonien für gutes Geld verkauft. Wenn auch ein großer Teil dieser armen Menschen schon während der Überfahrt stirbt, so ist mit den Überlebenden immer noch so viel Profit zu machen, dass die Anteilseigner auf stattliche Gewinne hoffen dürfen. Auch das Vereinigte Königreich profitiert: Der Sklavenhandel erhöht das Steueraufkommen.

Dennoch ist es um die Staatsfinanzen schlecht bestellt. Die enormen Ausgaben während des Spanischen Erbfolgekrieges – unter anderem Subsidien an Hannover und Celle für die Überlassung von Truppen – haben riesige Löcher in den Staatshaushalt gerissen. Die Staatsschulden sind von sechs auf 54 Millionen Pfund angewachsen. Die Steuern sind bereits auf ein Rekordniveau angehoben worden. Die »Land Tax« zum Beispiel, die von den großen Grundbesitzern erhoben wird, liegt bei 20 Prozent.

Aber es reicht noch immer nicht. Der Staat ist gezwungen, sich Geld von seinen Bürgern und Handelsgesellschaften zu leihen. Anteilsscheine werden ausgegeben, die Ostindien-Gesellschaft avanciert zu einem der wichtigsten Kreditgeber des Staates. Zu den Schulden kommen damit aber nun auch noch die Schuldzinsen. Die Spirale dreht sich immer schneller, ein Ende ist nicht absehbar.

Doch Großbritannien ist nach wie vor reich. Im Vereinigten Königreich wird so viel Getreide, Baumwolle und Fleisch produziert, dass Tausende von Tonnen ausgeführt werden können.

Und das Land steht keineswegs vor dem Kollaps. Es erweist sich gerade in diesen Zeiten als vergleichsweise stabiler Rechtsstaat mit einem parlamentarischen System, das auf der Welt seinesgleichen sucht. Die größte Macht fällt dem »House of Lords«, dem Oberhaus, zu, in dem 179 Peers vertreten sind, die Repräsentanten des britischen Hochadels, die entscheidenden Anteil an der Gesetzgebung nehmen und ein Gegengewicht zum Hof bilden. Ebenfalls bedeutsam sind die Entscheidungen, die im »House of Commons«, dem Unterhaus, fallen, dem bürgerlichen Pendant zum Oberhaus. Hier vertreten 558 Abgeordnete die unterschiedlichen Distrikte des Vereinigten Königreiches – Geschäftsleute, Juristen, hohe Staatsbeamte, Gutsbesitzer. Das Selbstverwaltungsorgan ist ebenfalls am Gesetzgebungsverfahren beteiligt und regelt zudem die Verwaltung der Provinzen. Das Unterhaus entsendet auch ein gutes Dutzend Mitglieder in den »Privy Council«, den Geheimen Rat, der den König berät und die Stellung eines Regierungskabinetts innehat.

Von einer modernen Demokratie ist dieses parlamentarische System indessen weit entfernt. Das Oberhaus ist dem Hochadel vorbehalten und das Unterhaus repräsentiert lediglich die Oberschicht. Nur wer über ausreichend Grundbesitz und Einkommen verfügt, darf wählen. In den Grafschaften ist das aktive Wahlrecht an ein Jahreseinkommen von 600 Pfund gekoppelt, in den übrigen Bezirken muss man mindestens 300 Pfund im Jahr verdienen, um wählen zu dürfen.

Für die Masse der Briten sind das unvorstellbare Summen. Ein Maurer, der gut verdient, kommt auf 50 Pfund im Jahr. Das durchschnittliche Jahreseinkommen liegt bei 20 Pfund – und besonders in London ist das Leben teuer.

Die sozialen Unterschiede sind gewaltig. Viele Menschen kämpfen um die nackte Existenz, leiden Hunger, leben in ärmlichen Verschlägen unter unhygienischen Bedingungen und werden immer wieder Opfer von Pestzügen und anderen Epidemien. Die meisten Kinder sterben, bevor sie erwachsen sind, und nur wenige lernen Rechnen und Schreiben. Wer gar in einem Waisenhaus aufwächst, hat bestenfalls die Chance, sein Leben als Stallknecht, Stubenmädchen oder einfacher Soldat zu fristen.

Der Schriftsteller Jonathan Swift hat bereits den sarkastischen Vorschlag gemacht, die vielen neugeborenen Kinder in London zu Frischfleisch zu verarbeiten, um den Geburtenüberschuss von 120 000 Babys armer Eltern für die menschliche Ernährung zu verwenden.»Von einem sachverständigen Amerikaner ist mir versichert worden, dass ein junges, gut genährtes Kind im Alter von einem Jahr eine äußerst wohlschmeckende und bekömmliche Speise sei, gleichviel, ob geschmort, gebraten, gebacken oder gekocht«, schreibt der Autor von »Gullivers Reisen« in einem satirischen Zeitungsartikel. Der Schriftsteller John Gay zeichnet in seiner »Bettleroper« ein Gesellschaftsbild, das von Verbrechen und Prostitution beherrscht wird.

Auch die Herrschaft des englischen Königs über Irland und Schottland ist keineswegs so gefestigt, wie es nach außen hin scheint. Die Massaker, mit denen einst Oliver Cromwell die aufständischen Iren niederzwang, sind auf der grünen Insel unvergessen. Nicht nur in den Liedern ist der Widerstand gegen die verhassten Engländer lebendig. In Schottland hat nach wie vor James Eduard, der Sohn des vertriebenen Stuart-Königs James II., Verbündete. Der Pretender soll schon dabei sein, seine Anhänger im schottischen Hochland zu

König Georg I. im Krönungsornat

sammeln, um den König aus Hannover wieder aus dem Land zu jagen.

In Westminster Abbey ist an diesem 20. Oktober des Jahres 1714 selbstverständlich nichts von solch aufrührerischen Tönen zu vernehmen.

Hört: Nachdem die Lords dem Mann aus Hannover ihre Anerkennung ausgesprochen haben, fragt der Erzbischof von Canterbury den neuen König in überlieferten Formeln, ob er gewillt ist, dem Vereinigten Königreich zu dienen und seine Gesetze und Bräuche zu achten. Und Georg I. spricht die englischen Eidesformeln, die ihm immer noch nicht leicht über die Lippen gehen, obwohl er sie schon so oft geübt hat: »Ja, ich verspreche, all dies zu tun. So wahr mir Gott helfe.«

Die dicken Mauern von Westminster Abbey werfen das dunkle Echo seiner Worte zurück und lassen sie auch in den Seitenflügeln nachhallen.

Daraufhin schreitet der König zum Hochaltar, kniet nieder und bekräftigt noch einmal, seinen Eid mit Gottes Hilfe zu befolgen, indem er die rechte Hand auf die Bibel legt. Schließlich setzt er seinen Namen unter ein Pergament, das ihm der Lord Chamberlain of the Household, der höchste Hofbeamte, vorlegt, und besiegelt damit den Krönungseid. Es ist wie ein Vertrag, den er auf diese Weise mit dem britischen Volk geschlossen hat.

Bei den vielen Audienzen an den Tagen zuvor hat Georg erfahren, wie kompliziert das Machtgefüge ist, an dessen Spitze er stehen wird – wie viele Regeln und Gesetze es zu beachten gilt, wie viele Rücksprachen und Abstimmungen dem Monarchen abverlangt werden. All dies verschmilzt in seinen Gedanken zu einer gigantischen Hypothek, die er nun mit seiner Unterschrift anerkennt.

Es folgt die Herabrufung des heiligen Geistes: »Veni, Creator Spiritus ...« (Komm, Schöpfer Geist). Der Hymnus gipfelt in der

Krönungsmusik, feierliche, erhabene Klänge, die in Georg jedoch auch eine Verstimmung wachrufen. Denn eigentlich hat er sich gewünscht, dass Georg Friedrich Händel die Musik schreiben würde. Sein früherer Hofkapellmeister hat ihm schon wenige Tage nach seiner Ankunft seine Aufwartung gemacht und ihm ein Te Deum für die Hofkapelle im St. James Palast geschenkt. Georg war so begeistert, dass alle Enttäuschung über den reisefreudigen Musikus schnell vergessen war. Ohne Einschränkungen erklärte er sich sofort bereit, die jährliche Pension, die Queen Anne dem gefeierten Musiker

Melusine v. d. Schulenburg

zugedacht hatte, zu verdoppeln – statt 200 Pfund durfte der Komponist nun also künftig mit 400 Pfund im Jahr rechnen. Zudem äußerte Georg den Wunsch, Händel möge auch die Krönungsmusik schreiben. Doch diese überaus ehrenvolle Aufgabe war bereits dem Hofkomponisten der Königlichen Kapelle, William Croft, übertragen worden. Und der Hofmarschall gab dem neuen König ehrerbietig, aber bestimmt zu verstehen, dass die Entscheidung unwiderruflich sei. Auch in dieser Hinsicht musste der Welfe also bereits so früh nach seiner Ankunft erfahren, dass seine Macht im Vereinigten Königreich nicht unbegrenzt ist.

Wie um dies zu unterstreichen, legt Georg nun während des letzten Teils der Krönungsmusik sein Purpurgewand ab, um vom Master of the Robes das schlichte weiße Leinengewand entgegenzunehmen, das ein Taufkleid symbolisiert. Unschuld, Gottesfurcht und Demut sollen sich darin spiegeln. Denn nun folgt die Salbung, der heiligste Akt der Zeremonie.

Georg nimmt dafür Platz auf dem einstigen Stuhl des schottischen Königs Eduard – einen mittelalterlichen Thron, in den der »Stone of Scone« eingebaut ist, der auch »Stone of Destiny« genannt wird: »Stein des Schicksals«. Vier Ritter des Hosenbandordens beschirmen den König mit einem golddurchwirkten Baldachin, während der Erzbischof von Canterbury den Monarchen an den Händen, an der Brust und am Kopf mit geweihtem Öl salbt. Ein Segensspruch beendet die Zeremonie.

Georg kommt sich vor wie in einem Traum. Die alte Kirche, die vielen Menschen in ihren märchenhaften Gewändern, die geheimnisvolle Magie des Protokolls, die Zeremonienmeister mit ihren ernsten Gesichtern und feierlichen Gesten – all dies erscheint ihm immer unwirklicher. Doch er ist längst über den Punkt hinaus, die endlose Zeremonie infrage zu stellen oder sich gar dagegen aufzubäumen. Er überlässt sich dem Sog der Rituale, trägt das seine dazu bei, um den einstudierten Ablauf nur ja nicht zu gefährden. Die Gedanken sind abgeschaltet, und irgendwie beschleicht den hannoverschen Fürsten immer wieder das Gefühl, fügsame Marionette eines höheren Willens zu sein. Während er sich auf den nächsten Akt, die Entgegennahme der Kronjuwelen, einstellt, muss er plötzlich an seine Mutter denken, für die sich in diesem Augenblick ein Lebenstraum erfüllte – mochte sie auch selbst schon nicht mehr unter den Lebenden sein.

Doch die Zeremonie erlaubt es nicht zu träumen. Konzentration, höchste Präsenz sind gefordert von dem Mann, auf dem tausend Augen ruhen.

Wieder hat der König die Kleidung zu wechseln. Georg schlüpft in ein weißes, ärmelloses Abendkleid, das Colobium Sindonis, und legt die Supertonica an, den langen, bis zu den Füßen reichenden Umhang aus goldener Seide, der an die Gewänder der Kaisertreuen im byzantinischen Reich erinnern soll. In dieser Kostümierung empfängt der neue König die Sporen, die für die Ritterlichkeit stehen, und das juwelenbesetzte Staatsschwert, das er am Hochaltar gleich wieder abzulegen hat – und somit symbolisch dem Allmächtigen anvertraut.

Nachdem er noch einmal die Garderobe gewechselt und die königliche Robe und Stola angelegt hat, die wieder aus goldener Seide gewirkt ist, nimmt der König nun aus den Händen des Erzbischofs einige der Kronjuwelen entgegen: zuerst den Reichsapfel, eine hohle, goldene Kugel, die mit Edelsteinen besetzt ist und von einem Kreuz geziert wird, das die Herrschaft Christi symbolisiert; darauf einen Ring, einen Leinenhandschuh und Armreife, die die Verbundenheit mit seinem Volk symbolisieren sollen. Ihren Abschluss findet die

Zeremonie mit der Überreichung der beiden Zepter – nach dem Zepter mit der Taube, dem Symbol des Heiligen Geistes, erhält er das Zepter mit dem Kreuz, das den größten geschliffenen Diamanten der Welt birgt.

Damit ist der Höhepunkt erreicht: die eigentliche Krönung. Nachdem der Erzbischof von Canterbury am Hochaltar den Segen für die Krone erbeten hat und die teilnehmenden Peers ihre Rangkronen empfangen haben, erheben sich alle Versammelten. Sodann bewegt sich eine kleine Prozession der hohen Geistlichkeit mit Bannern und Kreuzen auf den Krönungsstuhl zu, um dem neuen Oberhaupt des Vereinigten Königreichs die Ehre zu erweisen. Daraufhin endlich setzt der Erzbischof der Majestät auf dem Krönungsstuhl die Krone auf, und alle Anwesenden vereinen sich zu einem großen Chor mit dem dreifachen Ruf:»Gott schütze den König« Segensrufe, die durch das dunkle Echo noch verstärkt werden.

Der Krönungsakt soll nicht hinter den dicken Mauen von Westminster Abbey verhallen, sondern das ganze Land begeistern. Während also in der Kirche Trompeter ins Horn stoßen und der Krönungschor»Be strong and good courage« singt, werden vor dem Tower Salutschüsse abgefeuert.

Dass die Krone eigentlich für eine Königin gemacht war und zuletzt das Haupt von Queen Anne schmückte, ist dabei von ganz untergeordneter Bedeutung. Die alte Stuart-Krone war verschwunden, seitdem man Jakob II. aus dem Land gejagt hatte. Es hieß, der entthronte Monarch habe sie auf seiner Flucht bei der Kanalüberquerung verloren. Die Krone von Königin Maria, der Tochter Jabobs II. und Gemahlin Wilhelms III., wurde für den hannoverschen Kronprinzen umgearbeitet. Denn auch Georg August wird bei dieser Krönungszeremonie gekrönt: zum Prinzen von Wales.

Während das Publikum bei diesem Akt in Entzücken versetzt wird, verzieht der Vater des geehrten Prinzen keine Miene. Mit zusammengekniffenen Lippen beobachtet der Mann im goldenen Seidenumhang, wie auch seinem Sohn eine Krone aufgesetzt wird.

Die Zeremonie ist damit noch längst nicht zu Ende. Es folgt die rituelle Einsetzung des Monarchen in sein Königreich. Hierzu nimmt der König seinen Platz auf dem erhöhten Thronsessel ein – buchstäblich getragen von den bedeutendsten Offizieren und Bischöfen des Landes. Und als der Erzbischof die traditionellen Einsetzungsworte gesprochen hat, bekunden Klerus und Adel dem König noch einmal ihre persönliche Treue, indem sie den Lehnseid ablegen. Auch hier hat der Erzbischof von Canterbury wieder das erste Wort: »Ich, Erzbischof von Canterbury, werde treu und ehrlich sein, und Treue und Wahrheit werde ich Euch, unserem Herrscher, König dieses Königreiches und Verteidiger des Glaubens, entgegenbringen sowie auch Euren Erben und Nachfolgern nach dem Gesetz. So wahr mir Gott helfe.«

Auch der Kronprinz und seine Familie schließen sich der Huldigung an, indem sie vor dem König niederknien und ihm ihre Treue geloben.

Als die Krönungszeremonie schließlich nach drei Stunden beendet ist, geht der Gottesdienst weiter. Der König legt nun nach altem Brauch vor dem Hochaltar Reichsapfel, Zepter und die übrigen Regalien ab und nimmt dafür seine Krönungsbibel in Empfang. Selbstverständlich ist die Heilige Schrift in Englisch abgefasst. Georg I. wird es schwer fallen, darin zu lesen.

Doch vorerst bleibt ihm dafür gar keine Zeit. Nach dem langen Gottesdienst kann sich der König nicht etwa in seine Privatgemächer zurückziehen, sondern muss bei einem großen Festmahl weiterhin Haltung und Würde demonstrieren. Zu diesem Zweck zieht Georg I., nun in ein Gewand aus purpurnem Samt gehüllt, mit den höchsten Repräsentanten seines neuen Reiches und seinem Gefolge in die Westminster Hall ein und der Reigen der überlieferten Krönungskulte setzt sich fort. Nach dem ersten Gang reitet der »Kämpe des Königs« in den Festsaal ein. Mit einem mittelalterlichen Handschuh in der rechten Faust begibt sich der »King's Champion«, nach alter Sitte der jeweilige Besitzer des Herrschaftshauses von Crivelsby in Lincolnshire, auf seinem Pferd an die Tafel Seiner Majestät und trägt keck die traditionelle Forderung vor:

»Sollte irgendeine Person, welchen Ranges auch immer, hoch oder niedrig, leugnen oder bestreiten, dass unser souveräner Herr und König Georg I., König von Großbritannien und Irland, Beschützer des Glaubens, rechtmäßiger Erbe der Krone dieses Königreiches ist oder dass er dieselbe tragen sollte, hier ist sein Kämpe, der sagt, dass er lügt und ein Verräter ist, und der bereit ist, mit ihm zu kämpfen und sein Leben gegen ihn zu wagen, an welchem Tag er immer bestimmen mag.«

Sowie der Kämpe seine Rede beendet hat, wirft er seinen Fehdehandschuh zu Boden. Ein Herold bückt sich daraufhin kurze Zeit später, um ihm den Handschuh zurückzugeben. Diese Prozedur wird noch zweimal wiederholt, bevor sich der »King's Champion« feierlich vor dem König verbeugt. Nun wird Seiner Majestät ein goldener Pokal mit Wein gebracht, von dem dieser mit Blick auf den Kämpen zu trinken hat. Am Ende reicht der König den Pokal weiter an seinen Kämpen, der für die Entgegennahme seinen Handschuh anzieht, einen Schluck Wein nimmt und nach einer weiteren Huldigung des neuen Monarchen mit seinem Pferd aus der Halle reitet.

Die Inthronisation ist aber erst wirklich vollzogen, nachdem drei Herolde Georg I. zum neuen König proklamiert haben – auf Latein, Französisch und Englisch.

Erst spät am Abend darf der Hannoveraner in den St. James Palast zurückkehren, um sich von den Strapazen des Tages auszuruhen.

* * *

Ahlden. »Helft!« Ein Feuer schreckt die Dorfbewohner von Ahlden aus dem Schlaf. Ausgehend von der Dachkammer eines unachtsamen Wachsoldaten fressen sich die Flammen von Haus zu Haus. Ein Strohdach nach dem andern entflammt, und der Ostwind treibt die Feuersbrunst immer weiter. In ihrer Angst mühen sich die Ahldener zu retten, was zu retten ist. Doch viele Kühe, Kälber, Schweine und Schafe sterben in ihren Ställen, und auch für einen zehnjährigen Jungen kommt an diesem Aprilabend jede Hilfe zu spät.

Sophie Dorothea wird nach ihrem späten Nachtmahl aufgeschreckt. Von ihrem Schlossfenster aus sieht sie, wie das Dorf unter einem roten Schein erstrahlt, hört die Rufe der Bedrängten. Da der Wind das Feuer von ihrem Schloss wegtreibt, bleibt sie glücklicherweise verschont, findet aber keinen Schlaf, weil ihr die Menschen im Dorf leid tun.

Als der Dorfpastor ihr am nächsten Tag die Einzelheiten der Tragödie berichtet – 41 Wohnhäuser und 23 Scheunen sind verbrannt –, entschließt sie sich, Lebensmittel und Geld zu spenden und Obdachlose in ihrem Schloss aufzunehmen. Doch ihre Hilfsbereitschaft stößt an Grenzen. Als die hannoversche Regierung erfährt, dass sie sich brandgeschädigte Bauern ins Schloss geholt hat, müssen sich ihre Bewacher einen harten Rüffel gefallen lassen. Umgehend haben die Einquartierten aus dem Lebensbereich der Prinzessin zu verschwinden.

Die Kontaktsperre gilt weiter. Das strenge Reglement kennt keine Gnade.

* * *

Rattenkönig

Der Prunk der Krönungszeremonie ist das eine, das Urteil der scharfzüngigen Presse und die Meinung des gemeinen Volkes etwas ganz anderes. Mag der neue König aus Hannover hinter den dicken Mauern von Westminister Abbey noch so verherrlicht werden, auf der Straße weht ihm der kalte Wind der Ablehnung und des Argwohns entgegen. Der pflichtschuldige Begrüßungsjubel ist längst verhallt. Sie nennen ihn Rattenkönig, argwöhnen, dass er gekommen ist, um mit den Seinen das Vereinigte Königreich kahl zu fressen – garstig wie die gefräßigen Nager in den unterirdischen Abwasserkanälen.

Patron einer Landplage. Mögen die Hofmaler ihn auch als Hoheit voller Güte und Weisheit verewigen, die Karikaturisten zeichnen ein anderes Bild. Auf ihren Darstellungen ist er seiner Prunkgewänder, seiner königlichen Aura beraubt, ist einfach nur klein und untersetzt, hat eine lange spitze Nase und Tränensäcke, die wie seine schlaffen Wangen darauf hindeuten, dass die besten Jahre schon hinter ihm liegen. Mit stumpfem, geistlosem Blick glotzt er da in die Welt: eine lächerliche Figur, eine Marionette. Steif, langweilig, dumm, ohne jede Strahlkraft. Ein Einfaltspinsel, unwürdig, Krone und Zepter zu tragen.

Nicht einmal seine militärischen Verdienste gereichen ihm hier in London zur Ehre. Großbritannien ist kriegsmüde, trägt schwer an den Lasten vergangener Schlachten. Da jubelt das Volk keinem König zu, der sich im Glanz zurückliegender Siege auf dem Schlachtfeld sonnt.

Der Welfe auf dem britischen Thron ist darüber nicht traurig. Nein, Georg I. ist kein Mann, der in Erinnerungen vergangener Großtaten schwelgt. Überhaupt läuft es seiner Natur zuwider, seine Macht zur Schau zu stellen. Der Nebel im Dunstkreis der Themse duldet keinen Sonnenkönig. Statt sich am Hofe zu präsentieren, zieht er es vor, öffentliche Theatervorstellungen, Opern und Konzerte zu besuchen – am liebsten ohne großes Gefolge, begleitet nur von Melusine und ihren Töchtern.

Doch natürlich bleibt er ein Gefangener der Etikette. Der Hofstaat, den er von Queen Anne übernommen hat, ist gigantisch, das prunkvolle Aushängeschild eines Weltreiches eben. Wenn er am

Sonntag zum Gottesdienst in die Schlosskapelle geht, geben ihm die zwanzig Gentlemen-at-Arms in ihren karminroten Uniformen ihr Geleit. Wenn er in offizieller Mission den Palast verlässt, eskortiert ihn eine Ehrengarde von hundert Mann. Wo immer er sich zeigt, künden Pauken und Trompete, Kirchenglocken und Salutschüsse von seinem herausragenden Amt und seiner Herrlichkeit. Für nahezu jeden seiner Lebensbereiche gibt es am Hofe eine zuständige Amtsperson, vom Vorkoster, Koch und Mundschenk bis zum Garderoben-Intendanten, Ruderer und Rattentöter. Die Liste der Hofämter ist lang, verwirrend lang. Am nächsten stehen ihm seine Kammerherren. Doch Georg legt Wert darauf, dass die elf englischen Lords außerhalb seiner Privatgemächer bleiben. Hier haben nur seine beiden Kammertürken Zutritt, die er aus Hannover mitgebracht hat: Mehmet und Mustafa. Den beiden vertraut er so sehr, dass er sich von ihnen auch seine Hüte, Perücken und Gewänder besorgen lässt.

Bei seinen politischen Amtsgeschäften stehen ihm Bernstorff und Bothmer zur Seite, die Chefs der Deutschen Kanzlei, über die der König Kontakt zu seinem Kurfürstentum hält. Bernstorff und Bothmer sind auch die wichtigsten Anlaufstellen für die zahlreichen Bittsteller, die um eine Audienz nachsuchen. Manchen ist ein Termin beim König so wichtig, dass sie dafür den Vermittlern auch kleine und größere Geschenke zukommen lassen. So geraten die deutschen Herrschaften im Vorzimmer der Macht bald in den Ruf, sich an Schmiergeldzahlungen zu bereichern. Auch auf Melusine und Georgs Halbschwester Sophie Charlotte fällt dieser Verdacht. Denn natürlich gibt es am Hofe viele, die sich vom König zurückgesetzt fühlen und daher gern bereit sind, den Gegnern des Welfen Schützenhilfe zu leisten.

Georg I. weiß aus etlichen Spitzelberichten, auf welch dünnem Eis er sich bewegt – innerhalb und außerhalb seiner Paläste. Bisweilen scheint es, als müsse er sich jeden Tag neu überwinden, um das gefährliche Parkett dieses immer noch fremden Landes zu betreten, dessen Sprache er nach wie vor nicht beherrscht. Meist bis zum späten Vormittag hält er sich, abgeschirmt von Mehmet und Mustafa, in seinen Privatgemächern auf, liest Briefe und Berichte, die ihm ins Französische übersetzt worden sind.

Sein Mittagessen nimmt er häufig bei Ministern oder Vertretern des Hochadels ein. Eine gute Möglichkeit, die in großer Zahl eingehenden Einladungen mit Arbeitsgesprächen zu verbinden.

An diesem trüben Novembertag sucht der König den Herzog von Marlborough zum Lunch auf. Der Palast des obersten Heerführers erhebt sich gleich neben dem St. James Palast. Wie üblich wehrt Georg daher das Angebot ab, sich mit der Sänfte tragen oder von der sechsspännigen Kutsche chauffieren zu lassen. Der König liebt es, zu Fuß zu gehen. Auch an diesem leicht nebligen Novembertag genießt er es, durch die schöne Allee zu spazieren und den feuchten Duft des Herbstlaubs einzuatmen. Während er den Blick über die schon fast kahlen Linden und Birken schweifen lässt, muss er an den Großen Garten von Herrenhausen denken. Wehmut verfinstert sein Gemüt. Doch er wischt die sentimentalen Gedanken zur Seite und wendet sich mit fester Stimme seinem Begleiter Bernstorff zu. »Ist für die Jagd am Sonntag alles vorbereitet?«

»Es ist alles bereit, Königliche Hoheit«, erwidert der Staatsminister. »Die Jagdgesellschaft ist eingeladen, Treiber und Meute sind vorbereitet. Ihr werdet einen exzellenten Jagdtag erleben.«

»Versprecht nicht zuviel. Mit der Göhrde sind diese englischen Wälder hier nicht zu vergleichen. Kein Schwarzwild und kaum Hirsche.«

Bernstorff, der die Klagen kennt, zuckt resigniert die Achseln.

»Wird der Prince of Wales dabei sein?«

»Leider nein, Majestät. Der Prinz hat seine Teilnahme abgesagt. Seine Hoheit planen eine Landpartie mit seiner Gemahlin.«

Der König schweigt. Obwohl er mit seinem Sohn unter einem Dach lebt, hat er seit zwei Wochen kein Wort mit ihm gewechselt. Man geht sich aus dem Wege.

Der Herzog von Marlborough und seine Frau Sarah begrüßen den hohen Gast mit einem Glas Sherry. Georg verabscheut das süßliche Getränk, lässt sich aber nichts anmerken. Auch die aufgetischten Speisen sind nicht nach seinem Geschmack: die fade Truthahnpastete, die fettigen Garnelen, die mageren Lerchen, die zähe Rinderzunge, die zerkochten Erbsen, der saure Wein. Am genießbarsten sind noch die heiße Schokolade und die Schmalzkuchen, die zum Dessert gereicht werden.

Der König lässt sich von seinem Oberbefehlshaber über die

Situation in der schottischen Unruheprovinz und am Kanal an der Grenze zu Frankreich unterrichten. Eigentlich besteht derzeit kein Grund zur Besorgnis. Marlboroughs Frau Sarah jedoch erhebt andauernd ungefragt mahnend das Wort und stimmt mit ihrer krächzenden Stimme Klagelieder an, als stünde das Königreich unmittelbar vor seinem Untergang.

»Bitte, Sarah.«

Mehrfach müht sich der Admiral, seine Frau in ihrem Redefluss zu stoppen. Doch Sarah, die einstige Busenfreundin der verstorbenen Königin, lässt sich nicht bremsen. Der königliche Gast indessen signalisiert mit süffisantem Lächeln, dass ihn das aufgeregte Geplapper Lady Marlboroughs eher erheitert als beunruhigt.

Für die Audienz am Nachmittag hat sich ein Besucher angekündigt, dem Georg nicht mit so großem Gleichmut entgegentreten kann: der Advokat aus Mantua. Bernstorff hat angedeutet, dass der Italiener Drohungen ausgesprochen hat, mit denen nicht zu spaßen sei. Diskret hat der Minister auch schon die Möglichkeit angedeutet, das Problem durch einen herbeigeführten Unfall aus der Welt zu schaffen. Doch der König wollte davon nichts wissen. Dieser Sabbatino, beschied er, sei kein Mann, der allein stehe mit seinem Weinhandel und den unverschämten Erpressungsversuchen.

Dann ist es schließlich so weit. Die Abenddämmerung hat sich bereits über den Park gesenkt, als der kleine, dickliche Italiener in den Audienzsaal geführt wird – wie bei seinem letzten Besuch in einem Anzug mit viel zu langen Rockschößen, ganz in Schwarz. »Meine höchste Verehrung, Königliche Hoheit.« Georg hat das Gefühl, dass dieser Advokat den Kniefall für seine tiefe Verbeugung lange geübt hat. Auch das Lächeln wirkt eingeübt und künstlich und will so gar nicht zu dem stechenden Blick des Mannes passen.

»Was kann ich für Euch tun, Signor?«

»Oh, erst einmal möchte ich Euch zu Euerm neuen Amt gratulieren, wenn ich mir das als unbedeutender Advokat erlauben darf. Es ist mir eine große Ehre, dem mächtigsten Herrscher der Welt gegenüber zu sitzen.«

»Danke. Aber kommt doch bitte zur Sache, mein Herr. Was kann ich für Euch tun?«

»Oh nein, darum geht es nicht. Ich bin kein Bittsteller, bitte versteht mich nicht falsch. Ich bin gekommen, um Euch meine Dienste anzubieten.«

»Eure Dienste? Was mag das sein?«

»Nun ja, Ihr wisst von der delikaten Geschichte aus Mantua, über die wir bereits gesprochen haben. Selbstverständlich bin ich nach wie vor gewillt, den Mantel des Schweigens darüber zu breiten. Doch leider, leider haben sich in den letzten Tagen Umstände ergeben, die dies ganz erheblich erschweren.«

Der Besucher hebt entschuldigend die Arme, richtet jedoch gleichzeitig lächelnd seinen herausfordernden, teuflischen Blick auf ihn, dass dem König eine Gänsehaut über den Rücken läuft.

»Sprecht. Ich verstehe nicht, wovon Ihr redet.«

»Nun gut, ich habe Euch bereits darüber in Kenntnis gesetzt, dass in Mantua das Testament eines gewissen Montalban bekannt geworden ist, Ihr wisst, wovon ich spreche?«

Der König nickt und verschränkt nachdenklich die Arme vor der Brust.

»Fatalerweise ist dieses Testament, das, wie Euch bekannt ist, schlimme Anschuldigungen gegen das Haus Hannover erhebt, nun in London bekannt geworden. Ein berühmter Schriftsteller dieses Landes, der Name tut nichts zur Sache, ist in den Besitz der heiklen Informationen gekommen – und fest entschlossen, diese in eine Schmähschrift gegen Euch einfließen zu lassen. Ich muss Euch nicht erläutern, was dies für Konsequenzen hätte. England ist ein Land, in dem die Presse und Literatur eine politische Macht ist, die Throne zum Wanken bringt.«

Georg verschlägt es einen Moment die Sprache. Gedankenverloren schweift sein Blick vom knisternden Kaminfeuer zum großen Fenster, das den Blick auf den abendlichen Park freigibt. Nach einem fast donnernden Räuspern ergreift er dann aber doch das Wort:

»All dies scheint mir maßlos übertrieben. Um offen zu sein: Mir drängt sich das Gefühl auf, dass Ihr mich unter Druck setzen wollt. Also gerade heraus: Was wollt Ihr?«

»O nein, bitte, Königliche Hoheit, Ihr versteht mich falsch, gänzlich falsch. Ich würde es niemals wagen, Druck auszuüben. Ich bin gekommen, Euch zu helfen.«

»Dann werdet doch bitte endlich genauer und beendet dieses Blendwerk aus hohlen Worten. Also: Was wollt Ihr? Meine Zeit ist begrenzt.«

Die Stimme des Königs hat bedrohlich an Lautstärke zugenommen, der Besucher müht sich daher, die Dramatik zu dämpfen. »Pardon, pardon, Majestät, ich will Euch nicht länger zur Last fallen. Daher in aller Kürze: Der Schriftsteller, von dem ich sprach, ist unter Umständen bereit, von einer Veröffentlichung abzusehen. Kurz: Er verlangt eine angemessene Entschädigung, ein Schweigegeld, wenn Ihr so wollt.«

»SCHWEIGEGELD? Das ist eine grenzenlose Unverschämtheit. Was erlaubt Ihr Euch?«

»Pardon, nicht ich. Es geht um den berühmten Schreiber. Der Mann hat mir gesagt, dass ihm für eine Veröffentlichung eine riesige Summe geboten worden ist. Sollte er die gleiche Summe von Euch erhalten, würde er sein, äh, Projekt zurückziehen. Ihr müsst verstehen ...«

»Wie viel?«

»Eine klare Frage, eine klare Antwort: 5000 Pfund.«

»Der Mann ist wahnsinnig! Niemals werde ich dem Kerl diese Summe zahlen. Nie! Und, ehrlich gesagt, mir scheint, es gibt gar keinen solch unverschämten Schriftsteller. Mir scheint, Ihr wollt mich erpressen. Ihr allein! Wenn Ihr also verhindern wollt, dass ich Euch auf der Stelle verhaften lasse, dann verschwindet augenblicklich aus meinen Augen. Hinaus! Sofort! Und lasst Euch nie mehr blicken.«

Da sich die Stimme des Königs zu einem Donnerhall gesteigert hat, öffnen Leibwachen die Tür des Audienzzimmers und inspizieren mit gezückten Degen die Lage. Sabbatino erkennt den Ernst der Situation und eilt nach einer hastigen Verbeugung wie ein gehetztes Tier aus dem Raum. Als die Wachen ihm nachsetzen wollen, erhebt der König beschwichtigend die Arme.

Aufgewühlt von der alarmierenden Begegnung sagt Georg alle weiteren Audienzen, die noch für diesen Tag geplant sind, ab und entschließt sich zu einem längeren Spaziergang. Sechs Kammerherrn begleiten ihn mit Laternen durch den schon dunklen Park. Es fällt ihnen schwer, mit ihrem erregten Dienstherrn Schritt zu halten.

Erst beim Abendessen gelingt es ihm allmählich wieder, zur Ruhe zu kommen. Dabei hilft ihm Trudchen, die auf dem Cembalo ein wunderschönes Stück spielt, das Hofkapellmeister Händel mit ihr eingeübt hat. Der König applaudiert, und als der zwergengroße Hofnarr vor dem letzten Gang einen Purzelbaum auf dem Tisch vollführt und einen kunstvollen Furz zum Besten gibt, huscht sogar ein kleines Lächeln über das Gesicht Seiner Majestät.

* * *

Inkognito

Die Drohung schwebte über ihm wie ein Geistervogel. Ganz unversehens tauchte sie auf, selbst an den strahlendsten Tagen. Mal in Gestalt einer gehässigen Schmähschrift, die an den Königsmarck-Mord erinnerte, mal in Briefen aus Hannover, die über die öffentliche Meinung zum Thema Sophie Dorothea berichteten, jener Frau, die er wegen dieser Unannehmlichkeiten nur noch mehr hasste. Doch bei all dem war klar, dass keine gesicherten Informationen hinter dem boshaften Gerede standen, nur die alten Gerüchte.

Es gelang Georg daher meist schnell, sich von der dumpfen Angst zu befreien, indem er sich den Herausforderungen seines Amtes zuwandte. In dieser Hinsicht fehlte es ihm an Ablenkung nicht. Die größten Probleme bereitete der zerrüttete Staatshaushalt. Die Schuldzinsen erhöhten die finanzielle Last immer mehr, und die Stände klagten zunehmend lauter über die gestiegenen Steuern und Abgaben. Rund 15 Prozent des Staatshaushalts verschlang allein die königliche Hofhaltung. Gern hätte er hier gespart, doch jede Einsparung war mit der Zurücksetzung und Kränkung von Hofbeamten verbunden und gefährdete auf diese Weise den inneren Rückhalt. Ähnliches galt für die Parlamentarier. Georg war gezwungen, sich die Whigs gewogen zu halten, ohne die Tories noch mehr zu verprellen. Besonders in Zeiten bevorstehender Wahlen war dies ein äußerst heikler Balanceakt, bei dem immer die Gefahr des Absturzes drohte. Hinzu kamen die außenpolitischen Probleme. James Eduard, der selbsternannte Pretender, gab keine Ruhe, obwohl der Sonnenkönig, sein Gönner, am Ende seines Lebens angelangt war und nur noch wenig für den Stuart-Prinzen tat. In der Endphase des Nordischen Krieges war das Kurfürstentum Hannover zudem in kriegerische Auseinandersetzungen mit Schweden verstrickt und gleichzeitig darauf bedacht, den siegreichen russischen Zaren in die Schranken zu weisen, ohne allzu viel diplomatisches Porzellan zu zerschlagen. Gleichwohl lebte sich der König allmählich ein. Er lernte das englische Fassbier schätzen, vertiefte seine Kontakte zum örtlichen Hochadel und arbeitete sich in kleinen Schritten in die englische Sprache ein. Die größten Probleme bereitete ihm das englische Essen. Es fiel ihm schwer, sich an diese undefinierbaren Pasteten zu gewöhnen. So legte er weiterhin Wert auf seine deutschen Köche und ließ sich aus Herrenhausen Ananas, Orangen und Bananen schicken, auch Trüffeln und Würste bezog er aus dem Kurfürstentum.

Ein Gefühl von Geborgenheit vermittelten ihm Melusine und ihre Töchter. Besonders verbunden war er dem Nesthäkchen Gertrud, aber auch zu Trudchens älterer Schwester Luise fühlte er sich hingezogen – einer jungen, erblühenden Dame, deren Schönheit und Geist allgemeine Bewunderung fand, die jedoch bei ihrer Mutter häufig auf Ablehnung stieß.

Er las seinen unehelichen Töchtern jeden Wunsch von den Augen ab, ließ für sie im St. James Palast eigene Prunkzimmer herrichten. Auch sonst setzte er in seinen Residenzen bauliche Akzente und mühte sich vor allem, den weitläufigen St. James Park noch schöner zu gestalten. Er ließ den runden Teich ausheben und mit Wasser auffüllen, strahlenförmige Wege anlegen und die »Große Promenade« bauen – fünfundzwanzig Meter breit und einen Kilometer lang. So oft er dazu Zeit fand, unternahm er hier lange Spaziergänge, oft zwei Stunden und mehr.

Immer stärker aber entwickelte sich bei all dem der Wunsch, einmal die Grenzen seines geschützten Refugiums zu überschreiten, frei von all diesen höfischen Zwängen und goldenen Fesseln durch die Straßen Londons zu spazieren, befreit von all dem Pomp aufzuatmen.

Lange hatte er heimlich darüber nachgegrübelt, wie sich dieser Traum erfüllen ließ. An einem sonnigen Märztag des Jahres 1715 schließlich war es endlich so weit: Er beabsichtigte, am Abend mit seiner Tochter Luise ins »King's Theatre« am Haymarket zu gehen, um sich die Händel-Oper »Rinaldo« anzusehen – ganz entspannt als unbeobachtete Privatperson.

Nur wenige Menschen waren in seinen Plan eingeweiht: Händel, der ihm anlässlich des Hausunterrichts im St. James Palast die Karten verschafft hatte; Mehmet, der ihm ein unscheinbares Bürgerkostüm mit Samtrock, Bluse, Wams, Dreispitz und Kniebundhose besorgt hatte; Melusine und natürlich seine Begleiterin Luise, die sich diebisch auf den Opernbesuch mit dem älteren Herrn an ihrer Seite freute.

Die erste Etappe ist die schwierigste: Wie werden die Kammerherren, Lakaien und Wachen reagieren, wenn an ihnen ein Herr mit bekannten Gesichtszügen, aber ungewohntem Dress und ohne Perücke vorbeieilt? Der Testlauf gelingt. Mehrere Höflinge sind zwar sichtlich irritiert, als Georg sein Audienzzimmer in Zivil verlässt und grußlos an ihnen vorbeistrebt. Doch niemand vermöchte zu schwören, dass es der König persönlich war, der an ihm vorbeigehuscht ist. Da Georg einen Nebenausgang wählt, sind es auch nur wenige, die ihn überhaupt bemerken. Am hinteren Torbogen zum Park erwartet ihn Luise.

»Seid Ihr es wirklich?«, begrüßt sie ihn lächelnd.

Der König nimmt seinen Dreispitz vom Kopf und erwidert schmunzelnd: »Wirklicher als je zuvor.«

Daraufhin durchqueren Vater und Tochter den bereits dämmrigen Park und grüßen höflich nach allen Seiten, lachend ihre Hüte winkend.

Ein seltenes Glücksgefühl durchströmt den König. In vollen Zügen atmet er die frische Frühlingsluft ein und scherzt mit seiner Tochter darüber, ob ihm wohl jemand im Theater glauben würde, wenn er ihm verriete, dass er der König sei. »Ich wette, sie lassen mich verhaften und stellen mich als Hochstapler vor Gericht.«

Der Weg ist nicht weit. Keine zweihundert Meter vom Park entfernt erhebt sich schon das Theater, wie üblich vor einer Aufführung festlich mit Fackeln und Laternen beleuchtet.

Auch bei der Einlasskontrolle und Garderobe schöpft niemand Verdacht. Georg hat Händel eindringlich um Plätze im hinteren Parkett bitten lassen, fernab der Logen des Hochadels, mitten im bürgerlichen Publikum. Befriedigt stellt er fest, dass der Kapellmeister sein Wort gehalten hat.

Einige Besucher sitzen bereits und müssen daher aufstehen, als Luise und ihr Vater Platz nehmen. Während die Musiker ihre Instrumente stimmen, lehnt Georg sich zurück und lässt seinen Blick über die verwaiste Ehrenloge für das Königshaus mit dem goldenen

Wappen schweifen – ein wenig erschöpft, aber entspannt. In den vornehmen Logen sitzen die Lords und Ladys mit ihren gepuderten Perücken und Theatergläsern. Manches Gesicht kommt ihm bekannt vor. Nahe am Bühnenrand erkennt er auch seinen alten Kapellmeister: Georg Friedrich Händel. Der stattliche Herr mit der prächtigen Allongeperücke starrt angestrengt in seine Richtung. Sowie Georg dies bemerkt, weicht er dem Blick missbilligend aus.

Als die Kandelaber und Öllampen an den Seiten bereits gelöscht werden, zwängt sich noch hastig ein älteres Paar durch die Reihen und steuert auf die beiden freien Plätze neben Georg zu. Die Frau ist so dick, dass sie sich in ihrem auffällig eleganten roten Seidenkleid regelrecht durch die schmale Gasse zwischen den aufgestandenen Besuchern und der Balustrade quetschen muss. Der Mann in ihrer Begleitung ist dagegen außergewöhnlich hager und blass, bekleidet mit einer schwarzen Kniehose und gelbrot kariertem Anzug, der Georg etwas lächerlich erscheint.

Schnaufend lässt sich die dicke Frau auf dem freien Platz neben dem König sinken, stößt einen schweren Stoßseufzer aus und bittet ihren Nachbarn um Entschuldigung für die Störung und Ungemach infolge der späten Ankunft. Georg ist des Englischen nach wie vor nicht ganz mächtig, hört aber das Wort »pardon« heraus, das ihm aus dem Französischen vertraut ist. Während er mit höflichen Gesten zu erkennen gibt, dass die kleine Störung keiner Rede wert ist, greift die dicke Frau in ihre große Tasche und zieht eine Flasche und einen Becher heraus. Bevor sie einschenkt, fragt sie ihren Nachbarn mit breitem Lächeln: »Ein Glas Bier, Sir?«

Georg, den die unvermutete Frage etwas irritiert, schüttelt mit höflichem Lächeln den Kopf. Darauf schenkt sich die Lady selbst ein, leert den Becher in einem Zug und bringt mit einem wohligen Atemstoß zum Ausdruck, dass es ihr nach dem strapaziösen Anmarsch nun schon viel, viel besser gehe. Auch ihrem Mann bietet sie ein Gläschen von dem mitgeführten Bier an. Doch der folgt dem Beispiel Georgs und lehnt dankend ab. Daraufhin klopft die Frau ihm mit gutmütigem Glucksen auf die Schulter und wischt sich mit einem Spitzentaschentuch den Schweiß aus dem Gesicht.

Georg riecht, dass sie sich stark parfümiert hat, dennoch lässt sich aber der Schweißgeruch nicht überdecken, der ihrem Körper offenkundig nicht erst seit dem Betreten des Theaters anhaftet. Schon im nächsten Augenblick richten sich alle Augen auf die Bühne. Der Dirigent erscheint, verbeugt sich vor Publikum und Orchester und gibt das Zeichen zur Ouvertüre.

Georg hat die Oper bereits dreimal gesehen, ist aber wieder neu von den wunderbar erhabenen Klängen gefangen. Ein wenig störend dabei ist, dass seine Nachbarin schon nach wenigen Minuten mit ihrem Mann zu plaudern beginnt. Zu allem Überfluss greift sie auch erneut in ihre Tasche und fischt einen Karton heraus, dem Küchendunst entströmt. Und ehe er sich versieht, fordert ihn die Frau mit ermutigendem Nicken auf, sich zu bedienen. Trotz des nur sehr schwachen Lichts erkennt Georg, dass der Karton mit Pasteten vollgestopft ist. Um die Frau nicht noch einmal zu beleidigen, greift er sich dankend eine heraus. Auch Luise darf sich bedienen.

Als sich die teigige Fleischmasse im Mund des Königs auflöst, befällt diesen erst einmal eine Art Brechreiz. So etwas Fades mit säuerlichem Nachgeschmack ist ihm zuletzt in einem der gottverlassenen Heerlager in Flandern angeboten worden. Doch er müht sich, seinen Ekel zu unterdrücken und so etwas wie Anerkennung und Dankbarkeit zu heucheln. Die Nachbarin fühlt sich dadurch so ermutigt, dass sie ihm gleich noch eine Pastete anbietet. Diesmal bleibt der König hart.

Dann hebt sich glücklicherweise der Vorhang und gibt den Blick auf eine märchenhafte Kulisse frei, die nun auch die dicke Lady gefangen nimmt. Die italienischsprachige Oper entführt das Publikum in die Zeit der Kreuzzüge und geizt nicht mit den Verlockungen des Orients und allen nur denkbaren Effekten, die die Bühnentechnik zu bieten hat. Während der christliche Ritter Rinaldo um seine von den Sarazenen entführte Braut Almirena kämpft, stürmen Pferde über die Bühne, steigt ein Schwarm Sperlinge in den Bühnenhimmel, zeigen Zauberer ihre Kunststücke.

Die Dame an der Seite des Königs versteht zwar nicht recht, worum es bei all dem geht, ist aber so begeistert von den Effekten, dass sie bei jeder spektakulären Nummer applaudiert und juchzt. Zwischendurch greift sie in ihre unerschöpfliche Tasche und fischt immer neue Leckerbissen heraus, die sie nahezu allein isst, da sowohl ihr Mann als auch ihre Nachbarn die unermüdlichen Angebote meist dankend zurückweisen. Dem Honigkuchen kann allerdings auch der

König nicht widerstehen. Nach dem süßlich-klebrigen Dessert ist er sogar bereit, sich einen Becher Bier einschenken zu lassen. Und es schmeckt ihm.

Bravorufe und Szenenapplaus für eine Arie des berühmten Nicolini, der an diesem Abend die Rolle des Rinaldo gibt. Viele Frauen springen begeistert auf und werfen Blumen und Konfektschachteln auf die Bühne. Der italienische Sänger hat sich das Londoner Publikum im Sturm erobert, die Damenwelt liegt ihm zu Füßen – ein Kastrat ebenso wie der Darsteller des gleichfalls umjubelten Magiers Mago. Auch Georgs Nachbarin lässt sich von der allgemeinen Begeisterung mitreißen, springt auf und klatscht frenetisch Beifall. »Ist er nicht wunderbar, Schatz? Ist er nicht wunderbar?«, fragt sie ihren peinlich berührten Gatten.

In der Pause nötigt das ungleiche Paar den König und seine Tochter an die Bar, wo perlender Wein ausgeschenkt wird. Nachdrücklich besteht Georg darauf, dass die Runde nun auf seine Kosten geht. Die dicke Frau fühlt sich dadurch ermutigt, noch mehr auf ihre neuen Bekannten einzureden. Dabei spürt sie bald, dass Georg so gut wie nichts versteht und gezwungen ist, sich das Geplapper von seiner Tochter ins Französische übersetzen zu lassen. Als die Dame die Sprache identifiziert, schließt sie daraus sogleich, dass ihr Gegenüber Franzose ist und beginnt, ein Loblied auf Frankreich anzustimmen. »Ein Land, an dem wir uns ein Beispiel nehmen sollten, wirklich, ein wunderbares Land, so elegant und geistreich. Welche Lebensart! Schon dieser König, Sonnenkönig nennen sie ihn ja wohl, sein Schloss soll prächtiger sein als das schönste Märchenschloss, dagegen sind unsere Schlösser graue, finstere Festungen und unser König ein Bauer.«

Luise blickt ihren Vater entsetzt an, doch der gibt lächelnd zu erkennen, dass ihn das Geplauder amüsiert. »Ich habe nie verstanden, dass wir gegen diese wunderbaren Menschen Krieg führen mussten«, fährt die Frau fort. Schließlich gibt sie Georg kurz Gelegenheit, sich ebenfalls zu Wort zu melden. »Was treibt Euch denn aus Euerm glücklichen Garten Eden in unser Nebelland, Sir?«

»Ach, Geschäfte, Madame, Geschäfte.«

»Darf ich fragen, welcher Art Eure Geschäfte sind?«

Der König muss kurz nachdenken, doch dann antwortet er auf Französisch: »Textilbranche, ich arbeite in der Textilbranche und kaufe hier in England die Stoffe dafür ein.«

»Unglaublich«, stößt die Frau hervor, nachdem Luise übersetzt hat.»Dann arbeiten wir in der gleichen Branche. Mein Mann ist Damenschneider, Schneidermeister, drei Schneidergesellen und zehn Näherinnen beschäftigen wir. Gestatten, Cabbage.«

Der König zögert nicht, die feuchtwarme Hand zu ergreifen, und beehrt auch Mr. Cabbage mit einem männlich-kräftigen Händedruck, doch dann wird ihm siedend heiß, weil ihm kein angemessener Name einfällt, mit dem er sich vorstellen könnte. Nach mehrmaligem Räuspern und Hüsteln bringt er am Ende aber doch die Lautfolge »Ri-che-lieu« über die Lippen, den Namen eines berühmten französischen Kardinals. Er sieht, wie auch Luise erleichtert aufatmet, fürchtet jedoch, dass nun möglicherweise weitere Nachfragen nach seinen Geschäften in der Textilbranche folgen.

»Angenehm, sehr angenehm, Monsieur Riveler«, erwidert Mrs. Cabbage. Doch bevor sie mit ihrer aufdringlichen Konversation fortfahren kann, verkündet ein Trompetenstoß das Ende der Pause.

Als alle wieder Platz genommen haben, brechen Mr. und Mrs. Cabbage plötzlich in schallendes Gelächter aus. Georg ist anzusehen, dass ihn der Heiterkeitsausbruch verunsichert. Mrs. Cabbage gibt seiner Tochter daher, immer noch prustend, eine Erklärung.»Mein Mann hat mir gerade gesagt, dass Euer Vater aussieht wie unser König, Ihr wisst, man kennt ihn ja aus den Gazetten und Witzblättern, aber wahrscheinlich würdet Ihr nicht im Traum darauf kommen, eine Ähnlichkeit festzustellen, denn gegen unseren König ist Euer Vater doch ein wahrer Apoll. Nicht wahr?«

Die Antwort bleibt Luise erspart. Denn in diesem Augenblick öffnet sich der Vorhang zum nächsten Akt, und bald darauf erklingt die berühmte Arie:

»Lass mich beweinen mein grausames Schicksal.«

Der Nachbarin des Königs ist selbstverständlich nicht zum Weinen zumute. Da sie von dem italienischen Text nichts und von der Handlung kaum etwas versteht, findet sie diese Oper einfach nur zum Brüllen komisch. Bisweilen wird sie von ihren Lachkrämpfen so geschüttelt, dass sie dem Nachbarn gleich mit auf die Schenkel schlägt. Und der lässt es sich gefallen.

* * *

Wenige Tage später ist Georg wieder gezwungen, sich in seinem Amt zur Schau zu stellen – passiv zwar, aber in politisch herausragender Mission: Zur Eröffnung des neuen Parlaments wird die traditionelle Thronrede des Königs verlesen. Georg I. hat sie nicht selbst verfasst, immerhin aber erst nach einigen Einwänden abgesegnet. Vorausgegangen ist eine Wahl, bei der die hannoverfreundlichen Whigs sowohl im Unterhaus als auch im Oberhaus die Mehrheit errungen haben. Eigentlich ein Erfolg für den neuen König, der sich schon vorher Whigs in seine Regierung geholt hat. Doch der Wahlerfolg droht zum Pyrrhussieg zu werden. Manche der verbündeten Lords sind so berauscht von ihrem Triumph, dass sie den unterlegenen Tories in ihrem Übermut höhnisch ins Gesicht lachen und Rachepläne schmieden. Georg I. hat großen Wert darauf gelegt, dass seine Rede frei ist von jeder Form der Überheblichkeit oder gar Demütigung. Es ist ihm gelungen.

Dennoch wirkt er nicht glücklich. Stumm, in sich zusammengesunken sitzt er da in all seinem Pomp, während Lordkanzler William Cowper seine Rede verliest.

Obwohl er als gekrönte Majestät im Zentrum der Macht steht, ist dies nicht sein Tag, sondern der Tag seines Sohnes. Georg August hat als Prince of Wales feierlich seinen Sitz im Oberhaus eingenommen. Während sich alles von seinen Plätzen erhob, ist er mit einer prächtigen Robe bekleidet wie ein strahlender Held in den Versammlungssaal eingezogen – hinter Lord Cowper und dem Herzog von Argyll, seinem neuen Freund. Nachdem sein Einladungsschreiben und Patent verlesen worden waren, durfte er den ihm gebührenden Platz einnehmen: zur Rechten des Throns, gleich neben seinem Vater. Eine weitere Aufwertung erfuhr der Thronfolger dadurch, dass sein persönlicher Schatzmeister, der nicht besonders geistreiche Sir Spencer Compton, zum Sprecher des Unterhauses gewählt wurde.

Auch Karoline ist mit den beiden ältesten Töchtern Anne und Amalie zugegen. Bewundernde Blicke ruhen auf der schönen Dame. Bereits nach wenigen Monaten hat die Prinzessin die Herzen der Briten erobert. Besonders unter den Gelehrten und Künstlern im

Vereinigten Königreich genießt Karoline – im Unterschied zu ihrem Schwiegervater und Ehemann – höchsten Respekt. Die klügsten Köpfe der Nation betrachten es als Ehre, zu ihren Empfängen in den St. James Palast geladen zu werden, Georg Friedrich Händel erteilt ihr und ihren Töchtern Flöten- und Cembalounterricht. Sie ist für die Elite des Landes das positive Gegenbild zu den als geistlos verschrienen Mätressen des Königs. Georg ist dies selbstverständlich nicht verborgen geblieben. Wem ist zu trauen auf diesem glatten Parkett? Die selbstgefälligen Reden seiner Verbündeten erfüllen Georg mit Sorgen.

Die Befürchtungen bewahrheiten sich. Schon kurze Zeit nach der Parlamentseröffnung starten die Whigs einen wahren Rachefeldzug gegen die Tories, die einst unter Queen Anne höchste Staatsämter bekleideten. Namhafte Politiker werden mit Anklagen überzogen, bezichtigt, den »Pretender« in Frankreich heimlich unterstützt zu haben. Es geht um Hochverrat und Amtsmissbrauch, prominente Tories werden mit Todesstrafe und langjähriger Kerkerhaft bedroht.

Die Reaktionen lassen nicht lange auf sich warten: Um einer Verurteilung zu entgehen, setzt sich der Herzog von Bolingbroke, der letzte Schatzkanzler Queen Annes, im April nach Frankreich ab. Die Flucht wird von den Whigs als Schuldeingeständnis gewertet, als Bestätigung ihrer harten Linie. Kurze Zeit später lässt die Regierung Sir Robert Harley verhaften, den Herzog von Oxford, der vor Bolingbroke das Amt des Schatzkanzlers innehatte. Der Tory-Politiker wird im Tower gefangengesetzt, wegen Hochverrats angeklagt und zu vielen Jahren Kerkerhaft verurteilt – eine Demütigung des poltischen Gegners, die ihresgleichen sucht, eine Provokation für alle Anhänger der Tories.

Es sind nicht nur die durchsichtigen Schauprozesse. Auf allen Ebenen des öffentlichen Lebens demonstrieren die Whigs jetzt, dass sie am längeren Hebel sitzen. Egal ob Bürgermeister, Verwaltungsexperten oder Friedensrichter: Wer den Tories angehört oder auch nur nahe steht, muss mit Amtsenthebung oder zumindest beruflichen Nachteilen rechnen.

In dieser Situation geschieht, was Georg immer befürchtet hat: Sein Gegenspieler im französischen Exil übt auf alle Verfolgten und Beleidigten eine geradezu magische Anziehungskraft aus. Jakob

Eduards Anhängerschar wächst von Tag zu Tag. Immer mehr sehen in dem vertriebenen Stuart-Prinzen den wahren König Britanniens. Nicht nur in Schottland, der Heimat der Stuarts, überall im Land verbreitet sich der neue Trinkspruch: »Auf den König jenseits des Meeres«. Es bleibt nicht bei Trinksprüchen. Die britischen Jakobiten nehmen Kontakt zu ihrem »König« auf, der in Lothringen lebt, Invasionspläne werden geschmiedet, Bündnisse geschlossen.

Und je mehr der Schattenkönig an heimlichen Unterstützern gewinnt, desto mehr Grund sehen die regierenden Whigs, gegen die vermeintlichen Staatsfeinde vorzugehen. Ein Teufelskreis!

Schließlich kommt es in Schottland und im Nordwesten zu offenem Aufruhr. Soldaten Seiner Majestät schließen sich den Rebellen an. Der Herzog von Mar lässt am 6. September in Schottland die jakobitische Flagge hissen. Das Rebellenheer wächst, marschiert in Richtung Edinburgh. Die Landung des Pretenders, heißt es, stehe unmittelbar bevor.

In dieser Lage bleibt Georg keine andere Wahl. Der König sieht sich gezwungen, mit militärischen Mitteln zurückzuschlagen. Und der Welfe beschränkt sich nicht darauf, eigene Truppen gegen die Aufständischen in Marsch zu setzen, sondern fordert darüber hinaus auch noch 6000 Mann von den alliierten Niederlanden an. Georg tut dies sehr ungern. Denn abgesehen von den hohen Kosten ist ihm bewusst, dass die Flammen des Aufruhrs durch den Gegenschlag womöglich noch neue Nahrung bekommen. Aber für Gespräche ist es zu spät, die Chancen der Diplomatie sind vertan. Bei dramatischen Unterredungen mit seinen deutschen Beratern verflucht er alle, die ihn in diese verfahrene Situation gebracht haben – allen voran seinen Minister Robert Walpole, der offenkundig Rache an seinen Widersachern nimmt, die ihn selbst einmal in den Kerker gebracht haben.

So wird denn ein Alptraum wahr: Die Briten schicken sich an, ihn mit Waffengewalt aus dem Land zu jagen, er muss um seinen Thron kämpfen. Der Herzog von Mar hat bereits 10.000 Soldaten hinter sich geschart und ist mit der Fahne der Jakobiten in Edinburgh eingezogen.

Gern hätte in dieser brenzligen Lage auch Georg August seinen Mann gestanden, erneut seinen Heldenmut unter Beweis gestellt, der ihm in England schon einmal zu großem Ruhm verholfen hat. Doch sein Vater verwehrt ihm diese Chance. Der Held von Oudenaarde erhält kein Truppenkommando, das es ihm erlaubte, für das Haus Hannover zu kämpfen und ruhmreich aus einer neuen Schlacht hervorzugehen. Stattdessen ist er gezwungen, während der kritischen Monate untätig im Palast herumzusitzen.

Doch seinem Vater gelingt es, den Aufruhr auch ohne ihn einzudämmen. Von großem Vorteil erweist es sich, dass sein Herausforderer in Frankreich keinerlei Unterstützung von anderen Staaten erfährt. Der sterbenskranke Sonnenkönig denkt nicht daran, wegen eines solchen Abenteuers den mühsam geschlossenen Utrechter Frieden zu gefährden, und auch der Schwedenkönig verweigert dem Pretender seinen Beistand. Obwohl ihm das Kurfürstentum Hannover den Krieg erklärt hat, sieht Karl XII. keine Veranlassung, sich an dem Kurfürsten und König zu rächen, indem er sich auf die Seite James Eduards schlägt. Das Risiko ist viel zu groß – im übrigen kann sich der Schwedenkönig darauf berufen, dass er schon Königin Anne versprochen hat, niemals einem Jakobiten zum Sieg zu verhelfen.

Somit ist der Pretender außenpolitisch isoliert. Anstatt wie geplant

St. James Palast in London, um 1700

gleich England anzusteuern, beschränkt er sich darauf, im Dezember 1715 in Schottland an Land zu gehen. Und die Kämpfe nehmen für James Eduard einen so ungünstigen Verlauf, dass er sich bereits im Februar 1716 entschließt, die Segel zu hissen und nach Frankreich zurückzukehren. Aus der schon für den 23. Januar auf dem schottischen Schloss Scone geplanten Krönung wird so nichts. Seine Gegenwart wirkte auf seine Anhänger eher enttäuschend. »Jakob III.«, weit davon entfernt, Begeisterungsstürme auszulösen, hat an Strahlkraft verloren und seine Rolle als Hoffnungsträger der Gedemütigten eingebüßt.

Als die Gefahr gebannt ist, tut Georg alles, um zu verhindern, dass sich alte Fehler wiederholen. Der König lässt Großmut und Gnade walten, übt mäßigenden Einfluss auf alle aus, die erneut Rache nehmen wollen. Die Urteile gegen angeklagte Rebellen fallen daher ungewöhnlich milde aus. 700 Aufständische, die nach einer der großen Schlachten in Schottland gefangen genommen worden sind, werden lediglich zur Zwangsarbeit auf den westindischen Plantagen verurteilt. Von sieben Lords, die zum Tode verurteilt worden sind, lässt Georg fünf begnadigen – sehr zum Leidwesen Walpoles, der erneut für unnachgiebige Härte plädiert.

Doch der König ist nicht an Rache interessiert, sondern an einer Befriedung des Landes. Er müht sich daher, seinen Gegnern den Wind aus den Segeln zu nehmen, Zweifel an seiner uneingeschränkten Loyalität gegenüber dem Vereinigten Königreich zu zerstreuen. Nach vielen schlaflosen Stunden, grüblerischen Spaziergängen und Gesprächen mit seinen Vertrauten fasst er schließlich einen Entschluss von geschichtlicher Tragweite: Im Februar 1716 verfügt er in einem Testament die Auflösung der Personalunion zwischen dem Vereinigten Königreich und Hannover. Danach würden die ältesten Söhne der Welfendynastie nur noch zu Königen über Britannien gekrönt werden, nicht aber gleichzeitig auch Kurfürsten von Hannover sein. Letzteres Amt fiele einem jüngeren Bruder oder anderen männlichen Familienangehörigen zu.

Um sicherzustellen, dass der Entschluss nach seinem Tode auch wirklich umgesetzt wird und keinerlei Zweifel aufkommen, lässt Georg Kopien des Testaments beim Kaiser in Wien und beim Herzog in Wolfenbüttel hinterlegen.

In aller Deutlichkeit sollte damit allen Briten nach seinem Tode vor Augen geführt werden, dass ihr aus Hannover stammender König kein Ausländer war, dem es nur darum ging, sein Heimatland zu stärken, sondern ein Monarch, der sich voll und ganz den Interessen Britanniens widmete.

Wie tief der Graben ist, der sich im Zuge des Jakobitenaufstands aufgetan hat, lässt sich für Georg am besten daran ermessen, dass selbst alte Verbündete wankelmütig geworden sind. Der König ist erschüttert, als er erfährt, dass auch sein Oberbefehlshaber Marlborough zwischenzeitlich schon Geld an den Pretender überwiesen hatte, um sich – für den Fall eines Machtwechsels – die Gunst des neuen Herrschers zu sichern. Der Herzog von Marlborough auf dem Weg ins Lager seiner Widersacher – eine schmerzliche Erkenntnis. »Das ist das Gute an solch einem Aufstand«, raunt Georg verbittert seinem Minister Bernstorff zu. »Man weiß hinterher besser, vor wem man auf der Hut sein muss.«

Georg bleibt es erspart, seinen alten Weggefährten für den Treuebruch zur Rechenschaft zu ziehen. Im Mai 1716 erleidet Marlborough einen Schlaganfall und ist dadurch gezwungen, sein Amt als Oberbefehlshaber der britischen Streitkräfte aufzugeben.

Der König kommt nicht umhin, die Führung seines Reiches neu zu ordnen. Bei allem Aufatmen über die Niederschlagung der Rebellion fühlt er sich mehr denn je darin bestärkt, dass sein Argwohn gegenüber den britischen Untertanen begründet war. Und immer stärker entflammt in ihm der Wunsch, in sein heimatliches Hannover zurückzukehren, zumindest besuchsweise.

* * *

Ahlden. Allmählich, ganz allmählich haben die Ahldener den Schutt beiseite geräumt, den der große Brand hinterlassen hat, und neue Häuser gebaut, schönere Häuser aus Stein. Ein Aufatmen geht durch das Dorf. Frühlingserwachen.

Sophie Dorothea dagegen ist noch in Winterstimmung. Zu oft hat sie an ihrem Verbannungsort erlebt, dass die Hoffnung, die sich mit dem Heraufziehen der helleren, wärmeren Tage verbindet, trügerisch ist. Denn für sie bleibt alles stets beim Alten. Ein Tag ist wie der andere.

Immerhin hat sie jetzt wieder die Gesellschaft ihrer Mutter. Eleonore d'Olbreuse ist am Tag zuvor von Lüneburg gekommen, ihrem Witwensitz, denn das Schloss in Celle musste sie nach dem Tod ihres Mannes räumen – auf Befehl des neuen Herzogs, des Kurfürsten von Hannover.

Es gibt viel zu erzählen – besonders in den ersten Tagen. Begierig saugt Sophie Dorothea alles auf, was ihre Mutter von der großen weiten Welt der feinen Gesellschaft zu berichten weiß. Denn nicht alles lässt sich in Briefen schreiben.

Sophie Dorothea erfährt auf diese Weise erst jetzt, welche Unruhen es im Vereinigten Königreich gegeben hat und wie gespannt immer noch das Verhältnis zwischen Georg August und seinem Vater ist. Geschieht ihm recht, geht es ihr durch den Kopf. Gleichzeitig versetzt es ihr einen Stich, dass ihr Sohn schon seit Jahren keinen Versuch mehr unternommen hat, in Kontakt mit ihr, seiner Mutter, zu treten, sie scheinbar vergessen hat. Stattdessen ist viel von seiner Frau zu hören, dieser Karoline. Schön und klug soll die Prinzessin sein.

* * *

Die britischen Minister schütteln ernst die Köpfe. Sie raten dringend ab, halten es für außerordentlich gefährlich, so kurz nach der Niederschlagung der Revolte das Land längere Zeit zu verlassen. Doch Georg – sonst immer offen für sicherheitspolitische Einwände – ist nicht zu halten. In weiser Voraussicht hat er bereits im Jahr zuvor das Gesetz aufheben lassen, wonach ihm Auslandsreisen nur mit ausdrücklicher Zustimmung des Parlaments gestattet waren.

Eine andere Hürde bleibt: Wer führt in der Zeit seiner Abwesenheit die Geschäfte? Wer vertritt ihn bei dringenden Entscheidungen? Naheliegend wäre es, den Prince of Wales mit der Vertretung zu betrauen, den Thronfolger. Doch Georg misstraut seinem Sohn. Georg August soll nach dem Willen seines Vaters lediglich eine Position einnehmen, die der Stellung der Geheimen Räte in Hannover entspricht. Alle bedeutenden Entscheidungen behält er sich während seiner Auslandsreise selbst vor.

Damit verdüstert sich erneut die Atmosphäre im St. James Palast: Georg August ist empört. Der Prinz tut alles, um Druck auf seinen Vater auszuüben. Bei einer Kabinettssitzung kommt es zu einer indirekten Kraftprobe zwischen Vater und Sohn. Auf der einen Seite stehen Georg Augusts Freunde wie der Herzog von Argyll, auf der anderen Seite die starken Verbündeten seines Vaters wie Lordsiegelbewahrer Charles Spencer Sunderland und der Staatssekretär James Stanhope. Und der König beweist, dass er am längeren Hebel sitzt. Er weist seinen Sohn gleich in zweifacher Hinsicht in die Schranken, ernennt Georg August nicht wie gewünscht zum Regenten auf Zeit, sondern nur zum »Hüter und Statthalter des Königreiches« mit sehr begrenzten Befugnissen. Zum andern brüskiert er seinen Sohn auch bei der Nachfolgeregelung für den Posten Marlboroughs. Er macht Marlboroughs Schwager William Cadogan zum neuen Oberbefehlshaber der Armee – und nicht Georg Augusts Freund Argyll, der sich bereits Hoffnungen gemacht hat. Ganz im Gegenteil: Herzog Argyll wird seiner bisherigen Posten enthoben, verliert seine Stellung als Oberst des vornehmsten Kavallerieregiments, der Horse Guards, und büßt sein Amt als Gouverneur von Menorca ein. Zu allem Überfluss muss Argyll auch noch seine Stelle als Oberkammerherr bei seinem Freund Georg August räumen. Eine Demütigung für den Herzog, eine Demütigung für den Thronfolger.

Der Prince of Wales protestiert, der König droht. Georg I. lässt Georg August über Bernstorff mitteilen, Argylls Entlassung sei unumkehrbar. Wenn er das nicht akzeptiere, werde er seinen Bruder Ernst August aus Hannover nach England holen und zum »Hüter des Königreiches« machen und ihn, den Prince of Wales, damit vollends kaltstellen.

Die Drohung wirkt. Georg August erklärt sich »entschlossen, alles zu opfern, um dem König zu gefallen«. Jeder ahnt, dass dies nicht mehr ist als ein Lippenbekenntnis. Die Beziehungen zwischen Vater und Sohn sind derart gespannt, dass sie nicht mehr miteinander sprechen, zusammen speisen oder sich in ihren Wohngemächern besuchen. Im Theater sitzen sie in verschiedenen Logen. Sie meiden jede Begegnung. Ob bei der Jagd oder bei Spaziergängen im St. James Park, im Palast oder in den Häusern des Adels – man geht sich aus dem Weg.

Dabei ist immer klar, dass zu dem aktuellen Ärger über die Vertretungsmodalitäten noch etwas anderes kommt – etwas sehr viel Größeres und schwerer Fassbares: der lange Schatten einer Frau. Auf Umwegen hat Georg August wieder Briefe von seiner Mutter bekommen, die im fernen Ahlden inständig darum bittet, aus ihrer demütigenden Verbannung befreit zu werden. Georg August stürzt jeder dieser Briefe in eine lähmende Traurigkeit, verbunden mit dem Gefühl, seine Mutter im Stich gelassen zu haben, in all dem Luxus und Glanz zu leben, während diese ihre Tage in düsterer Abgeschiedenheit fristen muss. Doch Georg August hat immer wieder erfahren, wie hoffnungslos es ist, seinen Vater umzustimmen. So hat sich der gärende Hass verfestigt, und oft liegt er lange wach im Bett, weil Rachephantasien ihm den Schlaf rauben. Dabei spielt auch der Advokat aus Mantua eine Rolle. Sabbatino hat Georg August Material angeboten, das seinen Vater zu Fall bringen würde, wie der Advokat orakelt. Von diesem Schritt jedoch hat ihn bisher noch Karoline zurückgehalten, die stets mahnt, bei aller Wut und Empörung die Vernunft nicht außer Acht zu lassen. »Du schadest dir selbst, mein Liebster. Die Enthüllungen, von denen dieser Mensch spricht, treffen nicht nur deinen Vater, sie schaden dem gesamten Haus Hannover.« Diesem Argument kann sich Georg August nicht verschließen. Dennoch vergeht kaum mehr ein Tag, an dem seine Hassphantasien nicht Besitz von ihm ergreifen. Als Georg I. im Juli 1716 London in Richtung Hannover verlässt, fällt der Abschied daher außerordentlich frostig aus. Der Prince of Wales schickt seinem Vater Flüche und Verwünschungen hinterher – selbstverständlich nur im engsten Freundes- und Familienkreis. Georg bekommt davon nichts mit und will davon auch gar nichts hören. Der König ist fest entschlossen, auf Abstand zu den anstrengenden Familienkonflikten, Regierungsgeschäften und Machtkämpfen in London zu gehen und im vertrauten Kurfürstentum neue Kraft zu tanken – begleitet von Melusine und ihren drei Töchtern, begleitet von Staatsminister Bernstorff, seinem Leibarzt und Hofgeistlichen, Köchen, Höflingen und Leibwachen sowie einem britischen Staatssekretär, der ihm die Möglichkeit eröffnet, bei Bedarf auch diplomatische Verhandlungen im Namen der Regierung auf dem Kontinent zu führen. An Themen mangelt es nicht.

Die Reise verläuft in umgekehrter Richtung wie die denkwürdige Thronreise zwei Jahre zuvor. Wie im September 1714 macht Georg auch jetzt in Den Haag Station, um örtliche Honoratioren mit seinem Besuch zu beehren. Dann aber steuert er sogleich mit seinem Tross Herrenhausen an. Hier erwartet ihn schon sein Bruder Ernst August, der in Kürze zum Fürstbischof von Osnabrück ernannt werden soll. Auch der kleine Friedrich, mittlerweile neun Jahre, ist zugegen. Bei einem Spaziergang durch den Großen Garten weiht der König seinen Enkelsohn in seine Pläne zur Aufhebung der Personalunion ein. Die nämlich könnten zur Folge haben, dass Friedrich nach dem Tode seines Großvaters Kurfürst von Hannover wird. Der junge Prinz versteht zwar nicht alles, ist aber stolz, dass der König von England so ernst mit ihm spricht.

Nach drei Wochen Herrenhausen mit zahlreichen Besuchen von Hofbeamten, kurfürstlichen Amtsgeschäften, Audienzen, Empfängen und einem Hofball bricht der König zur zweiten Station seiner Reise auf: zur Badekur nach Bad Pyrmont.

Der Kurort im Weserbergland erlebt in diesem Jahr einen hohen Besuch nach dem anderen. Nur wenige Wochen vor Georg I. ist der russische Zar mit großem Gefolge angereist. Mit 300 Pferden, einem Großonkel, Vizekanzler und weiteren Würdenträgern und Bediensteten zog Peter der Große am 6. Juni 1716 in Bad Pyrmont ein, um sich wegen eines »hypochondrischen Affektes« von Badearzt Johann Philipp Seip behandeln zu lassen: eine kleine Atempause in der zweiten Runde des Nordischen Krieges. Praktischerweise bezog der Zar mit seinen engsten Vertrauten gleich Quartier im Haus des Badearztes. Das berühmte Mineralwasser verschmähte der hohe Gast allerdings. Er schüttelte sich, als er von dem lauwarmen, eisenhaltigen Getränk probierte. »Ich bleibe bei Wein und Bier«, erklärte er. »Und im Zweifel ist Wodka immer noch die beste Medizin, die ich kenne.« Unter dröhnendem Lachen erhob er die Rechte, als wollte er den irritierten Pyrmontern zuprosten. Wenn er an warmen Abenden in der Hauptallee seine Trinkgelage abhielt, lud er dazu stets auch andere Kurgäste ein. Auch sonst liebte er es, jenseits aller Standesgrenzen beim Promenieren in der Allee oder im Kurpark Gespräche über Gott und die Welt zu führen.

Stets unterhielt Peter der Große seine Umgebung mit derben Scherzen. Bei einem feierlichen Empfang im Schloss des Fürsten von Waldeck ließ er seinen Hofnarren in die Rolle des Kaisers schlüpfen. Einen ganz besonderen Heiterkeitserfolg erzielte er, als er den Hofnarren beauftragte, in seiner Staatskutsche vor seinem Haus in der Brunnenstraße vorzufahren – im Kostüm des Zaren. Das wie üblich eilig herbeigeströmte Publikum rieb sich erstaunt die Augen, als der falsche »Zar« sich nach allen Seiten tief verbeugte, die Zunge herausstreckte, Perücke und Jacke ablegte und auf der Straße einen Handstand mit anschließendem Purzelbaum vollführte. Am lautesten applaudierte und lachte der Originalzar, nachdem er sich auf dem Balkon seines Logishauses gezeigt hatte.

Immer wieder gefiel sich der mächtige Russe darin, sich über höfische Konventionen hinwegzusetzen. Bei einem Ball im Haus seines Gastgebers legte er ungeniert die Robe ab, krempelte ausgelassen die Hemdsärmel auf und tanzte wie toll.

Bei aller Freude über den berühmten Werbeträger verging bisweilen sogar dem geschäftstüchtigen Badearzt das Lachen. In seinem Übermut jagte der Zar seinem Gastgeber manchen Schrecken ein. Auf dem Weg zum benachbarten Schloss Schwöbber etwa raste er mit seiner Kutsche in vollem Galopp einen steilen Hang hinab. Seip, der neben ihm auf dem Kutschbock saß, geriet derart in Panik, dass er verzweifelt um Hilfe rief. Der Zar kam aus dem Lachen gar nicht mehr heraus, ließ die Peitsche knallen und trieb die Pferde zu noch wilderem Galopp an.

Peter der Große nutzte seinen Aufenthalt auch, um mit Leibniz zu sprechen. Der hannoversche Philosoph ging im Haus des Badearztes ein und aus und genoss es in seinem letzten Lebensjahr, bei einem so mächtigen Mann wie dem Zaren jederzeit Gehör zu finden.

Begegnungen zwischen Leibniz und Georg I. sind dagegen nicht überliefert. Ganz im Unterschied zu seiner Mutter stand der Kurfürst dem umtriebigen Philosophen nie besonders nahe. Außerdem war Georg eben auch nicht nach Bad Pyrmont gekommen, um anstrengende Gespräche zu führen. Schon fünfmal war er vor seiner Krönung zum »Heiligen Born« gereist, um sich an den angeblich heilkräftigen Quellen zu erquicken, zuletzt gemeinsam mit seiner Tochter Sophie Dorothea. Auch diesmal will ihm Sophie Dorothea die Jüngere, mittlerweile Königin in Preußen, in Bad Pyrmont einen Besuch abstatten.

Blick auf Bad Pyrmont im späten 18. Jahrhundert

Wie der Zar quartiert sich auch der englische König im Haus des Badearztes in der Brunnenstraße 16 ein, einem weißen Fachwerkhaus mit verzierten Holzträgern und umlaufenden Balkonen, auf denen sich die Kurgäste gemeinhin dem Publikum zu zeigen pflegen oder selbst interessierte Blicke auf die adligen oder zumindest betuchten Flaneure werfen. Für den König schickt sich dies selbstverständlich nicht. Der Hausherr weist ihm die Suite mit dem Prunkbett zu, die auch Peter dem Großen bereitstand. Georgs Gefolge ist indessen viel kleiner als das des Zaren, der größte Teil der Reisegesellschaft ist in Herrenhausen geblieben, und die meisten Begleiter haben in den umliegenden Dörfern Quartier bezogen. Melusine und deren Töchter allerdings leisten dem König vom 3. bis 18. August Gesellschaft in Bad Pyrmont.

Badearzt Philipp Seip hat ein Jahr lang in London gelebt, so dass es an Gesprächsstoff nicht mangelt. Natürlich berichtet Seip seinem Gast aus London auch von den kuriosen Erlebnissen mit dem Gast aus St. Petersburg. »Was für ein verrückter Hund«, merkt Georg immer wieder lachend an. »Scheint ja ein wahrer Teufelskerl zu sein.« Bisweilen kann Georg es kaum fassen, dass es sich bei dem stets zu übermütigen Späßen aufgelegten Kurgast und dem Zaren, der als gnadenloser Kriegsherr und grausamer Herrscher bekannt ist, um die gleiche Person handelt. Bei allem Spaß erinnern ihn die unterhaltsamen Geschichten auch an die Verhandlungen, die er noch zu führen hat. Der Russe macht sich im Ostseeraum immer breiter. Doch Georg verscheucht diese Gedanken. Dafür ist Bad Pyrmont nicht der passende Ort.

Zu den eindrucksvollsten Erlebnissen der Kur zählen für Georg diesmal die Besuche in der Dunsthöhle, die Seip erst kurz zuvor zur neuen Attraktion des Kurangebots gemacht hat. Der Badearzt hat festgestellt, dass aus den Gesteinsspalten einer Grube in einem früheren Steinbruch Gase mit heilkräftiger Wirkung steigen. Seip spricht von Schwefeldunst, später wird bekannt, dass es sich um Kohlendioxid handelt. Immer wieder, hieß es, seien Steinbrucharbeiter ohnmächtig geworden, wenn sie in eine bestimmte Tiefe gekommen seien. Es hatten sich tote Vögel und andere verendete Tiere in der Grube gefunden.

Mit Hilfe von Selbstversuchen stellte Seip fest, dass durch »wiederholtes Schwitzen und Einziehung des Schwefeldunstes« erstaunliche Heilwirkungen zu erzielen waren. So ließ er ein Halbrund ausschachten, in dem sich das Gas sammeln und für »trockene Schweißbäder« genutzt werden konnte. Wer Heilung suchte, hatte sich so tief auf die abwärts führenden Stufen zu setzen, dass sich der Körper im Gas, der Kopf aber noch in der freien Atemluft befand. Das Publikum kam aus dem Schwärmen nicht mehr heraus. Die Besucher berichteten von der Linderung fast aller nur denkbaren Leiden, schwärmten von Heilungserfolgen bei Gicht, Versteifungen und geschwollenen Füßen. Wer allerdings zu tief eintauchte, riskierte sein Leben. Jedem, der die Gase einatmete, drohte der Tod durch Ersticken – immerhin ein sanfter Tod.

Der Badearzt führt seinem Besucher die Wirkungsweise des »Schwefeldunstes« mit einem Experiment vor Augen. Dazu lässt Seip einen gefesselten Hund an einem Seil in die Grube herab, sodass Georg beobachten kann, wie das arme Tier hochspringt, das Maul aufsperrt und mit panischem Blick nach Luft schnappt. »Jetzt befindet sich der Hund ungefähr auf der Trennlinie zwischen dem Gas und der frischen Luft, Durchlaucht. Daher springt er hoch, um frische Luft einzuatmen«, erläutert Seip. »Nun, Majestät, werden wir ihn etwas tiefer herablassen. Seht, was geschieht.«

Es ist nicht zu übersehen: Der Körper des Hundes sackt schlaff in sich zusammen. Als er wieder hochgezogen wird, scheint er tot zu sein. Doch der Eindruck täuscht. Nachdem sich das Tier an der frischen Luft von dem Dunstbad erholt hat, beginnt es sich wieder zu regen, und nach wenigen Minuten steht es auf seinen vier Beinen und läuft davon.

Georg ist beeindruckt, vereinbart gleich, die heilkräftige Wirkung des trockenen Schweißbades am nächsten Tag am eigenen Leib zu testen. Dabei prägt sich ihm das Bild des Hundes ein, der offenbar ohne es zu spüren von einer Ohnmacht erfasst worden ist, um sanft in das Tal des Todes hinüberzugleiten. Probeweise atmet schließlich auch Georg die tödlichen Gase ein. Was für ein wunderbarer Geschmack! Diese Luft hat das Aroma von Champagner – so wohlschmeckend, dass man gleich noch mehr davon inhalieren möchte. Verzückt schließt der König die Augen, lässt sich von einem sanften

Taumel aus dem Hier und Jetzt davontragen. Im nächsten Moment schon wird er ganz unsanft in die Gegenwart zurückgeholt. Ein Assistent des Badearztes reißt ihn hoch und weist in vorwurfsvollem Ton auf die Gefahren der Kohlensäure hin. Es dauert mehrere Minuten, bis der König den Schwindel überwunden hat. Doch die Erfahrung wird sich in seinem Innern festsetzen – die verstörende Erfahrung, wie verführerisch leicht es ist, sich von der Last des Erdenlebens zu befreien. Der Tod hat für den König fortan den Beigeschmack von Champagner.

Bereichert durch die Dufthöhle nimmt Georg gemeinsam mit Melusine weiter am mondänen Pyrmonter Kurleben teil. Schon früh am Morgen promeniert er über die lindengesäumte Hauptallee zum »Heiligen Born«, um sich von den uniformierten Brunnenknechten Mineralwasser einschenken zu lassen. Zehn Gläser, und auf jedes Glas folgt entsprechend den Ratschlägen des Badearztes ein Spaziergang durch die hundert Meter lange Allee, meist in Begleitung von Melusine, bisweilen aber auch im Gespräch mit Bernstorff oder anderen führenden Hofbeamten – begafft und ehrerbietig gegrüßt von den vielen adligen Kurgästen, unter denen sich natürlich schnell herumgesprochen hat, welch hoher Herr da flaniert. Wegen der großen Flüssigkeitsmenge muss Georg wie die übrigen Kurgäste seinen Spaziergang bisweilen unterbrechen, um seine Blase zu erleichtern. Hierfür stehen am Rande der Hauptallee sogenannte Secretas bereit, kleine Toilettenhäuschen. Gegen neun Uhr nimmt der König bei schönem Wetter gemeinsam mit den anderen Gästen an der langen Tafel in der Lindenallee Platz, um unter freiem Himmel zu frühstücken – ein leichtes Frühstück mit Tee und Schokolade. Danach pflegt Georg in dem heilkräftigen Wasser des Brodelbrunnens zu baden, das allmorgendlich in geschlossenen Bottichen in seine Unterkunft getragen wird. Nach dem Mittagessen setzt er seine Trinkkur-Promenade zwischen Brunnenplatz und Hauptallee fort – beflügelt von kleinen Konzerten, die angereiste Musiker mit Gambe, Krummhorn, Geige und Flöte unter den Linden geben. Bisweilen unternimmt er gemeinsam mit dem Badearzt auch Spaziergänge in die Umgebung. Auch hier trinkt er von den Quellen, die ein langes und gesundes Leben verheißen. Besonders stolz ist der Badearzt auf eine Quelle in der Nähe des herrschaftlichen Brauhauses, die am Fuße eines Hügels aus dem steinigen Boden sprudelt und wegen der Nähe zu dem kleinen Berg und dem säuerlichen Geschmack ihres Wassers von Seip auf den Namen »Bergsäuerling« getauft worden ist. Bei der abendlichen Tafel mit dem König und seinen Begleitern mischt der Badearzt das Mineralwasser mit Weißwein und führt vor, wie das Gemisch schäumt und perlt. »Sieht es nicht aus wie Champagner, Majestät? Probiert selbst, Ihr werdet spüren, wie leicht es ist und wie gut es dem Magen bekommt.« Georg lässt sich nicht lange bitten.

Dann aber nimmt eine junge Dame seine Aufmerksamkeit in Anspruch: Sophie Dorothea die Jüngere hält mit einem kleinen Gefolge Einzug in Bad Pyrmont, um einige schöne Tage mit ihrem Vater zu verbringen, begleitet von ihren beiden ältesten Kindern: der siebenjährigen Wilhelmine und von Friedrich, genannt Fritz, der gerade vier geworden ist. Georg hat sich seit Wochen danach gesehnt, seine geliebte Tochter wieder in die Arme zu schließen und seine Enkelkinder zu sehen. Zehn Jahre ist es her, dass die beiden abseits des höfischen Lebens bei einer Kur in Bad Pyrmont entspannte Wochen miteinander verbracht haben – kurze Zeit vor Sophie Dorotheas Heirat.

Nun sind sie erneut am Rande des Weserberglands zusammengetroffen, beide als gekrönte Häupter. Georg kann es kaum erwarten, hat sowohl das tägliche Bad als auch die Besuche der Heilquellen für den Tag der Ankunft abgesagt.

Endlich kündigt eine ferne Staubwolke an, dass sich die preußische Königin nähert, und eskortiert von einer Reiterstaffel fahren kurz vor Mittag an diesem sonnigen Augusttag in der Brunnenstraße fünf Kutschen vor: vorneweg die vierspännige Karosse mit Sophie Dorothea, gefolgt von der Kutsche mit den Kindern, die von ihren Erziehern begleitet werden. Endlich, endlich öffnet sich der Kutschenschlag mit dem königlich preußischen Wappen, und ein Domestik hilft der Dame in dem Seidengewand beim Aussteigen. Doch die Begrüßung verläuft anders als erwartet: steif, verkrampft. Georg, der nach der Meldung der Herolde bereits mit Melusine vor seinem Quartier gewartet hat, geht gemessenen Schrittes auf die Dame zu und verbeugt sich.

»Willkommen, königliche Hoheit.«

»Es ist mir eine große Ehre, Majestät.«

In vornehmer Distanz reichen sich Vater und Tochter die Hand, bevor auch Melusine die Besucherin begrüßt und die Kinder, die aus der zweiten Kutsche steigen, dem englischen König ihre Aufwartung machen – ebenso förmlich und steif wie ihre Mutter.

»Schön, Euch zu sehen.«

»Die Freude ist auf meiner Seite.«

»Wie war die Fahrt?«

»Sehr anstrengend. Und warm! Wir haben ungeheuer geschwitzt.«

Die Verkrampfung löst sich erst, als sich die Besucher ein wenig erholt und erfrischt haben und Georg und Sophie Dorothea den festlich geschmückten Salon des Badearztes betreten, auf ausdrücklichen Wunsch des Königs unbegleitet von Höflingen, Hofbeamten oder Kammerjungfern. Nicht einmal Melusine oder Sophie Dorotheas Kinder sind dabei. Jetzt endlich kann sich Georg vom Brustpanzer der Etikette befreien und seine Tochter fest in die Arme schließen. Sophie Dorothea ist so gerührt, dass ihr Tränen aus den Augen schießen.

«Mein Kind.«

Georg, bewegt von einem heftigen Gefühlssturm, unterdrückt die Frage nach dem Grund der Tränen. Immer schon war der Welfe, den alle Welt für einen gefühllosen Klotz hielt, seiner Tochter tief verbunden. Als Sophie Dorothea ihm nach der Trennung von seiner namensgleichen Frau die Treue gehalten hatte, war aus der Verbundenheit abgöttische Liebe geworden.

In stummer Rührung ergreift der König jetzt die Rechte seiner Tochter und küsst ihr auf den weißen Handrücken. Eine Geste fernab aller oberflächlichen Galanterie. Kaum haben beide Platz genommen, servieren ihnen die freundlichen Hausmädchen des Badearztes auch schon heiße Schokolade in Verbindung mit einem Glas Mineralwasser.

»Süß und sauer«, kommentiert der König lächelnd. »Das eine ist für den Genuss des Augenblicks, das andere für ein langes Leben.« Um mit gutem Beispiel voranzugehen, leert Georg das Mineralwasserglas in einem Zug, bevor er von der heißen Schokolade nippt. Sophie Dorothea tut es ihm nach.

»Wie geht es der kleinen Charlotte?«

»Oh, sie ist wohlauf und bei ihrer Amme in den besten Händen.«

Sophie Dorothea ist erst im März mit einem Mädchen niedergekommen; von sechs Kindern, die sie bereits zur Welt gebracht hat, sind nur noch drei am Leben.

Wie bei der Ankunft kommt die Konversation erneut ins Stocken.

»Und wie ist das Befinden Eures Gemahls?«, schließt Georg an, um das peinliche Schweigen zu durchbrechen.

»Oh, der König ist auch wohlauf. Ich soll die untertänigsten Grüße ausrichten.«

»Vielen Dank. Man hört, dass sich der König in außerordentlicher Sparsamkeit übt. Höchst lobenswert, wirklich, das ist sehr anzuerkennen!«

Endlich huscht ein Lächeln über das Gesicht der jungen Königin, das aufgeschwemmt wirkt. Die frühere Schönheit ist von Erschöpfung, ja Erschlaffung überlagert. »Oh ja, der König will seinem Volk ein Vorbild sein und hat Disziplin und Schlichtheit zu den höchsten Tugenden erklärt. Aller Prunk und Pomp, so sagt er, sei ihm ein Gräuel. Er zieht es vor, wie ein Bauer an blankgescheuerten Eichenholztischen zu tafeln. Statt Kaviar und Fasan isst er Weißkohl mit Schweinebauch.«

Indem sie mit einem Ausdruck des Ekels das Gesicht verzieht, fügt Sophie Dorothea an: »Auch grüne Erbsen mit Rindsmaul lässt er sich bisweilen auftischen.«

»Das klingt nicht sehr verlockend. Aber an seiner Bescheidenheit könnte sich mancher Fürst ein Vorbild nehmen. Es heißt, dass er seine Hofhaltung auf ein Minimum reduziert, gar Schlösser verkauft hat.«

»Das ist wahr. Er tut alles, um die Schuldenlast, die ihm sein Herr Vater hinterlassen hat, zu verringern. Von 24 Schlössern hat er nur sechs behalten, die übrigen hat er verkauft oder verpachtet. Von den 700 Zimmern im Berliner Schloss sind nur noch fünf bewohnt. Oper und Hofkapelle sind aufgelöst, Tafelsilber, kostbare Weine, Karossen, Sänften versteigert. Sogar den Krönungsmantel hat er zu Geld gemacht, es ist nicht zu glauben. Aller Luxus ist zur Todsünde erklärt worden, niemand am Hofe darf mehr eine Allongeperücke tragen. Als einheitliche Haarmode hat der König allen Männern den Soldatenzopf verordnet. Wer in einem prunkvollen Gewand angetroffen wird, muss um seinen Posten bangen, vielleicht sogar um sein

Leben. Der schlichte Soldatenrock ist zum Maß aller Dinge geworden.«

Sophie Dorothea seufzt und nimmt einen Schluck Schokolade.

»Ja, das Militärische hat jetzt bei uns die Oberhand gewonnen. Der Lustgarten ist zum Exerzierplatz geworden, aus den Bronzestatuen hat mein Herr Gemahl Kanonen gießen lassen.«

Georg ist es, als hielte ihm jemand den Spiegel vor, einen Zerrspiegel, der ihm seine eigenen Züge in übersteigerter Form vor Augen führt. Denn wie schon in Hannover steht der Welfe auch in London im Ruf, die glanzvolle Repräsentation aus übertriebenem Geiz zu vernachlässigen und soldatische Tugenden höher zu bewerten als die gediegene Kultur des Hoflebens. Doch was sein Neffe und Schwiegersohn da in Königswusterhausen in Szene setzt, geht auch ihm zu weit.

»Mir scheint, er treibt es etwas arg. Aufgabe des Königs ist es doch auch, die schönen Seiten des Lebens zum Erblühen zu bringen und das Geistesleben und die Künste zu fördern.«

»Ganz meine Meinung. Zum Glück hat er mir ein Schlösschen geschenkt, in dem ich mir einen kleinen Ausgleich zu dem großen Exerzierplatz schaffen kann – mit Musik und gelehrten Gesprächen. 'Monbijou', habe ich meinen Palast genannt. Dort kann ich auch meine Kinder um mich haben und sie zu glücklichen Menschen machen.«

»Das ist schön. Ich wünsche nichts so sehr, als dass es dir gut geht, meine Tochter.«

Sophie Dorothea seufzt. Ihr Vater bemerkt, wie ein Zittern durch ihren Körper geht. Sie schluckt.

»Dir geht es doch gut?«, hakt er besorgt nach. »Ich weiß noch, wie du anfangs in deinen Briefen geschwärmt hast, dass dein Mann dich auf Händen trägt und dir alle Schätze der Welt zu Füßen legt. Wie hat er dich immer genannt? Fiekchen? War es nicht so? Nennt er dich immer noch Fiekchen?«

Sophie Dorothea knetet angestrengt die Hände und blickt auf ihre Schuhspitzen. »Das ist lange her.«

Schweigend umschließt sie mit der Rechten ihre Schokoladentasse und atmet stoßhaft. Ihrem Vater scheint es, dass sie gegen einen erneuten Weinanfall ankämpft. Schließlich bricht es aus ihr heraus.

»Ich, ich kann es nicht länger verheimlichen. Mein Gemahl hasst mich. Ich bin für ihn nichts weiter als eine Gebärmaschine, die ihm Soldaten in die Welt setzt. Die Mädchen zählen natürlich nicht.«

Sie wischt sich eine Träne aus den Augen. »Er ist grob und gemein, hat keine Bildung und schlechte Manieren. Er findet nichts dabei, am Tisch zu rülpsen und zu furzen. Selbst lacht er am lautesten über seine derben Scherze, und wenn ich ihm zu erkennen gebe, dass ich sein Verhalten missbillige, dann kann es geschehen, dass er mich ohrfeigt – in Gegenwart seiner Pagen, stellt Euch vor!«

Ein Kloß im Hals erstickt ihre Stimme. Erst nach mehrmaligem Räuspern fährt sie fort. »Bei alldem ist er eifersüchtig, furchtbar eifersüchtig. Als er den Eindruck hatte, dass mir die Kavaliere am Hof schöne Augen gemacht haben, hat er seinem Fiekchen die Haare abschneiden lassen. Wenn er mich nicht zu schätzen weiß, dann soll das auch kein anderer Mann. Ja, es ist nicht leicht.«

Schon eine ganze Weile hat der König die Lippen aufeinandergepresst und krampfhaft die Hände gefaltet, um die Fassung zu wahren. Immer mehr haben sich seine Gesichtszüge dabei verhärtet. Auf einmal ist es, als würde die königliche Maske unter dem inneren Beben bersten.

»Dieser Hund! Dieser Stallbursche«, stößt er hervor. »Für mich war er immer schon ein Bettelkönig, ohne jede Würde und Majestät. Ich würde ihn am liebsten töten.«

Sophie Dorothea schüttelt verzweifelt den Kopf. »Nein, um Himmels willen, nein, so dürft Ihr nicht reden, mein Vater. Jeder muss das Schicksal tragen, dass der Herr ihm in die Wiege gelegt hat. Und der Herr hat mir ja nicht nur diesen Mann gegeben, sondern eben auch meine Kinder, und die sind mir Trost und Glück. Und auf meinem Schlösschen wird es mir vielleicht auch gelingen, sie vor dem schädlichen Einfluss ihres Vaters zu bewahren. Ach, vielleicht wird ja noch alles gut.«

Georg ist beschämt. Unwillkürlich drängt sich ihm der Gedanke an die Frau auf, die den gleichen Namen trägt wie seine Tochter – und von ihrem Mann vielleicht ähnlich schlecht behandelt worden ist: die Prinzessin von Ahlden, wie sie heute genannt wird. Aus Rache für ihre angebliche Vernachlässigung wünschte diese Frau ihm einst den Tod und gab ihn der Lächerlichkeit preis. Widerstrebende Gefühle bestürmen ihn. Nein, bei all den Gemeinsamkeiten mit den Gespenstern der Vergangenheit ist da ein großer Unterschied: Die Frau, die vor ihm sitzt, weiß, was sich für eine Dame von Stand gehört, lässt sich nicht von den Launen des Herzens erweichen, sondern zeigt Stärke und Festigkeit, triumphiert damit letztlich über ihren ungebildeten Mann und beweist sich als wirkliche Königin. »Du hast recht, mein Kind«, raunt er ihr zu. »Du, du bist großartig.«

Ein bitteres Lächeln huscht über das Gesicht der jungen Frau. »Ich habe erlebt, dass es nichts bringt, gegen die Regeln zu revoltieren«, entgegnet sie plötzlich mit einer ungewohnten Kälte in der Stimme. »Meine Mutter beweist mir, wohin es führt, wenn man sich vergisst.«

Georg erschrickt, müht sich, sein Entsetzen zu verbergen. Seit der Verbannung Sophie Dorotheas ist es ein ungeschriebenes Gesetz, dass über diese Affäre nicht mehr gesprochen wird – nicht nur der Name, die gesamte Person, die komplette Lebensgeschichte Sophie Dorotheas der Älteren ist ein Tabu im Hause Hannover. Dass seine Tochter dieses Tabu verletzt, verwirrt den Vater. Die Hochachtung, die er für seine Tochter empfindet, verbietet ihm jedoch jede Zurechtweisung. Er entschließt sich sogar, selbst die unsichtbare Grenze zu überschreiten. »Hat sie, hat sie dir geschrieben?«

Sophie Dorothea nickt. »Einige wenige Mal, auf, äh, auf verbotenem Wege ...«

»Und was will sie?«

»Das fragt Ihr? Es ist immer nur das eine: Sie will natürlich raus aus diesem Nest, sie will – Vergebung, Freiheit.«

»Und, und was antwortest du ihr?«

»Nichts. In vielen Worten nichts.«

Der König legt Sophie Dorothea schweigend seine große Rechte auf die Hand, in überströmender Liebe und Dankbarkeit.

An den nächsten Tagen spazieren Vater und Tochter über die vertraute Hauptallee zum Heiligen Brunnen, trinken und promenieren, promenieren und trinken, langsam und entspannt im gleichmäßigen Rhythmus, hin und her zwischen Quelle und Fontäne. Sie prosten sich scherzend beim Trinken zu, fahren aufs örtliche Schloss und besuchen den Grafen Waldeck. In Begleitung des Badearztes führt Georg seiner Tochter auch die neuen Attraktionen des Kurorts vor –

die Dunsthöhle und die Bergsäuerlingsquelle. Bald haben Vater und Tochter ihren Mineralwasserkonsum auf dreißig Gläser pro Tag gesteigert.

Wie schon vor ihrer Eheschließung hat Sophie Dorothea auch keine Probleme, der Mätresse ihres Vaters Gesellschaft zu leisten. Der herzliche, aber gleichzeitig robuste Charme Melusines macht es Sophie Dorothea leicht, mit ihr über Nichtigkeiten zu plaudern.

Bisweilen findet der König auch Zeit für seine beiden Enkelkinder, die, obwohl erst sieben und vier Jahre alt, herausgeputzt sind wie kleine Erwachsene. Georg macht sich einen Spaß daraus, sie nach ihren Interessen, ihren Erziehern oder Lieblingsspeisen zu fragen und amüsiert sich köstlich über ihre eigenwilligen Antworten. Besonders entzückt zeigt sich der König, als ihm die beiden ein kleines Flötenkonzert geben.»Bravo, wenn ihr so weitermacht, kann sich euer Vater das Geld für seine Musiker sparen.«

Erst als er in das versteinerte Gesicht seiner Tochter blickt, stellt er fest, dass er mit den unbedachten Worten Salz in eine offene Wunde gestreut hat. Nicht nur, dass Friedrich-Wilhelm ohnehin schon seine Hofmusiker entlassen hat, der König von Preußen sieht es auch nicht gern, dass sein Fritz musiziert.

Doch darüber wird nicht mehr gesprochen. Stattdessen spricht Sophie Dorothea ihren Vater erneut auf eine Idee an, die sich auf eine noch ferne Zukunft richtet, ihre Gedanken aber bereits ganz beherrscht: die Idee einer Doppelhochzeit – einer zweifachen Eheschließung, die nach den Vorstellungen der Königin das Haus Preußen auf Dauer mit dem englischen Hof verbinden könnte. Der kleine Fritz soll danach einmal Georg Augusts Tochter Amalie, derzeit fünf Jahre alt, zum Traualtar führen, und Wilhelmine mit Georg Augusts ältestem Sohn Friedrich Ludwig, geboren 1707, verheiratet werden.

»Wäre das nicht schön? Auf diese Weise wären Hannover, England und Preußen durch ein festes Band verbunden und der Traum Eurer Mutter hätte sich auf eine Weise erfüllt, wie es wunderbarer nicht sein könnte. Niemand, wirklich niemand mehr in der Welt könnte sich über uns hinwegsetzen.«

Der König nickt bedächtig. Mit Blick auf die Kinder, die noch nicht einmal schreiben und lesen gelernt haben, erscheint ihm der Plan zwar etwas verwegen, doch der Gedanke gefällt ihm.

»Das scheint mir sehr klug«, erwidert er nachdenklich.»Darüber lohnt es sich nachzudenken. Habt Ihr denn schon mit Euerm Gemahl darüber gesprochen?«

»Natürlich. Er wäre einverstanden.«

»Das ist gut. Alles Weitere wird sich finden. Zum Glück haben wir ja noch viel Zeit.«

* * *

Reisediplomatie

Die friedliche Stimmung in Bad Pyrmont ist trügerisch. Wenn die Staatsoberhäupter auch entspannt durch die Alleen spazieren, gepflegt gähnen oder vom Wasser der heilkräftigen Quellen trinken – ihre Soldaten kämpfen auf Leben und Tod. Der Nordische Krieg geht weiter. Der russische Zar, unterstützt von Polen und Dänemark-Norwegen, liefert sich mit dem schwedischen König Karl XII. neue Gefechte. Und während Peter der Große weiter um die Vorherrschaft im Ostseeraum kämpft und Dänemark die Rückeroberung der schwedischen Provinz Schonen ins Auge gefasst hat, marschiert Karl XII. mit seinen Truppen in Norwegen ein. Ein letztes Aufbäumen! Denn nach der verheerenden Niederlage während seines Russlandfeldzuges ist der junge Schwedenkönig nur noch ein Schatten seiner selbst.

Auch eine britische Flotte ist gefechtsbereit. Admiral John Norris hat mit seinen Kriegsschiffen Stellung in der Ostsee bezogen, um den Schweden notfalls Paroli zu bieten. Doch die Bordkanonen schweigen. Großbritannien steht abwartend zwischen den Fronten. Georg I. hat sich zwar auf die Seite der Russen und Dänen geschlagen und Schweden den Krieg erklärt, verfolgt aber zunehmend besorgt die russische Expansionspolitik im Ostseeraum. Auch andere Repräsentanten des Vereinigten Königreichs sind alarmiert; die drohende Beschränkung der Seewege berührt Großbritanniens Stellung als führende Seemacht.

Für Georg I. kommt aber noch etwas anderes hinzu. In seiner Eigenschaft als Kurfürst von Hannover hat der Welfe schon 1715 die Schwächung Schwedens genutzt, um sich die ehemals schwedischen

Außenposten Bremen und Verden anzueignen – nicht etwa mit Waffengewalt, sondern für eine Kaufsumme von 300.000 Talern, gezahlt an Dänemark, die damaligen Besatzer der Provinzen. So lange Schweden sich jedoch nicht geschlagen gibt, besteht für die Hannoveraner die Gefahr, die neuen Territorien wieder zu verlieren. Georg I. hält daher Ausschau nach neuen Bündnispartnern – und richtet seinen Blick auf einen alten Feind: auf Frankreich. Dort nämlich hat sich Entscheidendes verändert. Der Mann, der Europa über Jahrzehnte hinweg mit seinen Luxusmoden und Eroberungen in Atem gehalten hat, lebt nicht mehr. Der Sonnenkönig ist im September 1715 von der Bühne der Geschichte abgetreten. Georg I. müht sich daher, mit dem neuen Mann in Versailles ins Gespräch zu kommen, schmiedet ein Bündnis zwischen Großbritannien und Frankreich, den langjährigen Kriegsgegnern – nicht persönlich, sondern mit Hilfe seiner Minister und Diplomaten.

Denn der König weilt weiterhin im Hannöverschen. An die Kur in Bad Pyrmont schließt sich im gewohnten Spätsommer-Frühherbst-Takt ein Jagdaufenthalt in der Göhrde an. Endlich wieder in den vertrauten Wäldern! Endlich wieder Aussicht auf Damwild und Schwarzkittel! Und nach der Hatz wird wie gewohnt zum Ball ins Jagdschloss geladen.

Nach dem großen Halali kehrt Georg nicht etwa nach England zurück, sondern steuert erst einmal das Leineschloss in Hannover an. Von einem Urlaub aber hat dieser Heimatbesuch kaum etwas. Immer stärker beherrschen die Verwicklungen der internationalen Politik die Gedanken und Gespräche. Kopfzerbrechen bereiten nicht nur die außenpolitischen Probleme, Sorge bereiten auch die Nachrichten aus dem Vereinigten Königreich. Vor allem das Bündnis mit dem früheren Kriegsgegner Frankreich erhitzt in London die Gemüter. Namhafte Minister wie Schatzkanzler Walpole oder der für Nordengland zuständige Staatssekretär Charles Townshend argwöhnen, dass der König sein Amt missbraucht, um auf Kosten der britischen Krone hannoversche Interessen zu verfolgen und Bremen und Verden dauerhaft vor dem Zugriff der Schweden zu sichern – mit dem Risiko einer kostspieligen militärischen Intervention.

Es kommt zu einer »Ministerkrise«, einer Spaltung des Kabinetts. Georg I. entschließt sich, den aufmüpfigen Staatssekretär Townshend

seines einflussreichen Postens zu entheben und nach Irland abzu-
schieben, auf das wenig glanzvolle Amt des Vizekönigs. Doch dem
Herzog bleibt sein Sitz im Oberhaus, das auf diese Weise zur Keim-
zelle der Opposition wird.

Das Ärgerliche dabei ist für Georg, dass sein eigener Sohn während seiner Abwesenheit offenkundig gemeinsame Sache mit seinen
politischen Gegnern macht. Er ist alarmiert, als Bothmer ihm aus
London meldet, dass der Prince of Wales, der »Hüter und Statthalter
des Königreiches«, widerspenstige Whigs, Tories und sogar Jakobiten
empfange. Von dem Wunsch beseelt, sich beim englischen Volk beliebt zu machen, habe Georg August sogar erklären lassen, er »halte
wenig von Bremen und Verden«.

Der Eindruck ist nicht ganz falsch. Der Thronfolger nutzt in der
Tat die Abwesenheit seines Vaters, um die Herzen der Briten zu
erobern. Und Georg August beschränkt sich nicht darauf, durch den
Empfang von Abtrünnigen im St. James Palast seine parteipolitische
Neutralität unter Beweis zu stellen. Der Prinz unternimmt auch eine
Rundreise, um mit den Menschen außerhalb der Metropole in Kontakt zu kommen. Es ist die erste Reise des Thronfolgers durch sein
künftiges Herrschaftsgebiet. Dabei spricht Georg August nicht nur
mit Grafen und Herzögen, sondern auch mit Stadträten, Bürger-
meistern, einfachen Bürgern und Seeleuten.

»In meinen Adern fließt nicht ein Tropfen Blut, der nicht englisch
ist«, verkündet der Thronfolger vollmundig. Das ist zwar aus genea-
logischer Sicht barer Unsinn, kommt aber bestens an.

Und Georg August belässt es nicht bei Lippenbekenntnissen. Wie
eng verbunden er dem britischen Volk ist, beweist er, als er persönlich Hand anlegt, um ein Feuer zu löschen, das um fünf Uhr morgens
in einem Londoner Vorort ausgebrochen ist. Dieser Akt der sponta-
nen, zupackenden Hilfsbereitschaft verbreitet sich im Vereinigten
Königreich – auch mit Hilfe der hannoverkritischen Presse – in
Windeseile, und die Popularität des Thronfolgers wächst noch weiter,
als sich herumspricht, dass dieser aus seiner Privatschatulle tausend
Pfund für die Opfer eines anderen Brandes gespendet hat. Beeindruckt zeigen sich die Briten auch von der Gelassenheit, mit der ihr
Prinz reagiert, als ein Geistesgestörter ihn im Drury-Lane-Theater zu
töten versucht.

Wie schon nach den Berichten über seinen legendären Heldenmut auf dem Schlachtfeld nimmt Georg August wieder die Rolle des Hoffnungsträgers ein. Gleichzeitig trübt sich der Himmel über dem englischen König ein. Der Streit um den außenpolitischen Kurs verschärft sich. Die Opposition wächst. Schatzkanzler Walpole trommelt gegen den König im Unterhaus, der geschasste Staatssekretär Townshend nutzt das House of Lords als Bühne für seine Attacken. Als Georg schließlich Ende Januar nach England zurückkommt, ist der Erholungseffekt von Bad Pyrmont längst verpufft. Seine Laune hat einen neuen Tiefpunkt erreicht. Und sein Zorn richtet sich nicht nur gegen seine Gegner, sondern vor allem gegen den eigenen Sohn. Der König ist überzeugt, dass der Prince of Wales nichts unterlässt, um sich auf seine Kosten bei Politikern und Bürgern einzuschmeicheln. Über Mittelsmänner lässt er seinen Sohn wissen, wie sehr er dessen Verhalten missbilligt.

Doch damit gießt er nur neues Öl ins Feuer. Georg August wertet den Rüffel seines Vaters als Ausdruck von Eifersucht und Missgunst. So geht der Thronfolger immer mehr zur offenen Opposition über, bleibt demonstrativ den Parlamentssitzungen fern und ermutigt seine Anhänger, Widerspruch zur Politik des Königs anzumelden. Bald erscheint Georg August auch nicht mehr bei den Sitzungen des Kabinetts, was die Differenzen und Konflikte innerhalb der Regierung weiter anheizt. Der dem König nahestehende Minister Charles Stanhope wendet sich in dieser verfahrenen Situation sogar an Prinzessin Karoline, um den Thronfolger zur Einsicht zu bringen. »Euer Gemahl ist auch ein Untertan Georgs I., genau wie ich.« Der Herzog erinnert daran, dass er zu denen im Parlament gehört habe, die sich dafür eingesetzt hätten, dass Georg August seine jährliche Apanage in Höhe von 100.000 Talern auf direktem Wege erhalte. »Dabei muss es nicht bleiben«, fügt der Minister hinzu. »Denkbar wäre auch ein Gesetz, dass die Zuweisung von der Gnade des Königs abhängig macht.«

Doch die Prinzessin lässt die unverhohlene Drohung an sich abprallen und entgegnet in all ihrem Charme mit der spöttischen Frage, ob Stanhope auch noch den großen Diamanten seines Schwiegervaters opfern werde, um Georg August zu ködern – eine Anspielung auf einen legendären Edelstein, den Stanhopes Schwiegervater, ein Diamantenhändler mit dem Spitznamen »Diamanten-Pitt«, aus Ostindien eingeführt hat.

Auch Karoline sieht also bei all ihrer sonst so ausgleichenden Art keine Chance, den Dauerclinch zwischen Vater und Sohn beizulegen. Hilflos muss sie zusehen, wie der Konflikt auf die Katastrophe zusteuert. Daran ändert sich auch nichts, als die königliche Familie Anfang Juli gemeinsam in die Sommerresidenz Hampton Court übersiedelt. Dabei lässt Georg die Seinen in ungewohnter Großzügigkeit mit Musikkonzerten und Theatervorstellungen unterhalten. Man spielt Billard und Karten, speist und tanzt. Es geschieht nicht selten, dass der König die Prinzessin von Wales unterhakt und mit ihr zum großen Pavillon im Garten schlendert, wo eine kleine Kapelle aufspielt. Doch Georg August, der weiter die Opposition um sich schart, geht seinem Vater konsequent aus dem Weg. Karoline gelingt es nicht einmal, ihn zu einer gemeinsamen Jagd zu überreden.

Die Sommerfrische verschafft der Prinzessin immerhin Gelegenheit zum Durchatmen. Nach der Enttäuschung über einen tot geborenen Jungen im November des vergangenen Jahres ist sie erneut schwanger. Bei langen Spaziergängen – oft begleitet von ihrem Schwiegervater – müht sie sich, auf Abstand zu dem Familienzank zu gehen und ein körperliches und seelisches Gleichgewicht zu erlangen, das ihrer Leibesfrucht bestmögliche Entwicklungsmöglichkeiten gibt. Aber das ist nicht so leicht.

* * *

Bisweilen zeigt sich dem König das Leben auch von seiner schönen Seite. Zu einem Erlebnis ganz besonderer Art wird eine Fahrt auf der Themse am 17. Juli 1717.

Als Georg I. in Whitehall mit Melusine, Sophie-Charlotte und anderen Gästen aus seiner näheren Umgebung gegen acht Uhr abends seine königliche Barke besteigt, kräuselt noch ein laues Lüftchen die Wellen. Kurze Zeit später wird der Sommerwind dem König Klänge zutragen, die diese festliche Themsepartie zu einem Hochgenuss machen. Der Barke des Königs nämlich folgt ein Boot, das ausschließlich mit Musikern besetzt ist, etwa fünfzig an der Zahl. Das Orchester bringt ein Werk zur Uraufführung, das der berühmte Kapellmeister Georg Friedrich Händel eigens für die königliche Themsefahrt zwischen Whitehall und Chelsea komponiert hat.

Der König bittet seine Gäste zu schweigen. Die Trompeten, Oboen, das Fagott, die Geigen, Pauken, Quer- und Blockflöten verschmelzen zu so erhabenen Harmonien, wie er sie noch nie gehört hat. Begeistert spendet Georg den Musikern Beifall, und selbstverständlich fallen auch seine Gäste in den Applaus ein.

Seine Majestät findet solchen Gefallen an dem einstündigen Konzert, dass er es noch dreimal wiederholen lässt – zweimal vor und einmal nach dem Abendessen. Die »Wassermusik« hat ihre spektakuläre Geburtsstunde erlebt.

Doch die hymnischen Harmonien werden schon bald durch Missklänge aus dem Kreis seiner Familie übertönt.

* * *

Am 20. Oktober 1717 bringt Prinzessin Karoline einen lebenden Jungen zur Welt. Die Freude über den Stammhalter ist groß, wird aber durch einen Familienstreit überschattet, der sich an dem Neugeborenen entzündet. Anfangs besteht Uneinigkeit über den Namen. Die Mutter will ihren Sohn Wilhelm nennen, die Minister meinen, dass der Junge wie der König und Großvater Georg heißen muss. Schließlich einigt man sich auf einen Kompromiss in Gestalt des Doppelnamens Georg-Wilhelm.

Schwieriger wird es beim Taufpaten. Die Eltern wünschen sich Ernst August, Georg Wilhelms Großonkel, der gerade Fürstbischof von Osnabrück geworden ist, sich überdies Herzog von York und Albany nennen darf und vor allem die Aussicht auf ein hübsches Erbe eröffnet. Denn der jüngste Bruder des Königs ist Junggeselle und ohne legitime Nachkommen. Damit besteht die berechtigte Hoffnung, dass er einmal Georg Wilhelm sein gesamtes Hab und Gut vermachen wird.

Doch da hat das Prinzenpaar die Rechnung ohne den König gemacht. Der nämlich will seinen Großkämmerer, den Herzog von Newcastle, zum Taufpaten machen. Seine Minister haben ihn davon überzeugt, dass nach englischer Sitte immer der Großkämmerer das Amt des Taufpaten übernimmt, und Georg ist fest entschlossen, die Tradition zu achten.

Zähneknirschend fügt sich Georg August dem Wunsch seines Vaters.

Auch bei der Taufzeremonie am Abend des 28. November gelingt es ihm noch, seinen Zorn zu zügeln. Sobald er aber seinen Vater der Etikette gemäß aus dem Raum geführt hat, macht sich der Ärger Luft. Er drängt den Großkämmerer in eine Ecke und hält ihm vor, er habe sich nicht als Ehrenmann verhalten, sondern wie ein Lump. Als der Herzog sich verteidigen will, unterbricht ihn der Prince of Wales barsch, bombardiert ihn mit Kraftausdrücken und Beleidigungen und droht: »Rascal, I'll find you«, was frei übersetzt so viel heißt wie »Hund, ich krieg dich.«

Der ohnehin zur Ängstlichkeit neigende Herzog ist entsetzt. Zu allem Überfluss hat er aus der Beschimpfung des deutschstämmigen

Prinzen eine Aufforderung zum Duell herausgehört, statt »I'll find you« die Drohung »I'll fight you« verstanden: »Ich schlag' dich.«

Newcastle ist so erschrocken und empört, dass er sich bei den königstreuen Ministern Stanhope und Sunderland beschwert. Und die beiden Regierungsmitglieder, die immer schon über den renitenten Thronfolger geklagt haben, nutzen die Gelegenheit, um Seine Majestät zu einem Machtwort zu drängen – allerdings nicht im direkten Gespräch, sondern auf dem Umweg über Bernstorff, den Chef der Deutschen Kanzlei.

Georg reagiert prompt. Durch das Verhalten seines Sohnes persönlich gekränkt, beruft er auf der Stelle das Kabinett zu einer außerordentlichen Sitzung ein.

»Wäre ich in Hannover, wüsste ich, was ich zu tun habe«, teilt er den Ministern mit. »Doch ich achte die Gesetze Ihres Landes, und ersuche Sie daher um Ihren Rat in dieser ärgerlichen Angelegenheit.«

Der Rat ist naheliegend: Die Minister empfehlen, den Prince of Wales erst einmal um eine Stellungnahme und seine Sicht der Dinge zu ersuchen, herauszufinden, was er wirklich gesagt hat. Als Georg seinem Sohn jedoch eine aus drei Herzögen bestehende Abordnung zur Klärung des Sachverhalts schickt, reagiert der zunächst schroff und abweisend. »Ich weiß wirklich nicht, ob ich mir dieses, wie soll ich sagen, Verhör gefallen lassen muss. Ich kann mich nicht daran erinnern, ein Verbrechen begangen zu haben«, hält er den drei Würdenträgern entgegen. »Was ich dem Herrn Oberkämmerer gesagt habe, geht eigentlich nur mich und den Herrn Oberkämmerer etwas an. Aber da Ihr mir schon die Ehre Eures Besuchs erwiesen habt, will ich Euch natürlich auch Rede und Antwort stehen.«

Und dann stellt er klar, dass er nicht im Traum daran gedacht habe, den Herzog von Newcastle zum Duell herauszufordern. »Schon der Rangunterschied verbietet mir dies. Niemals würde ich mich auf diese ordinäre Weise mit einem Kämmerer, einem Oberhofmeister, gemein machen. Das ist weit unterhalb meines Niveaus. Verzeiht, verehrte Lords, aber ich dachte, das müsste Euch klar sein.«

Auf beharrliches Nachfragen hin erläutert Georg August dann aber schließlich schon deutlich höflicher, wie es zu dem Streit gekommen ist: »Mir war nur wichtig, einem Untertanen unmissverständlich klar zu machen, dass er es mir gegenüber an dem gebotenen Respekt hat fehlen lassen. Der Herzog wusste, dass ich ihn als Pate meines Sohnes ablehne. Warum hat er sich vom König drängen lassen? Warum? Er hätte dieses Ansinnen mit guten Gründen zurückweisen können, ohne Schaden zu nehmen. Er hätte sich klar sein müssen, dass sein Verhalten einer Missachtung meiner Person gleichkommt.«

Der König lässt sich durch den Rapport nicht besänftigen. Besonders erbost ist er, als ihm die Herzöge berichten, wie widerwillig der Prince of Wales sie empfangen habe. Bebend vor Zorn stellt er seinen Sohn unter Hausarrest.

Sofort ziehen Leibwachen vor den Gemächern des Prinzenpaares auf. Sie nehmen ihre Aufgabe so genau, dass sie nicht einmal eine Hofdame durchlassen, die mit Karoline zum Tee verabredet ist.

Vergleichbares hat es in der langen Geschichte der britischen Monarchie nicht gegeben. Wie ein Lauffeuer verbreitet sich die harte Bestrafung des Königssohnes am Hofe und in der Stadt. Die einen lachen darüber, dass der König seinen eigenen Sohn einsperrt, die andern erinnern daran, dass der Welfe ja schon in Hannover so hart und unmenschlich mit seiner Frau umgesprungen ist. Wieder legt sich der lange Schatten der alten Affäre über das Königshaus.

Georg August ist anfangs noch viel zu überrascht, um den Ernst der Lage zu begreifen. In einem kurzen Brief bittet er seinen Vater um Entschuldigung, beteuert, es sei nicht seine Absicht gewesen, ihn zu beleidigen, stellt klar, dass er nun auch dem Herzog von Newcastle verziehen habe und zum Einlenken bereit sei.

Doch dem König reicht das nicht. Als seine Minister ihn darauf hingewiesen haben, dass der Hausarrest gegen bestehende Gesetze verstoße, fällt der König eine neue harte Entscheidung: Er verbannt seinen Sohn aus dem St. James Palast, setzt ihn buchstäblich vor die Tür, wirft ihn raus.

Der in Ungnade gefallene Thronfolger ist schockiert und weigert sich in seiner Verwirrung, der Anordnung Folge zu leisten, so lange sein Vater den Rauswurf nicht schriftlich verfügt hat. Aber auch darauf muss er nicht lange warten.

In einer amtlichen Order präzisiert der König, dass sein Sohn umgehend seine Gemächer im Palast zu räumen habe; seine Gemahlin darf noch so lange bleiben, bis sie sich von der Entbindung erholt hat, während dieser Übergangszeit soll sie aber keinerlei Kontakt zu ihrem Mann halten. Karoline verzichtet auf die Schonung. Sie denkt gar nicht daran, ihren Mann allein ziehen zu lassen, folgt ihm auf dem Fuße.

Noch härter als der Rauswurf ist für den gemaßregelten Thronfolger die Verfügung, wonach seine drei Töchter sowie der kleine Georg Wilhelm von ihren Eltern getrennt und unter die Aufsicht des Königs gestellt werden. Eine Demütigung sondergleichen! Und das Undenkbare wird wahr: Georg gibt seine Enkelkinder in die Obhut seiner unehelichen Lieblingstochter Gertrud. Der empörte Vater zieht vor Gericht und klagt, doch vergebens. Alle Versuche des Thronfolgers, seine Kinder auf dem Rechtswege zurückzuerhalten, scheitern. Nach britischem Gesetz fallen die Enkel des Königs in die Verfügungsgewalt der Krone. Die Richter sprechen Georg I. das Recht zu, seine Enkelkinder nach eigenem Gutdünken erziehen zu lassen. Karoline erhält zwar die Erlaubnis, ihre Kinder zu sehen, wann immer sie dies wünscht, aber nur im Beisein Trudchens. Immerhin dürfen die drei Mädchen Anne, Amelia und Caroline von Zeit zu Zeit ihre Eltern besuchen.

Für den kleinen Georg-Wilhelm erübrigt sich eine solche Besuchsregelung: Der Neugeborene stirbt schon wenige Wochen nach seiner Geburt.

Die Verbannung trifft das Prinzenpaar schwer. Als die beiden schließlich Quartier bei einem befreundeten Grafen bezogen haben, bricht Karoline zusammen und verliert zeitweise das Bewusstsein. Georg August ist zwei Tage lang nicht ansprechbar und weint wie ein Kind.

Doch der König lässt sich auch dadurch nicht erweichen, im Gegenteil: Allen Amtspersonen, Hofbeamten und Botschaftern wird untersagt, den Thronfolger zu besuchen. Wer das Kontaktverbot übergeht, muss damit rechnen, nicht mehr empfangen zu werden. Zudem entzieht der König seinem Sohn alle Privilegien, die sich mit dem Status des Thronfolgers verbinden: Keine Salutschüsse, keine Ehrenbezeugungen dürfen mehr die öffentlichen Auftritte des Prinzen begleiten. Vor seinem Wohnhaus werden keine Wachen mehr stehen, keine Leibgardisten werden mehr seine Ausfahrten eskortieren. Damit aber nicht genug: Wer es wagt, dem Verfemten weiterhin zu dienen, verliert alle Ämter und Ehrentitel – egal ob am Hofe, beim Militär oder in der Zivilgesellschaft. Der Prince of Wales, gerade noch als Lichtgestalt und Hoffnungsträger des Königshauses gefeiert, wird ins gesellschaftliche Abseits verbannt – vom eigenen Vater zur Unperson erklärt wie einst seine unglückliche Mutter.

Anders als bei der »Prinzessin von Ahlden« ist diese Verbannung jedoch nicht auf Lebenszeit angelegt. Es ist keine Frage, dass der König seinen Sohn in die Knie zwingen, zur völligen Unterwerfung drängen will. Doch die Rechnung geht nicht auf. Die Erniedrigung bestärkt Georg August nur in seiner Trotzhaltung und Verbitterung. Der Prinz nutzt den Rauswurf zu einem Akt der Befreiung und kauft sich für 6000 Pfund ein eigenes Haus: das Leicester House, einen Palast im Westen Londons, in dem bereits seine Urgroßmutter, Königin Elisabeth von Böhmen, gewohnt hat. Im Januar 1718 findet der Umzug statt.

* * *

Leicester House

Nein, sie müssen nicht am Hungertuch nagen. Das jährliche Einkommen von 100.000 Pfund im Jahr steht dem Thronfolger und seiner Gemahlin auch weiterhin zu – eine Summe, die dem Jahreseinkommen einer Kleinstadt entspricht. Und die beiden nutzen das Geld, um ihr neues Heim standesgemäß auszuschmücken und Hof zu halten. Auf ihre Art.

Schon kurze Zeit nach dem Einzug entwickelt sich Leicester House zur Anlaufstelle der Opposition. Auch Abgeordnete der Whigs, die sich vom König zurückgesetzt fühlen oder mit der Regierung unzufrieden sind, steuern den Palast mit dem griechischen Säulenvorbau an. Denn Georg August ist im Spiel der Mächtigen nach wie vor eine wichtige Größe. Der Prince of Wales verfügt nicht nur selbst über einen Sitz im Oberhaus, sondern hat als Herzog von Cornwall auch Einfluss auf die Besetzung von Unterhaussitzen und kann seinen Vater damit durchaus in Bedrängnis bringen. Der nämlich hat immer noch keinen zuverlässigen Rückhalt in den Parlamenten, und die Regierungskrise ist nur äußerlich beigelegt. Hinter den Kulissen schwelt es weiter. Und als der geschasste Staatssekretär Townshend auch noch seines Postens als Vizekönig von Irland enthoben wird, erklärt der angesehene Schatzkanzler Robert Walpole seinen Rücktritt und schließt sich der Opposition an. Damit zählt auch Walpole, der mächtige Parteiführer im Unterhaus, zu den Gästen von Karoline.

Und es wird nicht nur geredet in Leicester House, sondern auch gefeiert, getanzt und gelacht. Mit Bällen und Maskeraden zieht das Prinzenpaar alle an, die Rang und Namen haben. Vor allem Karoline erfreut sich wachsender Wertschätzung, gilt als charmante, geistreiche und witzige Gastgeberin.

Leicester House entwickelt sich so zum Treffpunkt der Geisteselite. Bei den Empfängen sieht man zum Beispiel Sir Isaac Newton, der gleich um die Ecke wohnt. Der große Physiker weiß nicht nur über seine Gravitationsgesetze und Prinzipien der Infinitesimalrechnung zu sprechen, sondern auch über Fragen der aktuellen Politik. Der alte Herr hat bereits manchen Herrscher kommen und gehen sehen – und bisweilen sogar beherzt am Thron gerüttelt.

Besonders erfreut ist Prinzessin Karoline, bei einer kleinen Soiree im April 1718 wieder einmal die Dichter Jonathan Swift und John Gay in ihrem Haus begrüßen zu können.

John Gay erzählt von seiner Arbeit an der »Bettleroper«, die in der Londoner Unterwelt spielt, zugleich aber ein satirisches Abbild der höchsten gesellschaftlichen Kreise zeichnet. Ein Gewohnheitsverbrecher namens Peachum zieht als Graue Eminenz im Grenzbereich zwischen Gangster- und Geschäftswelt die Fäden.

»Da bist du aber wirklich tief hinabgestiegen«, sagt Swift. »Alle Achtung! Hast du keine Angst, dass sie Brei aus dir machen, wenn sich die Herren im Parkett auf der Bühne wiedererkennen?«

»Warum sollten sie?«, erwidert Gay. »Sie werden stolz sein, dass ich zu ihrem Ruhm beitrage. Schaden kann es ihnen auf jeden Fall nicht. Denen kann niemand schaden, dazu sind sie viel zu mächtig.«

»Wahrscheinlich hast du recht. Wahrscheinlich werden die schlimmsten Schurken am lautesten über deine Oper lachen. Aber wenn ich dich recht verstanden habe, dann hast du ja bei deinen Helden nicht nur an die Schurken in der Unterwelt gedacht, sondern auch an die Ganoven im Oberhaus.«

Swifts Andeutung löst einen allgemeinen Heiterkeitsausbruch aus, dem sich auch die Gastgeberin nicht entziehen kann. Nur Gay wehrt besänftigend ab. »Um Gottes Willen, ich glaube, du liest da viel zu viel hinein. Ich weiß gar nicht mehr, woran ich gedacht habe. Wichtig ist, was das Publikum denkt. Und ich bin sicher, das Publikum weiß zwischen einem Verbrecher und einem Staatsmann zu unterscheiden.«

»Das glaube ich auch«, entgegnet Swift. »Jeder weiß, wie harmlos der schlimmste Raubmörder im Vergleich zu den ehrenwerten Herren der Regierung ist.«

Wieder erhebt sich schalkhaftes Gelächter. »Wovon sprecht Ihr, Sir?«, hakt da Karoline mit dem ihr eigenen Spötterblick nach. »Kennen wir diese ehrenwerten Herren, von denen Ihr sprecht?«

»Ihr bringt mich in Verlegenheit, Majestät. Aber der eine oder andere ist sicher auch schon Euer Gast gewesen. Nicht wahr, bester John?«

Dem Angesprochenen ist anzusehen, dass ihm die Frage peinlich ist. »Ich würde es nie wagen, Gäste unserer bezaubernden Gastgeberin zu beleidigen. Wir sollten abwarten, bis das Stück reif für die Bühne ist. Bis dahin ist es noch ein hartes Stück Arbeit. Und wenn sich am Ende jemand im Publikum in den Opernfiguren wiedererkennt, dann kann ich es auch nicht ändern.«

»Trinken wir auf den Erfolg.« Karoline hebt huldvoll lächelnd ihr Weinglas und alle in der illustren Runde folgen schmunzelnd ihrem Beispiel. Swift muss gar nicht deutlicher werden. Es hat sich längst herumgesprochen, dass der Bettlerkönig Peachum manche Gemeinsamkeiten mit dem früheren Schatzkanzler Walpole haben wird. Im Unterschied zum St. James Palast muss im Leicester House niemand Kerkerhaft oder Amtsenthebung fürchten, der sich zu weit vorwagt. Auch das kommt dem Renommee dieser Adresse zugute.

Vor allem aber wird Leicester House zu einem Ort der Lebensfreude. Karoline ist es nicht allein, die hier für heitere Stimmung sorgt. Die Prinzessin hat zwölf Ehrendamen um sich versammelt. Die »Maids of Honour« haben stets einen Scherz auf den Lippen und sind zu jedem Schabernack bereit. Natürlich ziehen die Damen die männlichen Gäste nicht nur durch ihren Witz in den Bann, sondern auch durch ihre Schönheit. Hausherr Georg August hat ein

Auge auf Mary Bellenden geworfen, die besonders verwegen mit ihren weiblichen Reizen auftrumpft. Doch die Avancen des Thronfolgers bleiben unerwidert. Mary lässt den Prinzen von Wales ebenso kokett und charmant abblitzen wie weniger hochgestellte Verehrer. Doch Georg August hat keinen Anlass traurig darüber zu sein. In Karoline hat er schließlich eine Frau, die wegen ihrer Schönheit allgemein bewundert wird. Auch eine bessere Tanzpartnerin ist in Leicester House kaum zu finden.

Im St. James Palast wird dagegen nicht getanzt. Der König hält nichts von Vergnügungen solcher Art. Seine begrenzten Englischkenntnisse hindern ihn auch sonst, offenen Umgang mit seinen Untertanen zu pflegen. Nur selten verlässt er die Gemächer, in denen er wohnt und arbeitet, und wenn er einmal Gäste zum Gedankenaustausch empfängt, verläuft die Konversation meist mühsam und langweilig. Nach dem Auszug seiner munteren Schwiegertochter verödet der St. James Palast daher immer mehr.

Melusine jedenfalls gelingt es nicht annähernd, den gleichen Glanz wie Karoline um sich zu verbreiten. Die Mätresse des Königs gilt als hölzern und spröde, ein Schatten Seiner Majestät. Sie ist nicht einmal schön. Und ihre drei Töchter beeindrucken zwar ihre nächste Umgebung durch Charme und Witz, sind aber nicht vorzeigbar. Denn sie sind natürlich nicht als Königskinder eingeführt. Offiziell tritt Melusine nicht einmal als Mutter in Erscheinung. Der Hof ließ verbreiten, dass die drei jungen Damen die Töchter ihrer verstorbenen Schwester seien.

Gleichwohl dürfen sie in unmittelbarer Nähe des Königs leben. Georg lässt es ihnen an nichts fehlen, verwöhnt sie mit Lustgärten und schattigen Arkadengängen, und Trudchen, seine Jüngste, hat schließlich sogar die Aufsicht über seine Enkelkinder zugeteilt bekommen, über die Töchter des ungehorsamen Thronfolgers und seiner bezaubernden, aber machtlosen Gattin.

Gleichzeitig trifft Georg auch Vorsorge für den Fall, dass er das Zeitliche segnet und sein Sohn den Thron besteigt. Um zu verhindern, dass Melusine als rechtlose Mätresse ins Bodenlose absinkt, verschafft er ihr einen hohen englischen Adelstitel. Seit 1719 darf sich Melusine Herzogin von Kendal nennen.

Auch Sophie Charlotte, seine Halbschwester, macht Ansprüche

geltend. Im Herbst 1717 ist ihr Mann, Graf Kielmannsegg, gestorben. Seither zeigt sie sich noch häufiger an der Seite des Königs, so dass sich alle bestätigt sehen, die immer schon wussten, dass auch Sophie Charlotte ein Verhältnis mit Seiner Majestät hat. Aber das ist nur ein hartnäckiges Gerücht. Zutreffend ist, dass sich der König für die Platen-Tochter verantwortlich fühlt und sie daher einige Jahre später zur Gräfin von Darlington machen wird – ein Adelstitel, der wie jener der Herzogin von Kendal mit Besitzansprüchen verbunden ist. Beförderungen, die viele Briten mit Argusaugen betrachten.

Damit bekommt das Verhältnis zu den beiden Frauen, die Georg das Gefühl von Wärme und Nähe vermitteln, einen bitteren Beigeschmack. Selbst dieser Rest von Privatheit ist gefährdet. Auch Melusine und Sophie Charlotte stecken im Sog des verhassten öffentlichen Lebens.

Von außen betrachtet stellt sich dies natürlich anders dar. Kaum jemand würde zögern, mit dem König zu tauschen, der über solch unermesslichen Reichtum verfügt und von einem prächtigen Palast in den anderen ziehen kann. Doch Georg spürt, dass er immer mehr zu einer Marionette geworden ist, die von unsichtbaren Fäden bewegt wird.

Der Jahreszyklus ist einem festen Plan unterworfen. Herbst und Winter verbringt der König mit seinen Lieben gewöhnlich im St. James Palast. Während der Frühlingsmonate hält sich die königliche Familie im Kensington-Palast auf, und wenn es warm wird, zieht der Monarch um nach Hampton Court, der Sommerresidenz. Die gesamte Wegstrecke läuten die Kirchenglocken. So ist es auch, wenn Georg längere Kutschfahrten unternimmt, um Adelige auf ihren Landsitzen zu besuchen. Anfangs war er noch gerührt von dieser Ehrbezeugung, doch jetzt ist es ihm, als wenn das Glockengeläut ihn mahnt, nur ja nicht von dem vorgegebenen Weg abzuweichen – und ihn daran erinnert, dass er nicht sich selbst gehört, sondern seinem Volk.

* * *

Ahlden. In einer Dezembernacht des Jahres 1717 taucht eine finstere Gestalt vor dem Schlosstor in Ahlden auf. Als der diensthabende Wachmann den Fremden bemerkt, ist er auch schon in der Dunkelheit verschwunden.

Ein Vierteljahr später kommt es zu einem Zwischenfall, der die Verantwortlichen der Schlossbewachung noch mehr alarmiert: Drei vornehm gekleidete Herren, die nur gebrochen Deutsch sprechen, bewegen sich an einem Märztag auf das Fachwerkschloss zu. Als sie von Wachleuten zur Rede gestellt werden, geben sie sich als schottische Kaufleute aus und erklären unumwunden, sie seien gekommen, um ihre Königin zu sehen. Daraufhin werden sie dem Oberhofmeister vorgeführt, der ihnen in strengem Ton mitteilt:»Hier gibt es keine Königin. Wir haben strikte Anweisungen, keinen Unbefugten das Schlosstor passieren zu lassen. Gehen Sie!«

»Es wird die Zeit kommen, dass wir unsere Königin in unserem Heimatland sehen«, entgegnet nun einer der Männer mit fremdländischem Zungenschlag.»Glaubt mir, mein Herr, die Zeit wird kommen.«

Der Vorfall wird als so schwerwiegend eingestuft, dass man den König in London persönlich unterrichtet. Georg I. erteilt postwendend die Anweisung,»seltsame Vögel« dieser Art künftig erst gar nicht mehr in die Nähe des Schlosses zu lassen.

* * *

Es war früh am Morgen. Nebelschleier hingen noch über dem St. James Park. Georg war gerade erst aufgestanden, hatte von seinem Tee genippt und verschlafen am Frisiertisch Platz genommen, wo der Barbier ihn wie gewöhnlich gleich mit seinen scharfen Klingen rasieren würde. Da blickte er in den großen goldgerahmten Spiegel – und erschrak. Er sah in ein Gesicht, das von den Spuren des Alters gezeichnet war. Man hätte meinen können, ein Maskenbildner im Theater habe ihn für die Rolle eines Untoten geschminkt, so furchterregend erschienen ihm die Tränensäcke unter den Augen, dazu die tiefen Furchen unter den Mundwinkeln, die runzlige Haut, die aufgeschwemmten Wangen, der müde, stumpfe Blick. Von seinen Haaren war kaum mehr etwas übrig, nur noch ein weißgrauer Schimmer überzog sein Haupt.

In diesem Moment streifte ihn die Ahnung, dass sein Leben sich dem Ende näherte und die strahlende Erscheinung, die er in der Öffentlichkeit verkörperte, nichts war als Lug und Trug. Unter dem Puder und Rouge, das man ihm gleich wieder auflegen würde, lauerte schon die Fratze des nahenden Todes. Ohne Maske und Perücke, Robe und Spitzenhemd, darüber konnte kein Zweifel bestehen, war er ein trauriger, nein, ein furchtbarer Anblick.

Verzweiflung überkam ihn. Doch gleichzeitig keimte in ihm auch eine alte Sehnsucht auf: der Wunsch, diese goldenen Fesseln, diese beengende Maske der Majestät abzulegen und am einfachen Leben teilzuhaben. Mehrmals hatte er nun schon an der Seite von Luise, der jungen Melusine oder Trudchen die beglückende Erfahrung gemacht, wie schön es war, frei von allem Pomp und Putz und Rollenzwang ins Haymarket-Theatre zu gehen. Oft hatte er in stillen Stunden darüber nachgedacht, wie es wäre, auch einmal andere Orte heimlich aufzusuchen, zum Beispiel ein Wirtshaus. Ein Pub! In diesem Augenblick vor dem Spiegel steigerte sich der Tagtraum zu einem brennenden Verlangen – verbunden mit der Überzeugung, dass ihm keine Zeit mehr blieb. Er beschloss, gleich nach der Morgentoilette mit Mehmet darüber zu sprechen. Sein Kammerdiener wusste für alles eine Lösung – und war stets diskret.

Schon am Abend des nächsten Tages ist der Traum Wirklichkeit geworden. Georg hat sich zum »Schwan« kutschieren lassen, einem verwinkelten Wirtshaus in der High Street im Bezirk Southwark auf der anderen Seite der Themse, das hufeisenförmig um einen kopfsteingepflasterten Innenhof angelegt ist; Ställe für Kutschen und Pferde gibt es ebenso wie Zimmer für Reisende. Natürlich auch ein Pub. Vor der Tür klappert im Wind ein Messingschild mit dem stilisierten Bild eines Schwans und einer Krone. Georg lässt sich von einem englischen Kammerherrn namens Jonathan begleiten, der die strenge Anweisung erhalten hat, ihn nicht etwa als »Royal Highness« oder »Majesty« anzusprechen, sondern schlicht als Monsieur Richelieu – Georg hat den Namen, der ihm einst im Haymarket-Theater eingefallen ist, beibehalten. Wie bei seinem ersten Inkognito-Abenteuer will er sich auch jetzt als französischer Tuchhändler ausgeben, diesmal begleitet von einem englischen Geschäftsfreund. Der König trägt einen grünen Rock mit großen Messingknöpfen, darunter eine Weste mit breitem rotem Streifenmuster, nichts Besonderes. Seine Beine stecken in samtenen Kniehosen und schwarzen Stulpenstiefeln. Die Garderobe ist in aller Heimlichkeit beschafft worden. Mehmet ließ seinem König für den Wirtshausbesuch auch eine spezielle Bürgerperücke beschaffen, eine Kopfbedeckung, die längst nicht so ausladend ist wie die künstlichen Haartrachten der Hoheiten, längst nicht.

Der Ort ist gewöhnungsbedürftig für einen Vertreter des Hochadels. Anders als das übersichtliche, großzügig angelegte Schloss besteht das Inn aus einem düsteren Labyrinth von Gängen, Galerien und Treppen, in dem man fest damit rechnen kann, dass einem ein Gespenst entgegenkommt. Doch Georg vertraut sich tapfer der Führung seines Kammerherrn an.

Schließlich öffnet Jonathan eine schwere dunkelgebeizte Eichentür, und wie eine schwere Welle schwappt dem königlichen Besucher ausgelassenes Lärmen entgegen, das von Gelächter und Geschrei durchsetzt und von den Klängen einer Geige und Drehleier untermalt ist. Die Gäste sitzen auf Eichenbänken an langen Eichentischen, an den verräucherten Wänden verbreiten Bleilampen dämmriges Licht. Weiteres Licht spendet das große Kaminfeuer, das gerade im Vorbeigehen von einem Schankknecht mit dicken Buchenscheiten beheizt wird, so schwungvoll, dass Rauchschwaden in das Pub ziehen und mehrere Gäste zu husten beginnen. Da viele Besucher Tabakspfeifen oder Zigarren rauchen, ist die Luft ohnehin so dick, dass man sie in Scheiben schneiden könnte.

Georg fühlt sich dennoch auf Anhieb wohl in diesen verräucherten Räumen mit dem gescheuerten Holzboden, den mittelalterlichen Rundbogenfenstern, den Weinfässern und den verrußten Eichenbalken unter der dunklen Decke. Das Lokal gibt ihm das Gefühl, in einer Höhle zu sein – weit weg von all dem königlichen Schaugepränge. Jonathan lotst ihn zu einem freien Platz in einer Erkernische und winkt die Bedienung heran. Prompt erscheint eine schon nicht mehr jugendliche Frau, um die Bestellung aufzunehmen, eine der wenigen Damen in diesem Wirtshaus.

»Ale, bitte«, ordert Georg. »Zwei Glas.«

Der König beherrscht die Sprache seiner Untertanen inzwischen so weit, dass er fast alles versteht und problemlos Smalltalk betreiben, selbstverständlich auch eine Bestellung aufgeben kann. Dennoch entgeht der Schankmagd der fremdländische Akzent des unbekannten Gastes nicht. »Ah, Ihr kommt aus dem Ausland, Monsieur«, bemerkt sie mit einem warmen Lächeln. »Woher seid ihr?«

»Frankreich, Madame.«

»Oh, Frankreich, wie schön! Willkommen im Schwan.«

Auch Georg ringt sich ein Lächeln ab, während die freundliche, großbusige Dame in Richtung Theke abdampft.

Der kurze Dialog hat einen dicklichen Herrn mit Glatze aufhorchen lassen, der dem König schräg gegenübersitzt. »Vive la France«, ruft der Mann lachend in Georgs Richtung, indem er freundlich zum Gruß die Rechte hebt.

»Hail Britannia«, erwidert der König prompt, woraufhin der Glatzkopf erneut glucksend lacht.

Georg lässt seinen Blick über das Lokal schweifen und sieht, dass in einer Ecke an einem Tisch Marktleute Karten spielen, darunter nach der Arbeitskleidung zu urteilen ein Metzger und ein Gemüsehändler. Um einen anderen Tisch haben sich dem äußeren Aufzug nach Advokaten und Richter versammelt und auf der gegenüberliegenden Seite scheinen Herren aus dem Bankgewerbe dem Bier und Schnaps zuzusprechen. Der König hat Wert darauf gelegt, in kein

Wirtshaus geführt zu werden, das vom Hochadel oder von Hofbeamten frequentiert wird.

Besonders lebhaft ist die Unterhaltung an einem Tisch ohne erkennbare Kleiderordnung. Manche tragen Kappen, andere bunte Seidenschals. »Was sind das für Männer?«, fragt Georg leise seinen Begleiter.

»Zeitungsleute«, antwortet dieser ebenso leise. »Die haben immer was zu debattieren hier.«

Im nächsten Moment stellt die Schankmagd auch schon die großen Krüge mit dem dunklen Bier auf den Tisch. »Lasst es Euch schmecken, meine Herren.«

Georg nimmt sofort einen kräftigen Zug und genießt es, wie ihm das süßlich süffige Bier die Kehle hinunterrinnt.

»Your health (Auf Eure Gesundheit)«, prostet ihm der Dicke auf der anderen Tischseite zu, und Georg revanchiert sich, indem er den Toast erwidert und einen weiteren Schluck nimmt.

»Besser als französischer Wein?«

Georg hebt unschlüssig die Arme. »Es kommt darauf an.«

»Habt Ihr viel Grund, edlen Wein zu trinken? Gehen Eure Geschäfte gut, Monsieur?«, will der Engländer wissen. Georg versteht nicht recht und muss daher bei Jonathan nachfragen. Seine Antwort sprüht nicht eben vor Witz: »Ich kann nicht klagen.«

»Englische Ladies lieben französische Kleider«, erwidert der Mann vollmundig. »Dabei haben wir Engländer die besten Stoffe der Welt: Seide, Samt, Brokat, Musselin, alles, was edel und teuer ist, hahaha.«

»Welchen Geschäften geht Ihr nach, Monsieur?«, fragt Georg, um sich nicht noch mehr auf das unbekannte Feld der Textilbranche locken zu lassen.«

»Oh, mein Geschäft ist leider nicht so fein wie das Eure«, antwortet der Dicke schmunzelnd. »Ich handle mit Kohlen, bin ein Kohlenhändler. Ich mache mir die Finger schmutzig, damit es andere warm haben.«

»Sehr ehrenwert, Monsieur.«

»Zum Glück ist es auch ziemlich einträglich. Wenn nicht diese schrecklich hohen Steuern wären, wäre ich ein reicher Mann.«

»Oh ja, da hast du recht«, fällt der hagere, großgewachsene Nach-

Georg Friedrich Händel

bar des Dicken ein, der mit einem schwarzen Anzug und schwarzer Krawatte bekleidet ist. »Auch mich bringen diese Steuern bald ins Grab. Dabei bin ich Bestattungsunternehmer und weiß eigentlich ganz gut, wie man anderen Leuten ein Grab schaufelt, ohne selbst hineinzupurzeln.« Kaum hat der Mann seinen Satz beendet, bricht er auch schon in meckerndes Lachen aus, das von den Nachbarn aufgenommen wird und sich zum Gewieher steigert.

In diesem Moment hebt der Mann mit der Fiedel die rechte Hand und kündigt ein Lied an: »Stern über Cornwall.« Das Wirtshaus applaudiert und der Fiedler stimmt, nur begleitet von der Drehleier, einen romantisch getragenen Gesang über Englands Küste und das Los allzu verwegener Seefahrer an. Den Refrain singen fast alle im Pub mit. Georg ist gerührt.

»Werden in Frankreich auch so schöne Lieder in der Kneipe gesungen?«, will der Bestatter wissen, als das Lied vorbei ist.

Georg muss sich erst einmal räuspern, bevor er eine passable Antwort hervorstammeln kann. »Wahrscheinlich schon. Aber ich gehe in meiner Heimat nicht so oft in Wirtshäuser. Ich gehe eigentlich nur in Wirtshäuser, wenn ich auf Geschäftsreisen bin.«

»Das solltet Ihr ändern«, empfiehlt der Dicke. »Wirklich! Oder habt Ihr auch so ein schönes Schloss wie der Sonnenkönig?«

»Der Sonnenkönig ist ja schon vor einer Weile umgezogen«, bemerkt da der Bestatter, indem er mit dem Daumen nach unten zeigt. »Der Kerl schmort jetzt wahrscheinlich in der Hölle. Da gehört unser König auch hin.«

Georg zwingt sich, keine Reaktion zu zeigen, beobachtet jedoch, dass sein Begleiter besorgt die Hände knetet, nach Luft schnappt und nervös auf der Bank herumzappelt. Auch Georg muss erst einmal tief einatmen, müht sich dann aber, eine Frage zu formulieren: »Was hat Euer König, äh, denn so Schlimmes getan?«

»Das fragt Ihr? Als Franzose? Dieser deutsche Rattenkönig ist dabei, unser Land auszuplündern. Der denkt doch nur an Hannover, führt Eroberungskriege auf unsere Kosten. Und seine beiden Damen sind noch viel schlimmer als er selbst. Diese Dirnen reißen sich einen Landsitz nach dem anderen unter den Nagel. Wer beim König vorgelassen werden will, muss ihnen erst einen Sack Gold bringen.«

»Habt Ihr es schon versucht?«

»Ich? Hahaha. Ihr beliebt zu scherzen. Ich bin doch viel zu klein für Seine Majestät. Leute wie uns

König Georg I. von Großbritannien

beachtet dieser aufgeblasene Hof doch gar nicht. Wir sind nur dazu da, das alles zu bezahlen, diesen ganzen Prunk, Protz und Flitter. Mit unseren Steuern! Und die werden von Tag zu Tag höher und drückender. Ich beneide jeden, den ich unter die Erde bringen darf, glaubt mir, Monsieur.«

Jonathan ist anzusehen, dass ihm das lästerliche Gerede peinlich ist, seine Unruhe wächst derart, dass er sich kaum mehr auf dem Platz halten kann. Als er mit fast irrem Blick den Augen des Königs begegnet, gibt dieser ihm mit besänftigendem Handzeichen zu verstehen, dass er sich zurückhalten soll.

»Das muss ja ein furchtbarer Tyrann sein, Euer König«, kommentiert Georg. »Woher wisst Ihr denn all diese schlimmen Dinge?«

»Woher ich das weiß? Ihr stellt Fragen! Das weiß doch die ganze Stadt. Nach jedem Leichenbegängnis wird darüber gesprochen. Und ...«, der Bestatter wirft einen bedeutungsvollen Blick hinüber zum Tisch der Zeitungsleute, »in den Zeitungen kann man darüber natürlich auch lesen.«

Georg erspart es sich, darauf eine angemessene Antwort zu geben. Denn jetzt hat Rosie den »Schwan« betreten. Und die geschminkte und gepuderte Schönheit mit dem tief ausgeschnittenen Dekolletee, die viele geile Männerblicke auf sich lenkt, spaziert direkt auf den Tisch des Königs zu.

»Oh, Rosie, welche Ehre«, begrüßt sie der Bestatter, während der Dicke ein breites, sabberndes Grinsen auflegt. »Darf ich dir unseren französischen Freund vorstellen, Monsieur ...«

»Richelieu.«

»Ah, Richelieu«, wiederholt Rosie mit kokettem Singsang in der Stimme. »Was für ein eleganter Name. Da muss man sich ja fast schämen, wenn man Rosie heißt.« Mit spöttischem Lächeln unterstreicht sie die Vorstellung mit einem Knicks. »Rosie. Rosie Roberts.«

»Es ist mir eine Ehre und ein Vergnügen, Gnädigste.«

Georgs Nachbarn quittieren die höfische Floskel mit donnerndem Gelächter. »Endlich mal einer, der weiß, wie man mit einer Dame spricht«, herrscht Rosie sie mit gespielter Gekränktheit an. »Solltet Ihr Euch ein Beispiel dran nehmen.«

Georg, der sehr wohl weiß, dass er keine Klosterschülerin vor sich hat, ist unsicher, wie er weiter verfahren soll. Glücklicherweise nimmt ihm die schöne Dame die Entscheidung ab. »Ganz allein in der großen Stadt?«

»Nicht ganz«, korrigiert Georg. »Mein Freund Jonathan begleitet mich.«

»Und Eure Frau ist in Frankreich geblieben?«

»Ganz recht. Meine ganze Familie, meine Kinder ebenso wie meine Enkelkinder.«

»Wie traurig! Dann müsst Ihr ja sehr einsam sein.«

Mit unterdrücktem Lachen lassen die Männer in der Umgebung durchblicken, dass sie ahnen, welche Zielrichtung Rosie mit ihren Mitleidsbekundungen verfolgt.

»Wir haben gerade über unseren König gesprochen, als du hereinkamst, Rosie«, sagt der Bestatter. »Kennst du eigentlich seine Mätressen?«

»Wofür hältst du mich, du Leichenfledderer?«, entgegnet Rosie scharf. »Glaubst du, ich geb' mich mit jeder billigen Hure ab?«

Georg spürt, wie sich seine Hände zu Fäusten verkrampfen. Ihm stockt das Blut. Doch er zwingt sich, Ruhe zu bewahren. »Das Schlimmste ist ja, dass er seine Frau in Deutschland sitzen lassen hat«, fährt der freundliche Kohlenhändler fort. »Er soll sie in einem gottverlassenen Dorf eingesperrt haben.«

»So 'n Scheusal«, entgegnet Rosie. »Und ihren Geliebten haben sie durch Meuchelmörder töten lassen, unfassbar, dass solche Leute unseren Thron beschmutzen dürfen.«

Jonathan ist anzusehen, dass er kurz davor ist, den Verstand zu verlieren. Auch Georg ist so schockiert von dem Gerede dieser netten Kneipenbesucher, dass ihm schwindelt. Dabei wird seine Geduld auf eine noch sehr viel größere Probe gestellt.

»Wie man hört, morden diese Hannoveraner alles, was ihnen in die Quere kommt. Es ist unvorstellbar.«

»Kein Wunder, dass dieser Unmensch nicht mal seinen eigenen Sohn lieben kann«, ergänzt Rosie. »Der soll den Prinzen von Wales und seine schöne Madame aus'm Palast geschmissen haben, einfach auf die Straße gesetzt. Seine eigene Brut! Da fehlen einem die Worte.«

»Dann solltest du am besten gar nichts sagen.« Es ist die Schankmagd, die Rosie nun auf einmal in die Parade fährt. »Ihr redet und redet und wisst doch gar nichts«, fährt die mollige Dame fort. »Wer weiß denn, warum er seinen Sohn aus dem Haus gejagt hat? Dieser Prinz soll auch kein Unschuldsknabe sein.«

»Unschuldsknabe?«, wiederholt der Bestatter. »Der Prinz von Wales ist ein Held, ein strahlender Held, der höchsten Mut in der Schlacht bewiesen hat und täglich aufs neue zeigt, wie nah er dem britischen Volke steht, den einfachen Menschen, meine ich – ganz im Gegensatz zu seinem Papa.«

»Ein Wüterich soll er sein«, widerspricht die Schankmagd. »Ein eitler, dummer Tropf. Sein Vater dagegen soll viel mehr Weisheit und Güte besitzen, als ihm die Menschen anfangs zugetraut haben. Der Herr da drüben«, (sie zeigt auf einen der Zeitungsleute) »hat es mir erzählt.«

Georg hätte den Zeitungsschreiber am liebsten genauso umarmt wie die Schankmagd. Doch er verkneift es sich eisern, irgendwelche Emotionen zu zeigen. Er ist schließlich nicht als König gekommen, sondern um aus dem langen Schatten der Palastmauern herauszutreten.

Plötzlich erstirbt das Gespräch. Die beiden Musiker haben ein neues Stück angespielt, und die Pubbesucher horchen verzückt auf.

Es ist «Greensleaves», ein altes englisches Liebeslied. Wie von selbst fällt auf einmal die Schankmagd in die zauberhafte Melodie ein:

»Greensleaves war all mein Freud,

Greensleaves war mein Entzücken ...«

Georg ist berührt von dem schönen Gesang und applaudiert am kräftigsten, als das Lied ausklingt. Das Kompliment steigt auf aus seinem tiefsten Innern.

»Wunderschön, Madame.«

»Danke, Monsieur.«

Rosie hingegen kann dem Lied offenbar gar nichts abgewinnen. »Greensleaves! Wenn ich das schon höre«, zetert sie, nachdem sie sich auf den freien Platz neben Georg gesetzt hat. »Liebe ist doch nur was für dumme Bäuerinnen und reiche Herzoginnen. Unsereins kann sich diesen Schmarren nicht leisten. Unsereins muss sehen, dass er über die Runden kommt in dieser herzlosen Stadt, und da kommt man mit Liebesleid nicht weiter, das könnt Ihr mir glauben, werter Herr.«

Georg ahnt, welch gewerblichen Hintergrund die Bemerkung hat, will aber dennoch wissen, ob sich hinter der verhärteten Maske der Dirne nicht noch etwas anderes verbirgt. »Habt Ihr nie so etwas wie Liebe in Euerm Leben erfahren?«

»Liebe? Ihr stellt Fragen, Monsieur. Typisch Französisch! Aber ich will Euch sagen, welche Art von Liebe ich als Kind erfahren hab'. Meinen Vater hab' ich nie kennengelernt und meine Mutter hat ihren Körper an andere Männer verkauft wie man einen Sklaven verhökert. Einer nach dem anderen kam in unser Rattenloch. Und eines schlechten Tages kam die Polizei und hat sie nach Newgate gebracht, weil sie angeblich einen dieser verdammten Freier bestohlen hat. Mich haben sie ins Waisenhaus gesteckt, wo es noch schlimmer war als in dem Hurenloch. Schläge, Läuse, Hunger und Angst – das waren die Begleiter meiner Kindheit. Von wegen Liebe! Zum Glück hat mich irgendwann eine reiche Dame aus dem Drecksnest befreit und mich in ihrem Haus putzen lassen. Das war die einzige Liebe, die ich je in meinem Leben erfahren habe, die einzige. Prost!«

Georg hat jedes Wort der unglücklichen Frau aufgesogen und ist tief bewegt. »Ich verstehe«, flüstert er schließlich. »Ihr habt es nicht leicht gehabt, Madame.«

»Nicht leicht? Ach was, ich glaube, Ihr versteht gar nichts, Ihr vornehmer Herr, und nennt mich nicht immer Madame, ich bin keine Madame, ich bin Rosie, Rosie Roberts.«

»Gut, Rosie. Ich heiße George.«

»Wie unser König.«

Dann aber erinnert sich Rosie Roberts, dass sie auch an diesem Abend Geld verdienen muss, und sie streicht ihrem französischen Freund über den Handrücken und sagt, was für ein stattlicher Mann er ist. »Männer wie du sollten die Nächte nicht allein verbringen in dieser großen Stadt. Ich wüsste einen Ort, wo du nicht mehr einsam wärst.«

Jonathan ist die Situation sichtlich peinlich, die übrigen am Tisch glucksen, machen hinter vorgehaltener Hand leise spöttische Bemerkungen. Doch Georg lässt sich davon nicht beeindrucken. »Das kann ich mir gut vorstellen, vor allem, wenn du den Raum mit mir teilen würdest, Rosie. Aber leider bin ich heute viel zu müde. Wir werden uns ein anderes Mal wiedersehen.«

»Ein anderes Mal, das sagen alle.«

»Gut, dann sagen wir in vier Wochen, zur gleichen Zeit.«

»Wie soll ich glauben, dass du Wort hältst, mein Lieber?«

Georg kramt in seiner Rocktasche und legt Rosie eine Silbermünze auf den Tisch. »Nimm das als Erinnerung, Rosie.«

»Oh, ich werd' hier sein.«

Beeindruckt schiebt die Prostituierte den wertvollen Taler sofort in ihr Handtäschchen, springt auf und verabschiedet sich. »Wir sehen uns wieder, Monsieur.«

Der Mann mit der Fiedel beginnt ein neues Lied:

»Autumn comes, the summer is past
Winter will come too soon ...«

* * *

Der König hielt seine Verabredung ein. Wie versprochen kehrte er vier Wochen später in den »Schwan« zurück, traf die freundliche Schankmagd Anne, den Bestatter und vor allem Rosie, die schöne Rosie, die ihn diesmal in ihr kleines Stübchen führte, ihren großen Busen küssen ließ und ihm zu einem Abenteuer im Bett verhalf, wie er es lange nicht mehr erlebt hatte. Doch das war es nicht allein. Das eigentlich Erregende an diesem Wirtshausbesuch war, dass er aus seiner Königsrobe herausschlüpfen konnte und Einblick in ein Leben gewann, das ganz anders war als jenes, das ihn hinter den Schlossmauern zur Marionette der Etikette machte. Er liebte es, die sarkastischen, von schwarzem Humor durchtränkten Geschichten des Bestattungsunternehmers mit dem schönen Namen Summerfield zu hören, lauschte den Erzählungen der Schankmagd, die als einziges Mitglied ihrer Familie die Pest überlebt hatte.

Georg machte die heimlichen Pubbesuche daher zum festen Bestandteil seines Terminplans, ließ sich, wenn irgend möglich, jeden Freitag um zehn Uhr abends in die High Street kutschieren und genoss es, endlich etwas Ablenkung von seinem zermürbenden Amt und Leben als König zu finden.

Dabei kann er nicht umhin, seiner Rosie Rede und Antwort zu stehen.

»Ich weiß so wenig von dir, hast du eigentlich 'ne Frau?«, fragte ihn die vertraute Hure nach dem dritten Beisammensein.

Darauf Georg: »Oh ja, natürlich.«

»Klar, hab' ich mir schon gedacht. Wie, wie heißt sie denn?«

»Oh, Marie, Marie heißt sie.«

»Schöner Name. Bestimmt habt ihr auch Kinder, du und Marie.«

»Kinder? Oh ja, sicher, wir haben Kinder, drei.«

»Wie schön. Ich hatte auch ein Kind, einen Jungen. Aber der ist gleich nach der Geburt gestorben.«

»Das war sicher sehr traurig für dich.«

»Da hast du Recht, ich hab' geweint. Aber in meiner Lage kann ich mir auch gar keine Kinder leisten. Aber schön, dass du Kinder hast. Wie heißen sie denn? Wahrscheinlich haben sie französische Namen?«

»Wie sie heißen? Willst du das wirklich wissen?«

»Natürlich. Ich liebe französische Namen. Also, sag' schon.«

»Also, äh, sie heißen Jean, Sophie und Jeanette.«

Rosie lacht: »Jean und Jeanette, sehr hübsch. Wie alt sind sie denn?«

»Sehr alt. Jeanette ist 26, Jean ist 24 und Sophie ist die Jüngste, die ist erst 19 Jahre alt.«

»Und wie alt bist du selbst, mon bijou?«

»Uralt, liebste Rosie: 58 Jahre.«

»58 Jahre! Das hätte ich nicht gedacht. Dafür siehst du noch sehr gut aus, mein lieber George.«

»Danke, liebste Rosie.«

Es war ein Spiel, Georg war Realist genug, um zu wissen, dass es nicht endlos währen würde. Aber darin lag vielleicht gerade der besondere Kitzel, der prickelnde Reiz.

Nur sehr wenige wie Mehmet und Mustafa, Jonathan und der Kutscher wussten von den Nachtbegegnungen: Melusine und seine Töchter hatte er wohlweislich nicht eingeweiht. Er fürchtete, sie würden ihn für verrückt erklären, alles tun, um ihn von solchen Eskapaden abzubringen. Melusine schien zu spüren, dass eine neue Frau in sein Leben getreten war, dass er sie nicht mehr so begehrte wie zuvor. Doch sie war nicht die Frau, die sich darüber beklagte. Sie schwieg.

Georg kam dies entgegen. Er war geradezu ängstlich darauf bedacht, neuen Streit zu vermeiden. Der Ärger mit seinem Sohn reichte ihm.

Längst war das Zerwürfnis zwischen dem König und seinem Thronfolger über einen reinen Familienkonflikt hinausgewachsen. Lordkanzler William Cowper zum Beispiel trat 1718 von seinem Amt zurück, angeblich weil er es missbilligte, dass der König seinem Sohn und seiner Schwiegertochter die drei Töchter entzog. Georg August wurde immer mehr zum Zentrum der Opposition, zum Bündnispartner des mächtigen Unterhausführers Walpole und anderer oppositioneller Whigs. Jeder familiäre Streitfall geriet damit zur Machtprobe. Der Wunsch des Prinzenpaares nach einer eigenen Sommerresidenz entwickelte sich beinahe zur Staatsaffäre.

Denn natürlich kommt es für Georg August und Karoline nicht mehr in Frage, die Sommermonate gemeinsam mit dem König in

Hampton Court zu verbringen. Besonders die Prinzessin sehnt sich aber danach, während der warmen Jahreszeit den Duft von Wiesen und Wäldern zu atmen – bei aller Liebe zu Leicester House, das eben nur ein Stadthaus ist. Schließlich lernt die Prinzessin bei einer Landpartie Richmond Lodge kennen, ein inmitten eines weitläufigen Parks gelegenes Schloss. Sofort entflammt in ihr der Wunsch, diesen Landsitz südwestlich von London zu ihrer Sommerresidenz zu machen. Das Schlösschen gehört einem befreundeten Grafen, der durchaus zu einem Verkauf an das Prinzenpaar bereit ist.

Georg I. indessen sieht in diesen Plänen einen weiteren Versuch, seine Autorität zu untergraben, Gegenmacht aufzubauen. Eine weitere Bastion gegen den Herrschaftsanspruch des Vaters. Er unternimmt daher alles, um solche Eigenmächtigkeit im Keim zu ersticken. Er lässt den Besitzer von Richmond Lodge wissen, er werde das Anwesen als verwirktes Gut einziehen lassen, falls er sich erdreiste, es an seinen Sohn zu verpachten oder gar zu verkaufen.

Doch die Drohgebärden erweisen sich als Bluff. Georg August gelingt es problemlos, den Landsitz zu erwerben – und seinem Vater erneut die Grenzen seiner Macht aufzuzeigen.

Schon im Mai 1718 bricht das Prinzenpaar zu seinem ersten Sommeraufenthalt in Richmond Lodge auf. Karoline ist erneut schwanger. Sie hofft, dass ihr die Geburt eines Kindes über die Trennung von den drei Töchtern hinweghilft, die nach wie vor in der Obhut des Königs erzogen werden.

Frühling in Richmond Lodge. Die Tage sind hell und heiter. Georg August schenkt seiner schwangeren Frau so viel Aufmerksamkeit wie lange nicht. Doch an einem warmen Nachmittag Anfang Juni, wenige Wochen vor der Niederkunft, verdüstert sich der Himmel plötzlich. Grollen und Blitzen kündigen ein Unwetter an, innerhalb weniger Minuten kommt Wind auf, verbunden mit sintflutartigem Regen. Ein Gewittersturm tost durch den Schlosspark. Zitternd vor Angst erlebt Karoline mit, wie, begleitet von einem krachenden Donnerschlag, hinter dem Schlossfenster ein Blitz in eine Ulme fährt und den großen Baum umknicken lässt wie ein Zündholz. Der Schock hat eine Frühgeburt zur Folge, und so verliert sie auch dieses Kind, auch dieses.

Doch die Zeit trocknet die Tränen. Die landschaftliche Schönheit der Umgebung hilft der Prinzessin über den Schicksalsschlag hinweg, und wie in Leicester House beginnt Karoline auch in Richmond Lodge, anregende Gesellschaft um sich zu versammeln. Auf ihren Wunsch hin wird im Park noch im gleichen Sommer ein Theater errichtet, und auch die fröhlichen Maids of Honour tragen dazu bei, dass auf dem Landsitz niemand Trübsal blasen muss. Mit ihren Hofdamen, die sich mit Rücksicht auf die Karriere ihrer Männer offiziell von der verfemten Prinzessin fernhalten, trifft sie sich heimlich.

Auch Georg August bemüht sich auf seine Art heimlich um die Damen. Doch seine Flirtversuche scheitern. Die quirligen Maids lassen ihn abblitzen wie einen x-beliebigen Landlord, und der Prinz lenkt sich ab, indem er einer anderen Leidenschaft nachgeht: der Jagd.

Überschattet aber bleiben die Tage des Thronfolgers durch den Dauerzwist mit seinem Vater. Da es weiterhin keinen direkten Kontakt gibt, erfährt Georg August nur über seine Berater und Bündnisgenossen von neuen Vorstößen der Maßregelung und Schikane. Dabei zeigt sich immer wieder deutlich, dass der König unter Druck steht. Sogar die Regierung wird durch den Vater-Sohn-Konflikt in Mitleidenschaft gezogen – bedrängt nicht nur von feindlichen Tories, sondern eben auch von oppositionellen Whigs und den Anhängern des Königssohns. Um nicht noch mehr Einflussbereiche an den Prinzen von Wales zu verlieren, plant die Regierung schließlich sogar ein neues Gesetz, die sogenannte Peerage Bill. Es soll verhindern, dass der Thronfolger durch Rangerhöhungen nach Belieben die Mehrheitsverhältnisse im Oberhaus verändern kann – eine Verfassungsänderung, die einer Zementierung der bestehenden Stimmenverhältnisse gleichkäme und so die Einflussmöglichkeiten Georg Augusts begrenzen würde.

Doch der bedrängte Thronfolger kann sich auch in diesem Fall auf seinen mächtigen Verbündeten verlassen. Mit einer durchschlagenden Rede im Unterhaus gelingt es Walpole, den Vorstoß der Regierung zu Fall zu bringen. Am schlagkräftigsten ist dabei sein Argument, wonach kein Unterhausabgeordneter mehr die Möglichkeit haben werde, geadelt zu werden, sollte dieses Gesetz Wirklichkeit werden.

Erneut muss damit die Regierung des Königs erkennen, dass sie sich in den Parlamenten nicht mehr auf eine tragfähige Mehrheit stützen kann. Wohlmeinende Berater bedrängen Georg daher, das Gespräch mit seinem Sohn zu suchen, der Opposition die Spitze zu nehmen. Ein erster versöhnlicher Schritt in diese Richtung besteht darin, dass Georg I. es seiner Schwiegertochter Karoline im Frühsommer 1719 gestattet, ihre drei Kinder im St. James Palast zu besuchen – heimlich zwar, aber mit ausdrücklicher Zustimmung. Gleichzeitig lässt Georg seinem Sohn die Bedingungen einer möglichen Aussöhnung mitteilen. Sie verbieten Georg August jede eigenmächtige Entscheidung. Der Prinz soll niemanden in seinen Dienst aufnehmen oder belassen, der für seinen Vater unakzeptabel ist, den Kontakt zu allen abbrechen, die Seiner Majestät nicht genehm sind und alle Diener des Königs höflich und untertänig behandeln. Vor allem wird Georg August gedrängt, endlich anzuerkennen, dass die Erziehung seiner drei Töchter in der Vormundschaft des Königs liegt. Nichts als das Verlangen nach bedingungsloser Unterwerfung verbirgt sich hinter diesen Anordnungen. »Die Welt gerät aus den Fugen, wenn der Sohn seinem Vater vorschreiben will, welche Machtbefugnisse dieser ihm zuzubilligen hat«, schreibt der König seinem Thronfolger.

Dabei schwingt die Erinnerung an den Aufstand gegen seinen eigenen Vater mit, den einst seine Brüder geprobt hatten, um gegen das Erstgeborenenrecht aufzubegehren. Auch der damalige Kurfürst Ernst August hatte sich gegen die Rebellion seiner Söhne mit eiserner Hand zur Wehr gesetzt und vorbehaltlose Kapitulation verlangt.

Wie alles sich wiederholt! Die Geister der Vergangenheit! Der Gedanke treibt den König zur Verzweiflung, das Gefühl, gefangen zu sein in einer Tretmühle der Wiederkehr des ewig Gleichen.

Selbstverständlich will sich Georg August von seinem Vater nicht auf diese demütigende Weise in die Knie zwingen lassen. Er bittet um Bedenkzeit. Doch der Bote hat vom König die Anweisung erhalten, dem Prinzen nicht mehr als eine Stunde für eine Antwort zu gewähren. Und so kehrt dieser von seinem Besuch in Leicester House mit der Nachricht zurück, der Thronfolger sei zwar grundsätzlich bereit, Frieden zu schließen, könne jedoch die Bedingungen nicht akzeptieren.

Damit ist aus Sicht des Königs ein weiterer Versöhnungsversuch gescheitert. Verbittert tritt Georg I. seine zweite, schon lange geplante Reise ins Kurfürstentum Hannover an. Der zermürbende Familienzwist hat ihn krank gemacht, so dass er darauf hofft, bei einer Kur in Bad Pyrmont neue Kräfte zu schöpfen. Diesmal sorgt er dafür, dass sein Sohn keine Chance erhält, die Zeit seiner Abwesenheit zu missbrauchen, um sich als strahlender Held aufzuspielen und seine Rolle als Widerpart noch weiter auszubauen. Anders als bei seiner ersten Reise erklärt er Georg August nicht zum »Hüter und Statthalter des Königreichs«, sondern überträgt alle Entscheidungsbefugnisse für die Zeit seiner Reise auf einen Regentschaftsrat.

Der harte Kurs trägt Früchte. Georg August wird sich schmerzlich der Tatsache bewusst, dass er mit seiner starren Haltung nicht weiterkommt. Karoline tut alles, um ihren Mann zum Einlenken zu bewegen. Schließlich will sie sich nicht damit abfinden, ihre Kinder weiterhin nur besuchsweise zu sehen. Bestärkt wird die Prinzessin in ihrer Annäherungsstrategie durch den früheren Schatzkanzler Walpole, den es zurück in die Regierung zieht. Als gewiefter Unterhausführer weiß Walpole, welchen Hebel er ansetzen kann, um Georg I. aus der Reserve zu locken. Der König nämlich hat über seine Verhältnisse gelebt, ist mit 600.000 Pfund verschuldet, der in der Zivilliste festgelegte Jahresbetrag aus der Staatskasse reicht bei weitem nicht, den Bedarf zu decken, und wenn jemand in der Lage ist, das Parlament von einem Schuldenerlass zu überzeugen, so ist dies Walpole, der mit seiner Redekunst und seinen Verbindungen eine der tragendsten Rollen der britischen Politik spielt. Georg ist daher gut beraten, ihn in sein Kabinett zurückzuholen.

Damit hat dieser noch mehr Grund als zuvor, eine Aussöhnung zwischen Vater und Sohn herbeizuführen. Denn als Regierungsmitglied ist Walpole an einer starken, vom Thronfolger gestützten Opposition nicht mehr sonderlich interessiert. So drängt der als Generalzahlmeister der Armee ins Kabinett zurückgekehrte Minister beide Seiten zur Mäßigung und bringt den König schließlich dazu, auf seinen Sohn zuzugehen. Gleich nach seiner Rückkehr vom Kontinent macht Georg dem Prinzen somit Zugeständnisse. Zum einen soll Georg August all seine Privilegien als Thronfolger zurückerhalten, die ihm derzeit noch vorenthalten werden; zum anderen soll er nicht gezwungen werden, zu seinem Vater in den St. James Palast zurückzukehren – auch der König legt nach wie vor keinen Wert darauf, mit seinem Sohn unter einem Dach zu leben.

Georg August ist unschlüssig, Karoline setzt daher erneut alle Überzeugungskraft ein, um den störrischen Gatten zum Einlenken zu bewegen. »Es reicht, wenn du deinen Namen unter das Dokument setzt«, drängt sie. »Es ist nur ein formeller Akt, du verlierst damit nichts, kannst aber viel gewinnen.« Um dem König zu signalisieren, dass sein Sohn nicht sein Feind sei, empfiehlt Karoline ihrem Mann zudem dringend, sich im Oberhaus für die erbetene Erhöhung der staatlichen Zuweisungen an den Hof einzusetzen. »Damit steht er in deiner Schuld, du wirst sehen, das macht sich bezahlt, glaub mir.«

Charme und Klugheit der Prinzessin bewähren sich auch in diesem Fall. Georg August springt über seinen Schatten, ist bereit, sich seinem Vater zu unterwerfen – zumindest auf dem Papier. Daraufhin setzen die Berater des Königs eine Art Schuldbekenntnis auf. Der Prinz unterschreibt und bittet respektvoll um Verzeihung für alle Verfehlungen, die ihm angelastet werden. Einschränkungen für sein weiteres Handeln sind mit dem Dokument nicht verbunden.

Gleichwohl, der König ist zufrieden und bestellt seinen Sohn zu einem persönlichen Gespräch in den St. James Palast. Georg wünscht sich nichts so sehr, wie diesen nervenaufreibenden Streit endlich zu beenden, ohne dabei als Verlierer dazustehen.

Am 23. April 1720 treffen Vater und Sohn schließlich im Arbeitszimmer des Königs zu einem Vier-Augen-Gespräch zusammen. Doch die Unterredung ist schon nach fünf Minuten beendet. Georg August macht pflichtschuldig ein kurzes Kompliment, dankt für die Gnade des Gesprächsangebots, schildert die Belastungen der zurückliegenden Zeit und verspricht, seinem Vater niemals mehr Grund zu Ärger und Unzufriedenheit zu geben. Der König ist so bewegt, dass er kaum mehr als einen zusammenhängenden Satz zustande bringt. Wertschätzung oder gar väterliche Liebe spiegelt sich nicht darin. Die einzigen Worte, die sein Sohn versteht – und später seiner Frau Karoline mitteilt –, sind die Worte: »Votre conduite! Votre conduite!« (Euer Benehmen! Euer Benehmen!).

Von Vergebung keine Spur! Doch der Lohn der Demutsgeste lässt nicht lange auf sich warten. Die Sänfte des Prinzen wird auf dem Rückweg nach Leicester House standesgemäß von Leibgardisten begleitet. Und die Ehrbezeugung bleibt nicht unbeobachtet. Die Londoner jubeln dem heimgekehrten Sohn frenetisch zu. Am selben Tag noch ziehen vor dem Palast des Prinzenpaares Wachen auf, so dass zumindest nach außen hin der Familienfrieden wieder hergestellt ist.

In Wirklichkeit sind sich Vater und Sohn nicht viel näher gekommen. Als Georg August einen Tag nach der Aussprache zum Gottesdienst erscheint, behandelt ihn sein Vater, als wäre er Luft. Mit Karoline dagegen unterhält er sich ausgiebig. Auch am folgenden Montag bleibt die Stimmung getrübt. Georg August darf zwar mit großem Gefolge zum abendlichen Empfang im St. James Palast erscheinen, wird aber von seinem Vater ignoriert.

Für den König hat sich der Eindruck festgesetzt, dass sein Sohn nur widerwillig zu ihm gekommen ist – nur auf Anraten Walpoles, nur aus taktischen Erwägen, nicht aus Überzeugung. Das ärgert ihn zutiefst. »Es wäre rühmlicher gewesen, wenn er sich aus freien Stücken um eine Versöhnung bemüht hätte«, schreibt Georg I. seiner Tochter Sophie Dorothea. »Es fällt mir schwer, seinen Worten zu vertrauen.«

In seiner Enttäuschung besteht der König darauf, dass die Kinder des Prinzenpaares weiter in seiner Obhut erzogen werden – wohl wissend, welch schwere Demütigung sich damit für Georg August und Karoline verbindet. Auch machtpolitisch zeigt Georg seinem Sohn, wer am längeren Hebel sitzt: Bei Auslandsreisen wird der König auch künftig von einem Regentschaftsrat vertreten – nicht etwa von seinem Sohn. Und dieser Regentschaftsrat ist weitgehend identisch mit der Regierung, in der jetzt auch Georg Augusts einstiger Verbündeter Walpole sitzt – nunmehr als Sachwalter seines Vaters.

Allmählich beschleicht den Thronfolger das Gefühl, betrogen worden zu sein. Trotz seiner Nachgiebigkeit ist er im Spiel der Mächtigen ins Hintertreffen geraten: Die Regierung ignoriert ihn und für die oppositionellen Tories und Jakobiten ist er nur noch eine Witzfigur, nachdem er sich als reumütiger Sünder dem König unterworfen hat. Alle Ehrenwachen und Salutschüsse, alle glänzenden Empfänge und Trommelwirbel können ihn bald nicht mehr darüber hinwegtäuschen, dass sein Stern gesunken ist.

Sogar sein Verhältnis zu Karoline verschlechtert sich. Denn Georg August nimmt es seiner Frau übel, dass sie weiterhin engen Kontakt zu Walpole hält, diesem Machtpolitiker, der in den Augen des Prinzen ein Verräter ist – ein Halunke, der nur an seinen Vorteil denkt.

Georg I. dagegen kann sich endlich einmal entspannt zurücklehnen. Die Begegnung mit seinem Sohn hat ihn zwar etwas ernüchtert, aber dafür ist seine Position als König gefestigter denn je. Seine Regierung sitzt fest im Sattel, seine Gegner stehen im Abseits. Beruhigt bricht er daher im Sommer 1720 zu einer neuen Reise in sein hannoversches Kurfürstentum auf. Nicht einmal das Parlament äußert diesmal Bedenken.

* * *

Schöne Tage in der Göhrde

Wieder wird zur Jagd geblasen. Drei Gruppen sind an diesem Septembermorgen ausgeritten, um in den Wäldern der Göhrde Jagd auf Damwild, Rothirsche und Sauen zu machen. Pferde schnauben, Hunde jaulen, von überall her sind Jagdhörner und die Hetzrufe der Treiber zu hören. Die Sonne lässt das Buchenlaub leuchten, der Wald knistert und duftet nach spätsommerlicher Wärme. Georg sitzt buchstäblich fest im Sattel, trabt mit seinem Hengst aus dem Lüneburger Marstall an der Spitze eines herrschaftlichen Trupps über einen breiten Waldweg und richtet den Blick nach links und rechts, um rechtzeitig das Gewehr anzulegen, wenn sich ein aufgeschreckter Hirsch oder eine Sau aus dem Dickicht löst.

Er kann es kaum erwarten, wieder zum Schuss zu kommen. Das alte Jagdfieber ist in ihm erwacht, die Mattigkeit, die während der trüben, anstrengenden Tage in London auf ihm lastete, ist wie weggeblasen. Schon die vorangegangene Kur in Bad Pyrmont hat seine Lebensgeister geweckt, hier in der Göhrde, dem angestammten Jagdrevier seiner Vorfahren, fühlt er sich fast so stark wie in seinem besten Mannesalter.

Plötzlich lautes Grunzen. Ein Wildschwein flüchtet aus dem Wald. Instinktiv greift Georg zum Gewehr, doch bevor er anlegen kann, löst sich schon ein Schuss aus einem anderen Lauf und die Bache gerät ins Schlingern, wird ein zweites Mal getroffen, bäumt sich auf und beendet ihr Leben mit einem letzten Grunzen, das in

Röcheln ausläuft. Beide Schüsse hat eine Frau abgegeben: Trudchen. Melusines Tochter stellt mit ihrem Jagdeifer alle Männer in den Schatten und macht ihrem Vater mit ihrer Trefferquote alle Ehre. »Bravo, Trudchen«, ruft ihr der König auch diesmal zu. »Kompliment.« Auch die Augen eines anderen Mannes ruhen auf der jungen Diana: die Augen Albrecht Wolfgangs, des ältesten Grafensohns aus dem Hause Schaumburg-Lippe. Der Plan der Väter scheint sich zu erfüllen. Trudchen und der Prinz aus dem Weserbergland finden Gefallen aneinander.

Auch andere nutzen die Zusammenkunft in den Wäldern der Göhrde, um sich näher zu kommen oder ihre Beziehungen zu klären. Die Jagdgesellschaft ist groß und vornehm wie lange nicht. Selbstverständlich hat der König nicht nur seine britischen Begleiter eingeladen, sondern auch den hannoverschen Hof. Unter den Jagdgästen ist Georgs Bruder Ernst August, mittlerweile Fürstbischof von Osnbabrück, ebenso wie sein in Hannover lebender Enkel Friedrich, Georg Augusts Ältester. Mehr als zwanzig Damen mischen sich unter die Waidmänner. Auch Prinz Wilhelm von Hessen hat sich in die Göhrde begeben, der Bruder des neuen schwedischen Königs Fredrik I. – der frühere Schwedenkönig Karl XII., der glücklose Heerführer im Nordischen Krieg, hat im Dezember 1718 in Norwegen unter ungeklärten Umständen den Tod durch einen Kopfschuss gefunden.

Am größten ist das Gefolge, das Georgs Schwiegersohn Friedrich Wilhelm von Preußen in die Wälder am Rande der Elbtalaue beordert hat – Minister, Höflinge, Kammerherren, Diener und Knechte. Georg hat auf diese Weise siebenhundert Menschen zu verpflegen. Hinzu kommen mehr als tausend Pferde, die zu füttern sind.

Doch der englische König, gemeinhin als knauserig bekannt, erweckt nicht den Anschein, dass ihn der hohe Kostenaufwand sonderlich belastet, ganz im Gegenteil. Georg wirkt heiter, ausgelassen wie lange nicht. Seine in Frankreich lebende Großtante Liselotte von der Pfalz ist so beeindruckt von den Schilderungen ihrer hannoverschen Brieffreunde, dass sie kaum glauben kann, dass von demselben Menschen die Rede ist, der in jungen Jahren noch als trocken und kalt wie Eis verschrien war.

Zur guten Stimmung des Königs trägt vor allem Sophie Dorothea die Jüngere bei, seine geliebte Tochter, die es sich nicht hat nehmen lassen, ihren Gatten in die Göhrde zu begleiten – auch mit Blick auf die englisch-preußische Doppelheirat, die sie hier vorantreiben will. Georg zeigt sich weiterhin offen für das Projekt, fürchtet allerdings neuen Streit mit seinem Sohn, der vermutlich darauf besteht, selbst über die Verheiratung seiner Kinder zu bestimmen. Selbstverständlich ist der Dauerzwist mit Georg August auch Thema der Gespräche zwischen Vater und Tochter. Dabei weiß es Georg zu schätzen, dass sich Sophie Dorothea in dem Konflikt uneingeschränkt auf seine Seite stellt. Umgekehrt tröstet er seine Tochter, wenn die von den fortdauernden Grobheiten ihres Gatten spricht.»Es wird von Tag zu Tag schlimmer«, klagt die Königin.»Dieser ungebildete Mensch! Er kann es nicht einmal ertragen, dass sein Sohn Flöte spielt. Immer hält er mir vor, dass ich ihn zum Mädchen mache.«

Die Berichte bleiben nicht folgenlos. Georg geht seinem lärmenden Schwiegersohn am liebsten aus dem Weg, und wenn sich die Begegnung nicht vermeiden lässt, ist die Konversation geprägt von steifen Höflichkeitsfloskeln.

Dabei zeigt sich der König während dieser Jagdtage im Übrigen ungewöhnlich gesellig. Schon um acht Uhr morgens trifft er sich in seinem Vorzimmer mit Fürsten und Ministern, um mit ihnen bei heißer Schokolade die Weltlage und zurückliegenden Jagden zu diskutieren. Zum Mittagessen versammelt sich die herrschaftliche Jagdgesellschaft im Saal des Jagdschlosses. Für die hochrangigsten Teilnehmer wird das Essen an drei großen Tischen serviert, die übrigen werden an sechs kleineren Tafeln in den angrenzenden Räumen beköstigt.

Trudchen hält sich auch bei Tisch in der Nähe des Grafensohns aus Bückeburg und tauscht mit Albrecht Wolfgang und anderen Gästen Jagdepisoden aus. Bei weitem nicht alle Damen beteiligen sich an der Jagd. Wenn aber Melusine am Nachmittag in ihre Gemächer zum Kaffee lädt, fehlt keine. Beim Klatsch und Tratsch mit den anwesenden Höflingen und Offizieren wird viel gelacht und bisweilen auch geflirtet. Am Abend stehen Theateraufführungen, Konzerte und Bälle auf dem Programm.

Doch nebenbei müssen die geladenen Herrscher auch ihre Amtsgeschäfte im Auge behalten; politische Entwicklungen, Krisen und Kriege nehmen keine Rücksicht darauf, ob in der Göhrde eine Sau geschossen wird. Um die Herrschaften auf dem Laufenden zu halten, sind die Sekretäre schon im Morgengrauen damit beschäftigt, eingehende Depeschen auszuwerten, Briefe und Vertragsklauseln zu entwerfen, Geheimbotschaften zu verschlüsseln oder zu entschlüsseln. Mit dem nahenden Ende des Nordischen Krieges werden letzte Schlachten geschlagen, neue Allianzen geschmiedet, Friedensverträge und Grenzverläufe ausgehandelt. Wer jetzt ins Hintertreffen gerät, hat lange daran zu tragen.

Preußen und England sind sich einig in ihrem Argwohn gegenüber dem russischen Zaren, so dass Georg mit seinem Schwiegersohn in politischer Hinsicht durchaus an einem Strang zieht.

Aus dem Vereinigten Königreich allerdings treffen Nachrichten ein, die den König in Unruhe versetzen. An der Londoner Börse macht sich Panik breit. Anleger bangen um ihre Ersparnisse. Die einst so hochgepriesenen Aktien der Südseekompanie stürzen ab ins Bodenlose. Das Wort vom »Southsea-Bubble« macht die Runde, der »Südseeblase«.

Die Nervosität überträgt sich auch auf Georg und Melusine und die in der Göhrde weilenden Minister. Eine Staatskrise droht. Nach einem kurzen Zwischenaufenthalt in Herrenhausen tritt die königliche Reisegesellschaft daher eilig die Rückreise an.

Doch so schnell wie erhofft geht es nicht. Widrige Winde verzögern die Rückkehr nach London. Elf Tage lang sitzt Georg mit seiner großen Gefolgschaft in der niederländischen Hafenstadt Helvoetsluys fest, während aus dem Inselreich eine Hiobsbotschaft nach der anderen herüberschwappt.

* * *

Die neuen Kolonien in Übersee beflügelten Träume von schnellem Gewinn und märchenhaftem Reichtum. Ein irrwitziges Spekulationsfieber erfasste die Börsen in Mitteleuropa. Manch einer beschränkte sich nicht darauf, sein Erspartes anzulegen, sondern verkaufte Hab und Gut, um an den wunderbaren Profiten teilzuhaben, die die neuen Aktiengesellschaften versprachen. In Brasilien waren neue Goldminen entdeckt worden, deren Ausbeutung ein Vermögen verhieß. Gerüchten zufolge warteten überall in der Neuen Welt – ob auf den Westindischen Inseln, in Mittel-, Süd- oder Nordamerika – unermessliche Schätze von Gold, Silber, Perlen und Edelsteinen nur darauf, gehoben zu werden, von den lukrativen Zuckerrohr-, Baumwoll- oder Tabaksplantagen, die neuerdings aus dem Boden schossen, einmal ganz abgesehen. Geldgier und Goldrausch machten brave Bürger zu Glücksrittern, zu Spekulanten und Spielern.

Besonders hohe Profite versprach der Sklavenhandel. Menschen, die man in Westafrika entführte, in Schiffe zwängte und wie Vieh über den Atlantischen Ozean beförderte, wurden auf Sklavenmärkten in der Karibik oder in den amerikanischen Südstaaten meistbietend versteigert. Kinder, schwangere Frauen, kräftige oder ausgezehrte Männer. Zehn, zwanzig, dreißig Dollar das Stück. Wer bietet mehr?

Dass jeder Dritte schon während der Schiffsüberfahrt starb, war im Preis einkalkuliert. Bei Frauen, die von den weißen Matrosen während der Überfahrt vergewaltigt worden waren, bestand zudem die Aussicht, einen kleinen Mulatten als Zugabe zu erhalten.

Die Nachfrage war groß. Denn der Verschleiß war immens. Die Arbeitsbedingungen auf den Plantagen waren so hart, dass die Sklaven meistens schon nach zwei bis drei Jahren am Ende ihrer Kräfte waren und durch neue ersetzt werden mussten. Es war billiger, einen neuen Sklaven zu kaufen, als Geld in die Versorgung der »alten« zu investieren. Und nur um Geld ging es bei diesem Geschäft. Dass es sich bei der schwarzen Ware um Menschen aus Fleisch und Blut handelte, interessierte unter den weißen Geschäftsleuten niemanden – schon gar nicht auf der anderen Seite des Meeres.

In ganz besonderem Maße grassierte das Spekulationsfieber unter den Briten, die seit jeher eine leidenschaftliche Neigung zu Glücksspielen haben. Anfangs waren die vermögenden Engländer, Schotten und Iren noch nach Frankreich geströmt, um dort Aktien zu kaufen – zum Beispiel solche der Mississippi-Gesellschaft. Viele hatten sich auch Anteile an dem prosperierenden Markt durch Mittelsmänner gesichert. Dabei spielte es bald keine Rolle mehr, ob sich die Erwartungen in Übersee erfüllten. Der Wert der Aktien stieg ja von Tag zu Tag – und allein das zählte.

Die britische Regierung sah es nicht gern, dass im Zuge dieses Spekulationsfiebers so viel Kapital außer Landes floss. Das Parlament billigte daher mit offizieller Zustimmung des Königs einem britischen Unternehmen das Monopol über den Südseehandel zu: der Südseegesellschaft, die schon 1711 unter Queen Anne als Gegengewicht zu der von den Whigs beherrschten Bank von England gegründet worden war. Die Umsatzerwartungen gründeten jedoch von Anfang an weniger auf Südseeaktivitäten, als auf Geschäften mit dem britischen Staat, der mit neun Millionen Pfund verschuldet war. Im Zuge eines finanzpolitisch ausgeklügelten Deals wurden die privaten Gläubiger dieser Staatsschulden dazu gebracht, ihre Staatsanleihen gegen Aktien der Südseegesellschaft einzutauschen. Und für jede Million Pfund Schulden, die die Kompanie übernahm, wurde sie ermächtigt, neue Aktien im Wert von einer Million Pfund auszugeben.

Doch der Gegenwert war bald nicht mehr erkennbar, und die Direktoren der Südseegesellschaft zogen alle Register, um den Kurs weiter in die Höhe zu treiben. Dabei schreckten sie nicht davor zurück, Parlamentarier und Minister mit Aktienpaketen zu bestechen. Sogar der König, dessen Mätresse, dessen Halbschwester Sophie Charlotte und sein Sohn Georg August wurden großzügig bedacht. Melusine von der Schulenburg, nunmehr Herzogin von Kendal, erhielt Aktien im Wert von 15.000 Pfund – verbunden mit der Aussicht, an jedem Punkt, den die Anteilsscheine nach oben kletterten, 120 Pfund zu verdienen. Das gleiche Startkapital bekam auch Georgs Halbschwester Sophie-Charlotte, jetzt Gräfin von Darlington. Die beiden jüngeren Töchter Melusines, offiziell als »Nichten« eingeführt, durften sich immerhin über Aktien im Wert von 5000 Pfund freuen.

Das Startkapital vervielfachte sich binnen weniger Monate. Die Aktie schoss in die Höhe wie eine Rakete. Lag der Kurs Anfang 1720 noch bei 120 Pfund, hatte er im Juli des gleichen Jahres schon einen Stand von knapp 1000 Pfund erreicht.

Der Spanische Erbfolgekrieg, der die Nation so teuer zu stehen gekommen war, schien endlich Früchte zu tragen. Denn im Wesentlichen waren es ja die früheren Kolonien Spaniens, die jetzt zu einem Eldorado der sagenhaften Geldvermehrung geworden waren.

Angesichts der fürstlichen Gewinnbeteiligung war natürlich niemand an der Spitze des britischen Staates sonderlich daran interessiert, die Praktiken der Südseegesellschaft kritisch unter die Lupe zu nehmen. Das aber wäre dringend geboten gewesen. Denn mit den eigentlichen Versprechen hatte die Realität dieser Aktiengesellschaft kaum etwas zu tun: Die Einnahmen aus den tatsächlichen Südseegeschäften hielten sich in Grenzen. Nicht einmal der Sklavenhandel warf die erwarteten Profite ab. Die Erlöse für die verschleppten Menschen aus Afrika waren bei Lichte betrachtet so niedrig, dass am Ende so gut wie nichts für die Handelsgesellschaft abfiel.

Nach und nach sprach sich auch in Insider-Kreisen herum, dass der Börsenrausch auf einem gigantischen Bluff basierte, nur eine riesengroße Blase war. Der König erhielt schon im Juni den Rat, seine Aktien zu verkaufen, und konnte damit noch einen satten Spekulationsgewinn einstreichen. Melusine verpasste den günstigsten Zeitpunkt. Während sie noch in Herrenhausen weilte, wies sie den Schatzkanzler in London an, zu retten, was zu retten war. In dem Brief der Herzogin von Kendal heißt es:

»Wenn wir in England gewesen wären, hätten wir sie (die Aktien) unfehlbar verkauft, als der Kurs günstig war, und ich wollte, Sie wären so freundlich gewesen, dies für uns zu tun, zumal sie meinten und es kommen sahen, dass der Kurs nicht steigen, sondern fallen würde, wie es denn auch geschehen ist. Ich bedaure, dass wir durch unsere Abwesenheit diese gute Gelegenheit versäumt haben, und ich hoffe, Sie werden die Güte haben, sich ein wenig um unseren Vorteil zu kümmern, wenn es Ihnen in Ihren anderen Affären kein allzu großer Schade ist.«

Als der Brief am 29. September 1720 England erreichte, war der Kurs schon von 1000 auf 300 Pfund abgestürzt.

Zu einem ersten Einbruch war es gekommen, als sich am 1. August herausgestellt hatte, dass kein Geld für die angekündigte Auszahlung der Dividenden vorhanden war. In der Folge entpuppte sich das Südseeversprechen immer mehr als Lug und Trug, und ein Anteilseigner nach dem anderen mühte sich, sein Aktienkapital zu Geld zu machen. Panik griff um sich, so dass der Kurs schneller fiel, als er gestiegen war. Im Dezember 1720 war die einstmals so hochgeschätzte Aktie kaum mehr als 100 Pfund wert – und mancher brave Bürger nahm Gift oder erhängte sich.

Als Georg Mitte November mit seinem Gefolge nach London zurückkehrte, befand sich Großbritannien bereits mitten im Strudel einer Staatskrise. Glaubte man den Gazetten, bewegte sich das Land schon am Rande des Aufruhrs. Es ging das Gerücht, der König habe auf dem Höhepunkt des Börsenfiebers verkauft und damit maßgeblich zum Kurseinbruch und der damit verbundenen Panik beigetragen. Darüber hinaus sprach sich herum, dass Georg I., seine Mätressen und korrupte Minister mit Bestechungsgeschenken von der Südseegesellschaft »gekauft« worden seien. Das Parlament setzte einen Untersuchungsausschuss ein und beraumte eine Sondersitzung an, bei der insbesondere die deutschen Minister Bothmer und Bernstorff Rechenschaft über ihre privaten Südseeaktivitäten ablegen sollten. Bernstorff, der schon vorher wegen seiner allzu hannoverorientierten Politik das blinde Vertrauen des Königs verloren hatte, verlängerte daher seinen Deutschlandaufenthalt und zog sich auf seine Güter in Gartow zurück.

Besonders groß war die Wut, die sich gegen Melusine richtete, von der es hieß, dass sie am Südseeschwindel noch kräftig verdient habe. Schon in der Vergangenheit musste sie damit rechnen, dass ihr die Londoner Pferdeäpfel nachwarfen, wenn sie in ihrer Kutsche unterwegs war. Nun flogen mitunter auch Steine. Wie eine Steinigung in Worten las sich, was der Journalist Nathaniel Mist in seinem »Journal« über die Schulenburg schrieb:

»Wir werden von Dirnen ruiniert«, war da zu lesen. »Und was noch schlimmer ist: von hässlichen Dirnen, die selbst in den freizügigsten Bordellen des alten Drury (jener traditionellen Amüsiermeile Londons) keine Anstellung finden würden.«

Das ging zu weit! Die Mätresse des Königs fühlte sich derart in den Dreck gezogen, dass sie Mr. Mist verklagte und dafür sorgte, dass er ins Gefängnis kam. Doch die Schmähungen verstummten dadurch nicht.

Nicht einmal der Thronfolger blieb diesmal von der öffentlichen Kritik verschont. Es wurde bekannt, dass Georg August den lukrativen Präsidentenposten einer dubiosen Kupferkompanie mit Minen in Mittelamerika zugeschanzt bekommen hatte. Bevor auch dieses Unternehmen im Strudel der Südseegesellschaft Konkurs anmelden musste, war es dem Prinzen von Wales nach einem vertraulichen Hinweis gelungen, den Abschied von der Firma zu nehmen – mit einer Abfindung von 40.000 Pfund.

Georg verspürte angesichts dieser Turbulenzen ein starkes Bedürfnis, sein schweres, beengendes Gewand abzulegen und wenigstens einige Stunden lang als einfacher Bürger unter anderen einfachen Bürgern zu verkehren – auch um sich einen zuverlässigen Eindruck von der Stimmung im Volk zu verschaffen. An einem Freitagabend Ende November verwandelte er sich daher wieder in den Tuchhändler Richelieu und ließ sich mit Jonathan in die High Street kutschieren.

Dichter Nebel hängt über den Straßen der Stadt. Trotz der vielen Straßenlaternen ist es so finster, dass man die Hand vor Augen nicht sieht. Die Kutsche kommt nur im Schritttempo voran. Um keinen Verdacht zu erregen, lässt Georg sich schon hundert Meter vor dem Ziel absetzen und von Jonathan zum »Schwan« leuchten. Dabei flucht der König wie ein deutscher Pferdeknecht, weil er immer wieder in Kot tritt und von undefinierbarem Müll und Unrat behindert wird, der die Straße überzieht. »So kann es nicht weitergehen«, raunt er seinem Begleiter zu. »Diese Stadt ist eine Kloake. Wir müssen etwas unternehmen. Du musst mich unbedingt daran erinnern, Jonathan.«

»Zu Befehl, Majestät.«

»Majestät? Vergiss die Anrede, mein Freund. Ab jetzt bin ich Monsieur Richelieu. Verstanden?«

»Verstanden, Majes ... Oh, pardon.«

Im Schein einer Öllampe direkt vor dem Eingang zum Wirtshaus entdeckt Georg plötzlich einen großgewachsenen, schmächtigen Jungen, der ihm einen alten, zerbeulten Hut entgegenstreckt.

»Bitte, Mister.«

Als Jonathan Anstalten macht, den bettelnden Jungen mit abwehrender Geste beiseite zu drängen, bremst der König seinen Begleiter. In freundlichem Ton spricht er den Jungen an. »Warum stehst du hier zu so später Stunde auf der Straße? Warum bist du nicht bei deinen Eltern?«

Da der König Französisch spricht, starrt ihn der Junge nur verständnislos an. Georg befiehlt seinem Begleiter, die Frage zu übersetzen. Die Antwort versteht auch der König:

»Oh, Sir, ich habe nur noch eine Mutter, und die ist krank und liegt im Bett. Unser Vater ist auf See geblieben, keiner weiß wo. Ich habe noch drei jüngere Geschwister, Sir. Alle haben Hunger, meine kleine Schwester ist schon vor drei Tagen gestorben. Wir hatten kein Geld, sie zu beerdigen. Meine Mutter verdient nichts mehr, sie ist Wäscherin, aber seit einigen Tagen hustet sie nur noch und kommt nicht mehr aus dem Bett. Es ist schrecklich. Wenn wir nicht bald unsere Miete zahlen, müssen wir die Wohnung verlassen und kommen alle ins Armenhaus. Helft mir, Sir, helft, bitte!«

»Armer Junge.« Ohne lange zu überlegen streicht Georg dem Jungen mit der linken Hand über den Kopf und gräbt mit seiner rechten in der Manteltasche nach Münzen. »Fragt ihn, wo er wohnt und notiert die Adresse«, fordert er Jonathan auf, bevor er einige glänzende Münzen in den Hut wirft.

Als der Junge die Schillinge näher betrachtet, kann er sein Glück kaum fassen. »Oh, Sir, das ist zu gnädig. Der Herr möge Euch belohnen, wir werden für Euch beten. Danke, danke, Sir.«

»Schon gut. Ich werde deiner Mutter einen Arzt schicken.«

»Danke, danke.« Berauscht von dem unverhofften Glück verbeugt sich der Junge immer tiefer vor dem großzügigen alten Herrn, bevor er zurücktritt und wegläuft – so schnell, als wäre ihm ein Verfolger auf den Fersen, der ihm das Geld wieder abnehmen könnte.

Als Georg mit Jonathan durch das Tor des Wirtshauses tritt, entdeckt er auf dem Hof einen Mann, der offenbar die gesamte Szene beobachtet hat. Es ist einer jener Zeitungsleute aus dem »Schwan«.

Zu seiner Freude stellt der König fest, dass die freundliche Schankmagd Anne nach wie vor im Einsatz ist und auch seine alten Bekannten um den Stammtisch versammelt sind. »Willkommen, Monsieur, lange nicht gesehen«, begrüßt ihn die Kellnerin artig. Sogar das Lied, das die Kneipenmusiker – heute ein Geiger und ein Mann mit Querflöte – gerade spielen, klingt wie ein Willkommensgruß. Deutlich auf jeden Fall versteht der König das Wort »Welcome«.

»Welcome to all the pleasures« – Willkommen zu all diesen Freuden.

Mr. Summerfield, der stets fröhliche Bestattungsunternehmer, springt auf, um dem Tuchhändler mit offenen Armen entgegenzugehen. »Monsieur Richelieu, wir haben Sie vermisst. Aber Sie waren sicher in Ihrer Heimat?«

»Ganz recht, Mr. Summerfield. Wie geht es Ihnen?«

»Prächtig, Monsieur. Wenn man wie ich jeden Tag mit Tod und Trauer zu tun hat, weiß man das Leben doppelt zu schätzen, hahaha, besonders in diesen Zeiten. Ich habe kaum mehr eine ruhige Minute. Lange ist in London nicht mehr so viel gestorben worden wie in diesen Tagen. Und längst nicht alle, die wir zu Grabe tragen, sind alt, krank und gebrechlich, glaubt mir. Manche scheiden bei bester Gesundheit aus dem Leben – und durch eigene Hand. Gerade haben sie Bankdirektor Browning aus der Themse gefischt. Der gute Mann hatte nicht nur sein eigenes Geld in die Südsee gepumpt, sondern auch das Geld seiner Anleger. Die Bank stand vor der Pleite und der gute Browning vor einem längeren Zwangsurlaub in Newgate. Da hat er es vorgezogen, von der London Bridge zu springen. Hinterlässt eine Frau und fünf Kinder. Schlimm! Schlimme Sache! Wir haben uns alle Mühe gegeben, den Guten einigermaßen herzurichten. Aber bei einer Wasserleiche sind natürlich auch unsere Möglichkeiten begrenzt.«

Der König hat Mühe, seine Erschütterung zu verbergen und lässt sich seufzend auf die Holzbank sinken.

»Verzeiht, dass ich Sie mit dieser schrecklichen Geschichte empfange«, schiebt Summerfield nach. »Aber für uns gehört das zum Geschäft, und zur Zeit können wir wirklich nicht klagen. Ich hoffe, Sie haben nicht selbst allzu viel Geld verloren.«

»Nein, nein, zum Glück nicht«, stammelt der König. »Mir war das alles von Anfang an nicht geheuer. Und wie ist es bei Euch?«

»Ich habe rechtzeitig verkauft, aber unseren Freund hier, den hat es übel erwischt.«

Damit lenkt Summerfield den Blick auf den Kohlenhändler. »Musst du mich daran erinnern?«, entgegnet Bloomberry, der nicht in bester Stimmung zu sein scheint. »Eigentlich bin ich hier, damit ich das ganze Elend vergesse. Für ein Glas Bier reicht es gerade noch.«

»Ihr habt auch verloren?«, hakt Georg vorsichtig nach.

»Verloren? Das Wort ist viel zu klein für diese Katastrophe«, erwidert Bloomberry. »Alles, was ich in den letzten fünf Jahren auf die hohe Kante gelegt habe, ist futsch. Ich hätte es genauso gut ins Klo werfen können. Ach, man darf einfach nicht darüber nachdenken. Bring uns noch eine Runde, Anne.«

»Waren die Franzosen auch so verrückt?«, will Summerfield von Georg wissen.

»Es sieht so aus, dass auch viele meiner Landsleute die Lage falsch eingeschätzt haben.« Georg ist anzumerken, dass ihm das Thema unangenehm ist.

Plötzlich fährt der Kohlehändler aus seiner brütenden Niedergeschlagenheit auf. »Das Schlimme bei uns ist doch, dass die Verbrecher da oben gemeinsame Sache mit diesen Ganoven von der Company gemacht haben. Die ganze Bande, angefangen von den Finanzbeamten, über die Minister bis hinauf zum König und seinen Scheiß-Geliebten. Alle haben sie sich kräftig schmieren lassen, alle. Und als die Scheiße zu stinken begann, haben sie verkauft und sich ins Fäustchen gelacht, diese Hunde. Wie haben sie unseren George noch genannt? Rattenkönig! Genau das ist er: ein Rattenkönig.«

Georg ist es, als habe ihn der Mann geohrfeigt. »Rattenkönig«, lange schon hat er diesen Sudeltitel nicht mehr gehört, der auf seine Mätressen anspielte, die das Land angeblich kahlfraßen wie Ratten, und nun aus dem Munde dieses Pubgenossen! Gern hätte er sich verteidigt, deutlich gemacht, dass man auch ihn an der Nase herumgeführt habe, dass auch er von dem allgemeinen Börsenfieber befallen war und durchaus nicht alle Aktien rechtzeitig abgestoßen, sondern einen ganzen Packen gegen die Empfehlung seiner Ratgeber bis fast zuletzt gehalten habe. Aber natürlich muss er sich bremsen, kann nicht einmal ein Wort der Verteidigung für den Geschmähten, den gescholtenen König, einlegen.

»Ich habe es immer schon gesagt«, fährt Bloomberry fort, während die Musiker ein Seefahrerlied anstimmen. »Diese Schlampen aus Hannover, die sind unser Ruin. Hier geht alles drunter und drüber, und diese Huren reisen mit ihrem alten Hurenbock durch ihre versumpften Provinzen auf dem Kontinent und lachen sich halb tot. Ha, ha, ha!« Während der Kohlenhändler immer wütender über die »verkommenen Herrschaften in St. James« herzieht, stößt Rosie zu der Runde.

»Oh, mein Freund«, begrüßt sie Georg. »Wie schön, dich zu sehen. Welch große Freude! Mon bijou!« Eine stürmische Umarmung und ein Kuss auf die Stirn, begleitet von Lachen und Johlen der übrigen Gesellschaft, bekräftigen die warmherzige Begrüßung.

Sein Verstand könnte Georg selbstverständlich sagen, dass diese Liebenswürdigkeit, die Schöntuerei mit Goldmünzen erkauft ist, doch in diesem Augenblick will er gar nicht hören, was sein Verstand ihm sagt. Dass Rosie nach billigem Schnaps riecht, verursacht ihm zwar ein Ekelgefühl, doch es weicht schnell anderen, schöneren Empfindungen. Selten hat ihn eine Frau in einem passenderen Moment umworben, und tatsächlich führt Rosies Erscheinen dazu, dass das Gezeter über die Machenschaften der Mächtigen schlagartig verstummt und heiterem, fast erregendem Geplänkel weicht.

Als Georg zwischendurch zum Tisch der Zeitungsleute blickt, gewinnt er den Eindruck, dass dort über ihn gesprochen wird. Denn während des munteren Gesprächs sehen die Männer immer wieder verstohlen zu ihm herüber, meist mit einem spöttischen Lächeln.

Darunter ist auch der Mann, der ihn auf dem Hof beobachtet hat. Das hindert Georg aber nicht daran, am späteren Abend wie üblich für ein halbes Stündchen mit Rosie auf deren Zimmer zu verschwinden.

Am nächsten Morgen schon wird er von den Turbulenzen der Finanzkrise eingeholt, über die Sir Winston Churchill, ein Nachfahre des früheren Heerführers Marlborough, viele Jahre später schreiben wird: »Täglich gab es neue Selbstmorde. Der leichtgläubige Mob, dessen angeborene Gier diese Massenhysterie und diesen Goldrausch ausgelöst hatte, schrie nach Rache.«

Zum Zeitpunkt der Krise hat der amtierende König schon keine Gelegenheit mehr, sich bei Churchills Vorfahren, seinem alten Weggefährten Marlborough mit dem bürgerlichen Namen John Churchill, Rat zu holen. Der Herzog ist nach einem erneuten Schlaganfall nicht mehr ansprechbar, und die Warnungen und Klagen, die seine Frau Sarah ausstößt, nimmt schon lange keiner mehr ernst. Durchaus ernst aber nimmt Georg, was er im »Schwan« über sich, seine Frauen und Minister gehört hat. Er ist entschlossener denn je, alle Zweifel an seiner Loyalität gegenüber dem Vereinigten Königreich zu zerstreuen und seinen Untertanen zu beweisen, dass er ihr König ist. Er ist daher gar nicht besonders traurig, als sein alter Minister Bernstorff ihm schreibt, dass er nicht mehr nach England zurückkehren will, sondern auf seinem Schloss in Gartow zu bleiben gedenkt. Schon seit längerer Zeit ist der König bestrebt gewesen, den Einfluss seiner deutschen Minister zurückzuschrauben. Dies bekommt nun auch Bothmer zu spüren, der Wegbereiter der Thronbesteigung und geschickte Mittler zwischen der Deutschen Kanzlei und dem britischen Hof. Schritt für Schritt wird der Diplomat von seinem Dienstherren entmachtet. Bothmer ist schließlich so empört, dass er in einem Brief an den Leidensgefährten Bernstorff seinen Unmut darüber äußert, wie die englische Regierung die deutschen Angelegenheiten »an sich reißt« und der König dies »stillschweigend duldet«, indem er seine Minister nicht dazu auffordert, sich mit den Hannoveranern zu beraten.

Im gleichen Maße, in dem der Stern der deutschen Minister sinkt, gewinnt Robert Walpole an Macht. Einen entscheidenden Schub erhält der Wiederaufstieg des umtriebigen Unterhausführers durch dessen Rolle als Krisenmanager in der Südsee-Affäre. Walpole, der sich schon in früheren Regierungen einen Namen als Finanzgenie erworben hat, sorgt dafür, dass das Kapital der Südseegesellschaft um die Hälfte verringert wird. Die Aktionäre erhalten die Möglichkeit, ihre Anteilscheine in Aktien der Bank von England umzutauschen.

Die Finanzmanipulation wirkt. Im August 1721 liegen die Südseeaktien schon wieder bei 400 Pfund.

Die Krise gilt als überwunden und Walpole wird gefeiert wie ein Held. Der Lohn lässt nicht lange auf sich warten. Da James Stanhope, Staatssekretär für den Norden, im Februar an einer Hirnblutung stirbt und Schatzkanzler Charles Spencer Sunderland als Hauptverantwortlicher des Südseeschwindels sein Amt niederlegen muss, werden wichtige Regierungsposten frei, und Walpole rückt wieder auf in die Spitze, indem er sich erneut zum Schatzkanzler ernennen lässt. Dabei beschränkt Walpole sich nicht auf die Regulierung der Finanzen, sondern wird faktisch zum Oberhaupt der Regierung. Niemand kommt nun mehr an ihm vorbei, auch der König nicht.

* * *

Ein neuer Palast ist bezugsfertig. Das Kensington-House erstrahlt in neuer Pracht. Acht Jahre haben Architekten und Ingenieure, Maurer, Maler, Zimmerleute, Tischler, Schreiner, Glaser, Goldschmiede, Schneider und Stuckateure an dem Palast gearbeitet, der reichlich heruntergekommen war, als Georg den englischen Thron bestiegen hatte. Wilhelm III. hatte das Schloss einst erbauen lassen. Da Queen Anne, seine Nachfolgerin, keinen Gefallen daran fand, war es allmählich verfallen.

Um den Beginn einer neuen Ära zu markieren, die an die Herrschaft des Oraniers anknüpfte, hatte Georg sich schon bald nach seiner Krönung entschlossen, den Verfall zu stoppen und den Palast zu seiner Residenz zu machen – nach eigenen Ideen, verwirklicht von ausgewählten Baumeistern wie dem Architekten Colin Campbell, dem Generalinspektor William Benson oder William Kent, dem Experten für Deckengestaltung.

Nach der Renovierung sind die Besucher begeistert. Sie schwärmen von dem Park mit der »Großen Promenade« und dem »Runden Teich«, von der Orangerie und besonders von dem neuen Kuppelsaal, der ganz im römischen Stil gehalten ist – ausgestattet mit einer Decke, die der Kuppel der St. Pauls Kathedrale nachgestaltet ist und ausgeklügelte Perspektiven eröffnet; sie bewundern das Empfangszimmer des Königs mit den Bronzestatuen in den Ecken, die den römischen Gottheiten in Herrenhausen nachgebildet sind. Die Gäste bestaunen den globalen Windkompass, der anzeigt, aus welcher Richtung im britischen Weltreich der Wind weht, die vielen Kamine mit den Marmorsäulen, die große Galerie mit dem roten Damast an den Wänden, der vergoldeten Decke und den herrlichen Bildern von Holbein, Bassano und anderen Alten Meistern.

Georg sind die Reiterbilder am liebsten, doch wie in allen Fragen der Künste lässt er sich von den Experten beraten. Gleichzeitig schenkt er auch seinem persönlichen Schatzmeister Gehör und mahnt zur Sparsamkeit. So bleiben die alten Vorhänge und Wandbehänge, die schon zu Zeiten von König Wilhelm und Königin Marie den Palast geziert haben, erhalten. Der neue Hausherr lässt sie einfach grün umfärben.

Für seine Enkelinnen, die nach wie vor unter seiner Obhut stehen, ist ihm dagegen nichts zu teuer. Er lässt ihnen einen eigenen prächtig ausgestalteten Arkadenhof bauen. Ein weiterer Arkadenhof ist Melusine gewidmet, die zudem eigene Prunkgemächer beziehen darf. Zwischen den Räumen Melusines und denen der drei Prinzessinnen besteht eine Verbindung, so dass die Mätresse des Königs zu Karolines Töchtern wie eine Ersatzmutter engen Kontakt halten kann. Die Erziehung der drei Mädchen im Alter von sieben bis zehn Jahren hat Georg mittlerweile der Gräfin von Portland übertragen. Die britische Gouvernante soll den Prinzessinnen nicht nur gute Manieren, sondern vor allem reines Englisch beibringen.

Trudchen, die in der ersten Zeit noch die Kinder ihres Halbbruders umsorgte, hat das Vereinigte Königreich verlassen. Melusines Jüngste hat im Oktober 1721 Albrecht-Wolfgang von Schaumburg-Lippe geheiratet und ist nach Bückeburg übergesiedelt.

Das Verhältnis der Eltern hat sich unterdessen merklich abgekühlt. Obwohl Georg nie von seinen Besuchen im »Schwan« und schon gar nicht von Rosie spricht, scheint Melusine zu spüren, dass eine andere Frau im Spiel ist. Der König verhält sich ihr gegenüber weiterhin höflich, die beiden kommen wenn irgend möglich zum Abendessen zusammen und teilen ihre Alltagssorgen, doch von der einst zärtlichen Verbundenheit kann keine Rede mehr sein.

Melusine indessen wird für den Mangel an Zuwendung reich entschädigt. Sie erhält eine jährliche Apanage von 7500 Pfund (umgerechnet etwa zwei Millionen Euro), ihr Besitz wächst von Jahr zu Jahr. Neben den Prunkgemächern in den Palästen des Königs darf die Herzogin von Kendall auch zwei Stadthäuser in London ihr Eigen nennen, eines in der Portugal Row, ein anderes mit der Nummer 43 am Grosvenor Square.

Allen Schmähungen zum Trotz: Die Hannoveraner haben in London Fuß gefasst. Nicht nur Melusine, auch andere Weggefährten des Königs lassen sich in der englischen Hauptstadt Häuser bauen, die mit dem klaren Regelmaß ihrer schlichten Fassaden, den säulengetragenen klassizistischen Portalen und weiß verputzten gradlinigen Ornamenten einen eigenen Stil begründen, den georgianischen Stil. Neue Plätze entstehen während der Herrschaftszeit des Welfen: der St. James Square, der Grosvenor Square, der Hanover Square. Auch neue Kirchen bereichern seit der Thronbesteigung Georgs das Stadtbild Londons: St. Martin-in-the-Fields, Limehouse, St. Anne, St. George's am Hanover Square und St. George's in Bloomsbury. Nein, all das sind keine Luftschlösser. Georg hat bewiesen, dass er einer brodelnden Weltstadt wie London, die ihm anfangs noch so fremd schien wie der Mond, seinen Stempel aufprägen kann. Immer mehr Bauwerke zeugen von seiner Herrlichkeit. Mit besonderem Stolz erfüllt ihn, dass auch die Musik der Stadt seine Macht klangvoll zum Ausdruck bringt. Es ist kein Geheimnis, dass Händel sein Kapellmeister ist, und auch wenn dessen Oratorien den Herrn im Himmel preisen, fällt immer reichlich Glanz auf den irdischen Herrscher: »Glory to the Lord, Glory, Glory, Glory ...«

* * *

Der große Bär und die kleine Sängerin

Das Leben des deutschen Komponisten besteht nicht nur aus Erfolgsmomenten. Händel ist zwar seit 1719 künstlerischer Leiter der Royal Academy of Music in London, für die er eine Oper nach der anderen schreibt, doch seine führende Stellung im Musikleben ist damit keineswegs gesichert. Dies wird deutlich, als das Direktorium der königlichen Akademie auf die Idee kommt, für das Haymarket Theatre Opern von mehreren Komponisten schreiben zu lassen: Ein Akt von diesem, ein Akt von jenem – dem Publikum soll ein sportlicher Wettkampf geboten werden. Händel bekommt es vor allem mit Giovanni Bonnoncini als härtestem Konkurrenten zu tun. Bei der Oper »Muzio Scevola«, für die beide einen Akt zu komponieren haben, hält sich der Beifall noch in der Waage. In der Gesamtbilanz des Haymarket Theatre aber liegt der Italiener eindeutig vorn. Bonnoncinis Werke werden in der Spielzeit 1721/1722 63-mal aufgeführt, Händels nur 28-mal. Und als im Sommer 1722 schließlich der große Heerführer Marlborough stirbt, erhält der Italiener den Auftrag für die Komposition der Trauermusik, nicht etwa der Deutsche, der bekanntlich so gute Beziehungen zum König hat.

Als Tonsetzer rangiert einer wie Händel ohnehin nicht an der Spitze der Publikumsgunst. Die am höchsten dotierten Stars des Londoner Musiklebens sind nicht die Komponisten, sondern die berühmten Kastraten oder Sopranistinnen, zumeist italienischer Herkunft. Besonders hoch im Kurs steht Francesca Cuzzoni. Die Sängerin aus Parma wird als dicklich, klein, schlecht angezogen, albern, starrköpfig und eingebildet beschrieben, gilt aber als überragende Sopranistin, die ihr Publikum zu Tränen und Beifallsstürmen bewegen kann. Händel engagiert daher die italienische Diva, um seiner neuen Oper »Ottone« zum Durchbruch zu verhelfen. Bei der Probe in Händels Arbeitszimmer kommt es dann jedoch zum Eklat.

Der Maestro hätte gewarnt sein können: Die Primadonna ist zwar gut bei Stimme, aber sichtlich schlecht gelaunt. »Phantastisch, Madame«, ruft Händel ihr nach einer Gesangsprobe zu. »Die Arie klingt wirklich göttlich aus Ihrem Mund. Nur eine bescheidene Bitte: Wäre es Ihnen möglich, die Pianostellen etwas leiser zu singen und dafür den Koloraturen noch mehr Kraft zu geben?«

Die Reaktion folgt prompt. Ehe Händel sich versieht, hat ihm die Cuzzoni schon ihr Notenheft vor die Füße geworfen. »Was fällt Ihnen ein? Ich denke gar nicht daran, mir von Ihnen Vorschriften machen zu lassen«, fährt sie den Komponisten wütend an. »Wenn Sie es besser können, singen Sie doch Ihre Arie selbst.«

Glaubt man den Überlieferungen, die diesen Zwischenfall zu einer der populärsten Anekdoten der Operngeschichte gemacht haben, behielt Händel die Nerven. »Madame, mir ist bekannt, dass Sie eine wahre Teufelin sind«, entgegnete er mit unterkühltem Charme. »Aber Sie sollten wissen, dass ich der Oberteufel bin.« Daraufhin drohte er angeblich, die dicke Sängerin aus dem Fenster zu werfen, falls sie seinen Anweisungen nicht Folge leiste. Das soll gewirkt haben.

Händels Geduld und Willensstärke wird belohnt: Seine Oper »Ottone« erweist sich als voller Erfolg. Unter den Premierengästen ist auch der König, und Georg I. sieht es mit besonderem Wohlgefallen, dass sein Kapellmeister sich eine Geschichte mit dem Sachsenkaiser Otto II. als Opernhelden gewählt hat. Der Welfe nämlich betrachtet den Sachsenkaiser als Vorfahren und sieht sich damit gewissermaßen selbst verherrlicht. Ein wunderbares Signal gegen die antideutsche

Stimmung, die immer noch als Nachwirkung des Südseeschwindels über London lastet! Der König ist so begeistert, dass er am liebsten den kompletten Hof ins Theater schicken würde. Die Ränge füllen sich jedoch auch so. Das Theater am Haymarket ist ständig ausverkauft, eine Resonanz, die Händel mit der Wahl des Sujets sehr wohl einkalkuliert hat.

Der Erfolg bringt seinen Stern derart zum Leuchten, dass die Konkurrenz zeitweise dahinter verblasst.

Ehrfurcht schwingt mit, wenn jetzt vom »großen Bären« die Rede ist. So nämlich nennen die Londoner den großen Deutschen mit der etwas täppisch wirkenden schwerfälligen Gangart, der vor Selbstbewusstsein strotzt und für seinen eher groben Umgang mit Frauen bekannt ist. Die Esslust des deutschen Bären liefert Stoff für etliche Anekdoten. So wird erzählt, Händel habe in einem Gasthaus eine Mahlzeit für drei Personen bestellt. Nach einiger Zeit ungeduldigen Wartens habe er sich erkundigt, wo das Essen bleibe. »Wir warten, bis die Gesellschaft eintrifft«, antwortete der Wirt. Darauf Händel: »Prestissimo! Trage Er auf! Ich bin die Gesellschaft.«

Mit »Giulio Cesare« knüpft »der große Bär« gleich im nächsten Jahr an seinen Triumph mit »Ottone« an und festigt seinen Rang als Erfolgskomponist. Die reichlich sprudelnden Einnahmen machen es ihm möglich, eine größere Wohnung zu mieten. Die Wahl fällt auf ein schmales, aber dreistöckiges Haus in der Lower Brook Street am Hanover Square – eine gute Adresse im Herzen Londons, nicht allzu weit vom St. James Palast und dem Haymarket Theatre entfernt.

Bei allen Erfolgen tut Händel weiterhin alles, um sich seinen Brotherren gewogen zu halten. Nach wie vor erteilt der Sachse den Enkelkindern des Königs Flöten- und Cembalounterricht. Er hält sich schadlos, indem er besonders schwierige Übungsstücke für die Prinzessinnen schreibt – und er nimmt sich die Freiheit, auch im Hause der Mutter zu verkehren, im Salon Karolines, der schon aus Hannover vertrauten Gemahlin des nach wie vor verfemten Thronfolgers.

* * *

Glory, Glory, Glory! Jenseits aller politischen Machtkämpfe genoss Georg alle Huldigungen, die die Briten ihrem König zubilligten. Und das waren nicht wenige. Wenn er mit der Kutsche durchs Land fuhr, läuteten zu seiner Ehre in jedem Dorf die Kirchenglocken, überall im Vereinigten Königreich schlossen ihn seine Untertanen ins Gebet ein, priesen ihn in Hymnen und Chorälen. Feuerwerksraketen bekundeten seine Herrlichkeit mit bunten Sternen am Himmel, Dutzende von Schiffen ließen seine Krone über den Weltmeeren erstrahlen, seine Macht reichte vom Norden Schottlands bis zum Süden Amerikas, aber als Mensch, als freier, um seiner selbst willen geachteter Mensch fühlte er sich nur im »Schwan« – respektiert ohne Zepter und Robe. Er fieberte diesen Freitagen der Privatheit geradezu entgegen.

An einem regnerischen Oktoberabend ist es wieder einmal so weit. Monsieur Richelieu hebt das Glas, um mit seinen schon vertrauten Freunden anzustoßen, dem Bestatter Summerfield und dem Kohlehändler Bloomberry. Rosie lässt wie üblich noch auf sich warten.

»Auf Frankreich, unseren neuen Bündnispartner«, ruft Summerfield mit neckischem Blick Georg und seinem Begleiter Jonathan zu.

»Vive la France«, stimmt Bloomberry ein, der sich von den Verlusten infolge des Südseeschwindels etwas erholt zu haben scheint.

»Auf Euer Wohl«, erwidert Georg auf Französisch, bevor er die Hälfte des Glases in einem Zug leert und genießerisch seufzt.

Zur allgemeinen Erheiterung berichtet Summerfield von einer reichen Dame, die in ihrem Testament verlangt hat, dass man ihr für ihre letzte Reise ihren wertvollsten Schmuck anlegt. Als dann jedoch ein armer Vetter mit einer kranken Tochter zu ihm gekommen sei, um den Ablauf der Beerdigung zu besprechen, habe er kurzerhand entschieden, die Juwelen der Dame durch billige Imitate zu ersetzen.

»Der arme Kerl wollte die teuren Klunker zuerst gar nicht annehmen«, erzählt der Bestatter. »Von Leichenraub hat der Gute gesprochen. Stellt Euch vor! Von Leichenraub! Erst als ich ihm erzählt habe, dass mich der Geist seiner toten Tante auf die Idee gebracht hat, war er einverstanden.« Schmunzelnd geben die Kneipengenossen zu erkennen, dass sie die Notlüge gutheißen – auch Georg nickt zustimmend. »Wahrscheinlich war es das einzige gute Werk, zu dem ich der Lady verholfen habe«, fügt der Bestatter an und erntet damit erneutes Gelächter.

»Du bist schon ein Teufelskerl«, kommentiert Bloomberry. »Dass sich das bloß nicht rumspricht. Könnte geschäftsschädigend sein in deiner Branche.« Wie üblich beginnt der Kohlehändler kurz darauf wieder über die Raffgier der Hannoveraner zu lamentieren und klagt beim nächsten Bier auch über die »unvorstellbare Verschwendung von Steuergeldern bei der Renovierung des Kensington-Palasts.

Es scheint ein ganz normaler Abend zu werden. Doch dann beobachtet Georg, wie ein ihm bekannter Herr das Lokal betritt und zum Tisch der Zeitungsleute strebt. Der König erstarrt: Bei dem kleinen Mann mit der ausladenden Perücke und den hohen schwarzen Stiefeln handelt es sich um keinen anderen als den Advokaten aus Mantua, um Sabbatino. Diese gebogene Nase, der stechende Blick haben sich tief in das Gedächtnis des Königs eingegraben. Wie gebannt beobachtet dieser, dass der Italiener von den Zeitungsleuten freundlich begrüßt wird. Sie haben ihn scheinbar schon erwartet. Den Tischgenossen entgeht nicht, welchen Eindruck das Erscheinen des Mannes auf Georg gemacht hat.

Summerfield fragt daher unverhohlen: »Habt Ihr Schulden bei dem Kerl?«

»Wie beliebt?« Der König fühlt sich ertappt, wendet sofort den Blick von den Zeitungsleuten ab und beteuert aufgeregt, dass er den neuen Gast noch nie gesehen habe, nur durch dessen düstere Erscheinung aufmerksam geworden sei.

»Da habt Ihr recht«, antwortet Summerfield. »Der Kerl sieht aus, als wollte er mit mir um die Gräber wetteifern.«

Als Georg wenig später in einem unbeobachteten Moment erneut einen verstohlenen Blick auf die Zeitungsleute wirft, sieht er, dass sich alle Augen auf ihn richten und der Italiener ganz offenkundig gerade mitteilt, dass sich der König höchstpersönlich in den »Schwan« begeben hat – trotz aller Verkleidung zu erkennen an der großen gebogenen Nase und dem markanten grüblerischen Blick.

Wie ist das möglich? Georg erinnert sich, dass ihn diese Leute schon früher ins Visier genommen haben. Vermutlich haben sie hinter den Kulissen Erkundigungen eingezogen, irgendwo findet sich schließlich immer ein undichtes Loch. Fatal, aber nicht sehr verwunderlich, dass sie sich mit dem Advokaten aus Mantua verbündet haben, diesem Teufel, der sich seinen Hilfsdienst sicher teuer bezahlen lässt.

Auf jeden Fall scheinen sie ihm zu glauben. Fassungslosigkeit spiegelt sich in den Gesichtern der Schreiberlinge, ungläubiges Erstaunen gepaart mit nervösem Gekicher. Die Herren nesteln an ihren Perücken, ruckeln auf ihren Stühlen, bringen nur noch einzelne stammelnde Worte hervor. Die Spannung, die von dem Tisch ausgeht, ist so groß, dass alle Gespräche im »Schwan« verstummen. Wie gebannt bleibt auch die Schankmagd Anne mit ihrem Tablett voller Biergläser stehen und blickt entgeistert von den Zeitungsleuten zu Richelieu und zurück. Niemand wagt mehr zu lachen. Das Lokal scheint den Atem anzuhalten. Plötzlich springt einer der Zeitungsleute auf, ruft »God save the King« und verbeugt sich tief in Georgs Richtung. Die anderen Zeitungsleute folgen seinem Beispiel:

»God save the King.«

In diesem Moment betritt Rosie den »Schwan«, wie gewohnt grell geschminkt und leicht alkoholisiert. Anfangs glaubt sie noch an einen Scherz und lacht irritiert. Doch dann erkennt sie, dass niemand mitlacht, sondern das ganze Lokal wie durch einen Zauber erstarrt zu sein scheint. Schnell bemerkt sie, dass sich alle Blicke auf Monsieur Richelieu richten, ihren Gönner. Eine plötzliche Angst erfasst sie.

»Was, was is'n passiert, mon bijou? Warum gucken sie dich alle so komisch an?«

»Ich weiß es selbst nicht, Rosie«, erwidert Georg, dankbar für die Frage. »Das, das muss eine Verwechslung sein.«

»Ich verstehe nicht. Was denn für 'ne Verwechslung? Was ist hier eigentlich los?«

»Was hier los ist?«, antwortet da einer der Zeitungsleute, der zuvor noch leise mit Sabbatino gesprochen hat, mit einem wichtigtuerischen Beben in der Stimme. »Wir haben hier den mächtigsten Mann der Welt in unserer Mitte: Seine Majestät, den König von England.«

Eine eigenartige Stille folgt auf die Mitteilung, der »Schwan« scheint für einen kurzen Moment in einen Schockzustand zu verfallen. Schreckgeweitete Pupillen, offene Münder. Selbst Leichenbestatter Summerfield, sonst immer die Ruhe und Gelassenheit in Person, ringt um Fassung, bevor er in schallendes Gelächter ausbricht. »Der König? Sie machen Witze, meine Herren, hahaha. Das ist Monsieur Richelieu aus Frankreich, der König der Kniebundhose. Wir haben hier schon manches Bier zusammen getrunken. Ich glaube, der König aus dem Kensington Palast da drüben ist edlere Getränke gewöhnt – und nicht ganz so vornehme Gesellschaft wie unsereins, hahaha.«

Das Lachen Summerfields prallt ab an den ernsten Gesichtern der Zeitungsleute, es klingt immer künstlicher, immer dünner. »Das könnt Ihr doch nicht wirklich glauben«, fährt er wild gestikulierend fort. »Das, das ist doch der helle Wahnsinn.«

Doch es hat den Anschein, als müsse sich der Leichenbestatter selbst Mut machen. Das gänzlich Undenkbare scheint angesichts der Huldigungen nicht mehr ganz so undenkbar, schließlich handelt es sich bei den Zeitungsleuten nicht um Spinner, um leichtgläubige Idioten, sondern um respektable Männer mit wachem Verstand.

Auch Kohlenhändler Bloomberry versteht die Welt nicht mehr – und trotz aller Zweifel wird ihm bewusst, in welch lästerlicher Weise er gerade noch über den König hergezogen hat. Unvorstellbar, wenn es sich bei dem Tischgenossen tatsächlich um den Geschmähten höchstpersönlich handeln sollte! Immerhin hatte man schon gerüchteweise davon gehört, dass sich der König bisweilen unerkannt unter das gemeine Volk mischte. Hektisch wie ein wildgewordenes Fragezeichen wendet der Kohlenhändler den roten Kopf hin und her und knetet die feuchten Hände.

»Das ist eine Verwechslung, eine völlig verrückte Verwechslung«, wiederholt Georg in flehentlichem Ton. Doch niemand scheint mehr felsenfest davon überzeugt zu sein, nicht einmal Rosie, obwohl sie ihm fahrig zunickt und etwas lallt wie: »Na klar, 'türlich, was soll das sonst sein«.

Wieder nehmen die Zeitungsleute den Italiener flüsternd ins Verhör. Doch der scheint alle Zweifel mit abwehrender Geste beiseite zu wischen und betrachtet den von ihm entlarvten König mit höhnischem Grinsen, einem diabolischen Grinsen, wie es Georg scheint, der sich immer unwohler in seiner Rolle als Lügner fühlt, diese bohrenden Blicke nicht mehr länger ertragen kann und fürchtet, dass ihm die Situation vollends entgleiten könnte. In seiner panischen Angst, seine wahre Identität nicht mehr länger verbergen zu können und

Erklärungen anbieten zu müssen, entscheidet er sich für den sofortigen Abzug.

»Komm, Jonathan, lass uns gehen. Ich glaube, hier sind alle verrückt geworden.«

Er nickt nach allen Seiten und strebt gemessenen Schrittes dem Ausgang zu. Wie auf eine geheime Verabredung hin erheben sich nach dem stummen Abschiedsgruß alle Kneipengäste von den Plätzen, auch Rosie.

* * *

Schatten des Todes

Ahlden. Die Kraniche kehren zurück. In keilförmigen Formationen ziehen die großen Vögel an diesem Märzmorgen des Jahres 1722 wieder über die Allermarsch, zumeist verhüllt von Wolken und Hochnebel, so dass nur ihr klagendes Rufen zu hören ist.

Auch sonst kündigt sich der Frühling an. Es riecht nach Schlick und Schlamm. Das Hochwasser ist abgezogen, die Wiesen begrünen sich, geschmückt von Fingerkraut und Sumpfdotterblumen, und aus der Morgendämmerung erhebt sich wieder machtvoll der vielstimmige Gesang der Frühe.

Während ringsumher alles zu neuem Leben erwacht, fällt es Sophie Dorothea immer schwerer, das Bett zu verlassen. Es sind nicht nur Gicht und die Leibesfülle, die sie am Aufstehen hindern. Es sind vor allem die trüben Gedanken. Eine Nachricht aus Celle hat sie in ihrer Abgeschiedenheit noch einsamer gemacht: Ihre Mutter ist am 5. Februar 1722 gestorben. Die Briefe und Besuche, die ihr bisher immer noch Auftrieb gegeben haben, gehören nun unwiderruflich der Vergangenheit an. Dabei hatte sie sich noch so darüber gefreut, dass der hannoversche Hof ihrer Mutter gnädigerweise die Rückkehr von ihrem erzwungenen Witwensitz in Lüneburg ins Schloss von Celle gestattet hatte.

Eine andere schmerzliche Todesnachricht erreichte sie bereits im Oktober des vergangenen Jahres. Ihr Verwaltungschef und Freund

Heinrich Sigismund von Bar erlag bei einem Aufenthalt in Kassel einem Herzinfarkt. Kurz zuvor hatte sie noch zugunsten des guten Mannes ihr Testament geändert, verfügt, dass alle Schulden und Lasten, die auf Bars Gut Barenau lagen, getilgt werden sollten.

Wer würde sie nun über die Entwicklungen in Hannover und London auf dem Laufenden halten? Immer wieder hatte sie versucht, mit ihrer Tochter in Potsdam in Briefkontakt zu treten. Doch schon die Zustellung bereitete Probleme. Nicht einmal ihr eigener Sekretär war bereit, die Post auf den Weg zu bringen.

Schließlich fand sich doch noch ein Bote. Aber die Antwort ließ auf sich warten.

* * *

Neue Bündnisse

Für Georg ist ein kurzer, aber gleichwohl aufregender Lebensabschnitt zu Ende gegangen. Die Besuche im »Schwan« gehören fortan der Vergangenheit an.

Nachdem mehrere Londoner Gazetten berichtet hatten, der König habe inkognito in einem Pub mit gewöhnlichen Menschen verkehrt, wies der Hof die Behauptungen in einer Art Gegendarstellung zurück. Es sei völlig absurd, dass Seine Majestät unter falschem Namen in irgendwelchen Etablissements der Hauptstadt verkehre. Ganz offensichtlich handle es sich bei dem Bericht um eine frei erfundene Geschichte von Betrügern oder notorischen Lügnern, die daraus Kapital zu schlagen hofften. Der König sei zu dem fraglichen Zeitpunkt gar nicht in London gewesen, sondern bei einem Besuch in Nordengland. Mehrere Zeugen könnten dies bestätigen.

Als Hauptverantwortlichen für die Falschmeldung prangerte der Hof einen italienischen Advokaten an, der schon in der Vergangenheit durch die Verbreitung abenteuerlicher Gerüchte aufgefallen sei. Jener Italiener namens Mario Sabbatino wurde aufgefordert, unverzüglich das Vereinigte Königreich zu verlassen. Für den Fall einer Rückkehr drohte man ihm Kerkerhaft an.

Damit konnte das Gerede von den heimlichen Pubbesuchen des Königs zwar nicht gestoppt werden – eigentlich bestand auch gar kein Anlass dazu, denn die Vorstellung, dass der König inkognito freundschaftlichen Umgang mit seinen Untertanen pflegte, erhöhte dessen Popularität enorm –, doch niemand wagte es mehr, über den angeblichen Kneipenbesuch Seiner Majestät in der Zeitung zu schreiben.

Der König war zufrieden. Sein Verstand sagte ihm, dass er sich glücklich schätzen konnte, dass sein Fehlverhalten keinen größeren Skandal nach sich gezogen hatte und in einem Abwasch dieser italienische Erpresser aus dem Feld geräumt worden war. Doch gleichzeitig stimmte ihn der Ausgang der Affäre auch traurig. Die Gespräche mit seinen Freunden im »Schwan« fehlten ihm. Ganz besonders vermisste er Rosie. Sie war schon lange mehr für ihn gewesen als eine wohlfeile Hure. Wenn er nachts schlaflos im Bett lag, schämte er sich seiner eigenen Feigheit, malte sich aus, wie der Leichenbestatter, der Kohlenhändler, die Schankmagd Anne und das Freudenmädchen über ihn dachten, dass sie sich vermutlich missbraucht fühlten, zumindest außerordentlich verwirrt über sein plötzliches Fernbleiben waren.

Was sollte er tun? Gern hätte er sich bei seinen Freunden in einem Brief entschuldigt. Doch das Risiko war einfach zu groß, dass jemand versuchte, aus einem solchen Schreiben Kapital zu schlagen, es zu einer neuen Erpressung nutzte. Schließlich würde es seine Verfehlungen dokumentieren. Der Skandal wäre unvorstellbar! Nein, das konnte er keinesfalls wagen – jedenfalls nicht zu diesem Zeitpunkt.

Er entschied sich daher für eine weitere Notlüge. Er diktierte Mehmet Briefe an seine Freunde, teilte ihnen mit, dass er aus geschäftlichen Gründen leider nach Frankreich habe zurückkehren müssen, unterzeichnete persönlich mit dem Namen »Georges Richelieu« und legte allen Schreiben »in Dankbarkeit« Banknoten bei – Anne und seine Kneipenbekanntschaften erhielten 50 Pfund, Rosie das Doppelte. Auch in den Zeilen, die er an die Prostituierte richtete, drückte er seine große, an Liebe grenzende Zuneigung aus:

»Ich werde dich nie vergessen, liebe Rosie«, ließ er ihr schreiben.

»Du hast mir gezeigt, was es bedeutet, ein Mensch zu sein.«

Mit Melusine wechselt Georg weiterhin kein Wort über die Geschichte. Er ahnt, dass ihn seine alte Freundin durchschaut, und er ist ihr dankbar, dass sie ihm keine Vorhaltungen macht und auch nichts unternimmt, um Vorteil aus der Affäre zu ziehen. Immer häufiger sieht man sie jetzt in der Bibel lesen, Choräle singen oder in den Gottesdienst gehen. Die im Volk nach wie vor äußerst unpopuläre, aber einflussreiche Mätresse hat Trost und Halt in der Religion gefunden. Georg spöttelt bisweilen über diese neu erwachte Frömmigkeit, stellt sich aber nicht dagegen.

Er ist entschlossener denn je, ein guter König und Kurfürst zu sein und sich ganz den Interessen seiner Untertanen zu widmen. Nach wie vor spuken ihm die Gespräche im »Schwan« im Kopf herum. »Welche Verschwendung, all das viele Geld in die Paläste und Prachtgärten zu stecken, wo sich nur die hohen Herrschaften rumdrücken, diese hochwohlgeborenen Faulenzer«, hatte Bloomberry noch bei der letzten Zusammenkunft geklagt. »Wir sind es doch, die diesen Zirkus mit unseren Steuern bezahlen, verdammt noch mal! Und wir müssen draußen bleiben. Was für eine Unverschämtheit!«

Georg leuchtet die Klage ein, er überlegt, was er tun kann, um dem guten Mann entgegenzukommen. Schließlich sind seine Gedankenspiele zu einem Plan gereift. Er entscheidet, dass der Park von Kensington und die Gärten von Herrenhausen künftig der Öffentlichkeit zugänglich gemacht werden sollen, allerdings unter Auflagen: Die Besucher dürfen keine Vögel aufscheuchen, keine Bäume und Pflanzen beschädigen, und sie haben den Anweisungen der Aufseher zu folgen. Doch daran nimmt selbstverständlich niemand Anstoß. Für die Menschen in London und Hannover ist es wie ein Geschenk des Himmels, plötzlich in den herrschaftlichen Gärten flanieren zu dürfen.

Im Sommer 1723 besucht Georg ein weiteres Mal sein hannoversches Kurfürstentum. Bei dieser Gelegenheit stattet er auch seiner Tochter auf dem Schloss in Charlottenburg einen Besuch ab. Auf beharrliches Drängen Sophie Dorotheas der Jüngeren wird der Plan einer Doppelhochzeit nun endlich in schriftlicher Form fixiert. Der König von England setzt seine Unterschrift unter einen Vertrag, in dem er den Wunsch bekundet, vier seiner Enkelkinder miteinander zu verheiraten. Auch der König von Preußen, Vater von Friedrich und Wilhelmine, unterschreibt. Karoline und Georg August, die in London lebenden Eltern von Friedrich Ludwig und Amalie, werden dabei nicht gefragt. Und niemand vermisst das offizielle Einverständnis der Großmutter der Königskinder. Über die verbannte Prinzessin in Ahlden wird in Berlin mit keinem Wort gesprochen. Die Königin von Preußen weiß, wie ihr Vater über seine frühere Gemahlin denkt.

Nach seiner Rückkehr warten auf Georg schwierige Entscheidungen. Auf dem Feld der Außenpolitik kündigen sich neue Spannungen an. Österreich unter Karl VI. versucht Profit aus dem Utrechter Frieden zu schlagen, wodurch den Habsburgern ein Teil der Niederlande zugefallen ist. Der dadurch möglich gewordene Zugang zur Nordsee hat die Österreicher auf die Idee gebracht, eine Ostende-Kompanie zu gründen und im Überseehandel aktiv zu werden – Pläne, die bei der führenden Seemacht Großbritannien auf wenig Begeisterung stoßen. Nach diplomatischen Protesten fordert das Vereinigte Königreich gemeinsam mit Holland den Kaiser in Wien auf, die Ostende-Kompanie aufzulösen. Doch der Habsburger denkt gar nicht daran und sucht nach einem Partner, um sich gegen den Druck zu wehren. Die Wahl fällt auf Spanien. Der spanische König Philipp V. erkennt die Ostende-Kompanie offiziell an und verspricht den Habsburgern Unterstützung; im Gegenzug versprechen die Österreicher den Spaniern Hilfe bei ihren Bestrebungen, Gibraltar und Menorca von den Briten zurückzuerobern – 30.000 Soldaten wollen sie dafür im Kriegsfall schicken.

Eine andere Gefahr braut sich im Osten zusammen. Peter der Große hat im Februar 1725 nach langer Krankheit das Zeitliche gesegnet und seiner Witwe Katharina, Tochter eines litauischen Bauern, den Zarenthron überlassen. Diese nun entwickelt Begehrlichkeiten in Richtung Westen. Katharina beansprucht für ihren Schwiegersohn Karl-Friedrich von Holstein-Gottorp die hannoverschen Provinzen Verden und Bremen – als Ausgleich für das von den Dänen besetzte Schleswig. Georg gerät damit in eine Zwickmühle: Einerseits ist es für ihn undenkbar, die gerade erst gewonnenen Provinzen zu opfern, andererseits erlaubt es das politische Kräftespiel nicht, die Dänen zum Einlenken zu bewegen. Damit besteht die Gefahr, dass ihm in der Gestalt der russischen Zarin und ihres Schwiegersohns neue Feinde erwachsen. Und der Kaiser in Wien hat sich bisher beharrlich geweigert, dem hannoverschen Besitz von Verden und Bremen offiziell seinen Segen zu geben.

Erschwerend hinzu kommt für Georg, dass die Briten keinerlei Verständnis für seine Sorge um die Provinzen seines hannoverschen Kurfürstentums aufbringen. Im Gegenteil! Und der Welfe sieht sich mehr denn je als König seinen britischen Untertanen verpflichtet. Alarmiert von der bedrohlichen Allianz zwischen Österreich und Spanien schmiedet Georg daher mit der britischen Regierung ein Gegenbündnis. Das Vereinigte Königreich rückt mit Frankreich und Preußen zusammen, um seine Vorherrschaft über die Weltmeere zu behaupten.

Am 3. September 1725 wird das Bündnis in Herrenhausen besiegelt. Der König von Frankreich unterzeichnet gemeinsam mit dem König von England und Friedrich Wilhelm I. von Preußen einen Vertrag, der im Falle einer territorialen Bedrohung gegenseitige Hilfe vorsieht. Dabei findet Georgs britisches Interesse an Menorca und Gibraltar ebenso Anerkennung wie sein hannoversches Interesse an Verden und Bremen. Um seiner Freude über das historische Bündnis Ausdruck zu verleihen, lässt der König und Kurfürst eine Lindenallee anpflanzen, die den Verhandlungsort in Herrenhausen mit dem Leineschloss in Hannover verbinden soll.

Glücklich über das Ergebnis der Zusammenkunft ist auch Sophie Dorothea, die Königin von Preußen. Der Traum, dass das Reich ihres Vaters mit dem Reich ihres Mannes zusammenrückt, scheint Wirklichkeit zu werden. Damit erhöhen sich auch die Erfolgsaussichten für die Verheiratung ihrer beiden Kinder mit den Kindern ihres Bruders. Im Vertrag von Herrenhausen wird der gemeinsame Wille zu dem Heiratsplan noch einmal feierlich bekräftigt. Von einer öffentlichen Bekanntmachung sieht man indessen vorerst noch ab. Er wolle seinen Sohn nicht vor vollendete Tatsachsen stellen, teilt Georg mit. Von der Großmutter der vier Heiratskandidaten ist bei alldem selbstverständlich weiter nicht die Rede.

* * *

Ahlden. Sophie Dorothea lässt sich in diesen Tagen in ihrem Ahldener Schlösschen noch einmal in ihre prächtigsten Kleider zwängen und mit den wertvollsten Brillanten schmücken. Von morgens bis abends starrt die alte Dame aus dem Fenster, um nur ja die Ankunft der goldenen Kutsche nicht zu verpassen – der Kutsche, die ihr ihre Tochter wiederbringt und sie gleichzeitig aus ihrem Verlies befreit.

Denn auch Sophie Dorothea hat erfahren, wer sich in Herrenhausen trifft. Ihr persönlicher Sekretär Christian, Sohn ihres verstorbenen Verwaltungschefs von Bar, hat bei der Königin von Preußen vorgesprochen. Sicher, sie weiß, dass sie längst nicht mehr die strahlende Schönheit ist, um die Prinzen aus aller Herren Länder geworben haben. Ihr Haar ist weiß, ihre Haut welk geworden. Dennoch hat sie sich eine Strahlkraft erhalten, die auch über ihre Fettpolster triumphiert. Und in diesen Tagen des Wartens blüht ihre alte Schönheit noch einmal auf wie eine Rose im November.

Doch sie wartet vergebens. Die gekrönten Häupter in Herrenhausen dinieren, verhandeln, flanieren und tanzen, unterzeichnen Verträge über weitreichende Bündnisse und geplante Eheschließungen, aber für die alte Prinzessin in dem Fachwerkschloss an der Alten Leine interessiert sich hier niemand. Die Königin von Preußen denkt gar nicht daran, ihrer verfemten Mutter einen Besuch abzustatten und damit möglicherweise ihren Vater zu verärgern. Sie beschränkt sich darauf, der »Prinzessin von Ahlden« als Trostpflaster kleine Geschenke zu schicken: eine Uhr, zwei Miniaturporträts, eine goldene Schnupftabakdose ... Herzliche Grüße, respektvolle Komplimente. Gleichzeitig bittet sie um Verständnis, dass hinter der angestrebten Doppelhochzeit alles andere zurückzutreten habe. Sei das Heiratsprojekt einmal in trockenen Tüchern, werde sich die Königin mit ganzer Kraft für ihre arme Mutter einsetzen, teilt der Sekretär mit – auch »wenn es sie den Kragen kosten solle«. Bis dahin aber habe die Mutter sich noch zu gedulden. Keinesfalls dürfe sie damit fortfahren, ihre Tochter zu bedrängen und ihr irgendwelche Leute auf den Hals zu schicken, die alles nur schlimmer machten.

Die Mitteilung trifft Sophie Dorothea wie ein Faustschlag. Sie lässt die Geschenke zurückschicken, verleiht ihrer Enttäuschung Ausdruck in einem Brief an ihren Vertrauten, den jungen Grafen Christian von Bar. »Ich sehne mich nach meiner Freiheit mit einer Kraft, die mir jede Ruhe nimmt«, schreibt sie noch in der darauffolgenden Nacht. »In Gottes Namen, bringt mich fort von diesem Ort oder ich werde daran sterben.«

* * *

Herberge in Rye

3. Januar 1726, Rye. Ein Schneesturm fegt über die englische Südküste. Meterhoch türmen sich an diesem Montag die Wellen vor der Küste des Hafenstädtchens Rye, um krachend gegen den Pier zu schlagen. Kein Fischer wagt sich bei dem Wetter hinaus aufs Meer. Jeder ist froh, im Trockenen zu sitzen.

Gegen Abend lässt der Sturm etwas nach. Plötzlich sehen die Bewohner, wie sich vom Kanal her ein großes Segelschiff nähert. Wer mag das sein? Welch wahnsinniger Kapitän setzt sein Schiff diesen Gefahren aus? Wenig später, es ist bereits dunkel geworden, legen drei Landungsboote im Hafen an. Einem der Boote entsteigt ein älterer untersetzter Herr, der in Pelze gehüllt ist und von zwei Begleitern gestützt wird. Mehrere junge Männer mit Dreispitz, Degen und Stulpenstiefeln, auffällig gut gekleidet, stürmen voran, winken, rufen zwei Fischer herbei, die gerade noch nach ihren Booten gesehen haben. »Eine Kutsche, schafft eine Kutsche heran«, rufen ihnen die Männer zu.

Die Fischer schütteln lachend den Kopf. »Eine Kutsche? Wo sollen wir eine Kutsche herkriegen, gnädiger Herr? Wir gehen hier nur zu Fuß.«

»Dann macht Gebrauch von euren Füßen, lauft in die Stadt und holt einen Kutscher. Es soll euer Schaden nicht sein. Also los, worauf wartet ihr noch?«

Die Fischer ahnen, dass es hohe Herrschaften sind, die ihnen da der Sturm an den Strand geweht hat, und eilen in den Ort, um den Kutscher in der Mermaid Street zu rufen.

Erst am nächsten Tag werden sie erfahren, dass der ältere in Pelze gehüllte Herr ihr König gewesen ist.

Die königliche Flotte war auf dem Heimweg von Hannover in einen Sturm geraten.

Immer wieder hatte Georg seine Heimkehr nach London verschoben, so dass es schließlich Januar geworden war, als er mit seiner Reisegesellschaft zur Nordseeküste aufgebrochen war. Es war plötzlich kalt geworden, doch glücklicherweise schien tagsüber die Sonne. Die See war für die Jahreszeit noch ungewöhnlich ruhig gewesen. Doch das sollte sich bald ändern. Das Barometer verhieß nichts Gutes. Der Kapitän klärte die Begleiter des Königs über die ungewisse Lage auf, doch Seine Majestät drängte zur Eile, zuversichtlich, dem Sturm zuvorzukommen.

Der Plan ging nicht auf. Kaum hatte die Flotte den holländischen Hafen verlassen, zogen auch schon dunkle Wolken auf. Starker Schneefall setzte ein, verbunden mit dichtem Nebel, so dass die Schiffe den Sichtkontakt untereinander verloren. Schließlich brauste der Sturm los und zerstreute die Schiffe in alle Richtungen.

In London wurde Georg I. bereits zur jährlichen Eröffnung des Parlaments erwartet. Anstelle Seiner Majestät trafen jedoch nur die Nachrichten vom Schneesturm ein, und in Windeseile verbreitete sich das Gerücht, das Schiff des Königs sei im Sturm gekentert. Zu diesem Zeitpunkt aber hatten Georg und Melusine bereits in Rye wieder festen Boden unter den Füßen.

Aber der Weg nach London ist noch weit. Hohe Schneewehen haben sich auf den Poststraßen aufgetürmt, so dass an eine Weiterreise nicht zu denken ist. Georg hat also keine andere Wahl, als sich mit seinem Gefolge in Rye einzuquartieren – zumindest für eine Nacht. In dem Städtchen gibt es zwar ein altes Schloss, doch die Festung ist unbewohnbar. Die königliche Reisegesellschaft wird daher auf mehrere Bürgerhäuser verteilt. Georg bezieht Quartier im Haus des Kaufmanns und Bürgermeisters James Lamb.

Lamb denkt zuerst an einen Scherz, als er hört, dass der König Logis in seiner Stadt sucht. Dann aber betrachtet es der Bürgermeister als Ehrensache, Seine Majestät in seinem eigenen Haus zu beherbergen, einem für Rye stattlichen Backsteinhaus mit vorgemauertem Kamin und großem Garten, das erst drei Jahre zuvor gebaut worden ist.

Kurze Zeit später steht auch schon der sturmzerzauste König in der Tür, und Familie Lamb ist sofort bereit, ihr Schlafzimmer für den hohen Gast zu räumen. Georg, immer noch ein wenig seekrank und erschöpft von der Überfahrt und abenteuerlichen Landung, lässt sich in die gute Stube führen und einen heißen Tee servieren. Die Einfachheit der Verhältnisse rührt ihn, die Gastfreundschaft nimmt ihn sofort für die Familie mit den sechs Kindern ein. Der Hofmarschall und sein Kammerdiener bieten ihm an, weiter zu seiner persönlichen Betreuung zur Verfügung zu stehen und ihm ein standesgemäßes Mahl heranzuschaffen. Doch Georg wehrt ab. »Ich bin müde. Lasst mich allein, ich komme schon zurecht.«

Die hochschwangere Frau des Hauses, außer sich vor Aufregung, weist darauf hin, dass ihre Lebensmittelvorräte begrenzt sind. Nur eine Fischsuppe, gekochte Scholle mit Rüben und ein wenig eingemachtes Obst könne sie dem hohen Gast anbieten, stammelt sie. Es sei ihr äußerst unangenehm. »Unsinn, das ist ganz wunderbar«, antwortet Georg in fast fehlerfreiem Englisch. »Ich werde es mit Genuss essen. Lasst mich nur erst ein wenig ruhen.«

Daraufhin geht Georg ins eilig zurechtgemachte Schlafzimmer, streckt sich angekleidet auf dem knarrenden Bett aus und schließt erschöpft die Augen. Die Bilder der stürmischen See verbinden sich vor seinem inneren Auge mit den Gesichtern der freundlichen Menschen, die ihn hier aufgenommen haben, und er muss unwillkürlich an seine Freunde im »Schwan« denken. Unversehens ist er eingedöst.

Eine Stunde später wird er zum Essen gerufen. Benommen von dem kurzen Schlaf torkelt er in die gute Stube. Ein leichter Schwindel überkommt ihn. Doch er atmet tief durch und überwindet das Unwohlsein.

Auf dem Tisch brennt eine Kerze. Mary Lamb stehen Schweißperlen auf der Stirn, während sie dem Gast den Teller füllt und sich pausenlos dafür entschuldigt, dass das Porzellan so vergilbt und das Besteck so abgegriffen ist. »Wir hätten Euch gern etwas Besseres angeboten, königliche Hoheit, aber leider ...«

»Es ist alles wunderbar«, wehrt der Besucher ab. »Ganz wunderbar, wirklich.« Und tatsächlich schmeckt es dem König nach den zurückliegenden Strapazen gut wie lange nicht.

Nur der Herr des Hauses leistet ihm in gebotenem Abstand beim Essen Gesellschaft. Die Kinder bleiben ausgesperrt. Bisweilen aber wagen es die Kleinsten doch, durch die Tür zu spähen, um einen verstohlenen Blick auf den König zu werfen. Georg nimmt daran keinerlei Anstoß, sondern winkt ihnen freundlich lächelnd zu.

In der Nacht wird er durch gedämpftes Jammern und Stöhnen aus dem Schlaf aufgeschreckt, das sich schließlich zu einem gellenden Schmerzensschrei steigert. Eine Frau scheint Höllenqualen zu leiden. Irgendwann hört er das Schreien eines Neugeborenen.

Am nächsten Morgen erfährt er, dass die Frau des Hauses einen gesunden Jungen zur Welt gebracht hat. Die Aufregung war offenbar so groß, dass die Wehen deutlich zu früh eingesetzt haben.

Der König lächelt, als ihm der Kleine gezeigt wird, der friedlich in seiner Wiege schlummert.

»Wir werden ihn George nennen«, teilt der stolze Vater mit.

»Ich fühle mich geehrt«, erwidert der König. »Wenn Ihr einverstanden seid, würde ich gern Taufpate dieses Jungen werden.«

Die Eltern sind sprachlos. Sie danken dem Gast für sein Angebot mit einem Knicks und einer Verbeugung und werden das dumme Gefühl nicht los, dass sie dies alles nur träumen.

Und der Traum hält an. Es hat in der Nacht erneut geschneit, so dass eine Weiterreise nach wie vor ausgeschlossen ist. Georg ist daher gezwungen, sich auf weitere Übernachtungen in Rye einzustellen – abgeschnitten von der Außenwelt. Er nutzt den Zwangsaufenthalt, um gemeinsam mit Melusine, die in einem anderen Haus einquartiert ist, durch den Schnee zu stapfen, er führt Gespräche mit seinem britischen Hofmarschall und anderen Hofbeamten, verbringt aber den größten Teil der Zeit im Hause Lamb im Kreis der Familie.

Fast andachtsvoll beobachtet er, wie der kleine George gestillt, gewickelt und in die Wiege gelegt wird, und er ist überglücklich, als die Frau des Hauses ihm ihr Baby in die Arme legt. Dabei durchströmt ihn eine Wärme, wie er sie lange nicht empfunden hat – und unwillkürlich erscheint das Bild von Rosie vor seinem inneren Auge.

Die Angst und Unsicherheit seiner Gastgeber, einen so hohen Herrn in den eigenen vier Wänden zu bewirten, schwindet von Stunde zu Stunde. Georg genießt es, dass ihm in diesem Bürgerhaus der übliche Pomp der täglichen Bekleidungszeremonie erspart bleibt. Nur ein einziger Kammerdiener steht ihm auf eigenem Wunsch zur Seite. Er trägt stets die gleiche Perücke, verzichtet auf Puder und

Parfüm und müht sich, möglichst viel über das Leben dieser einfachen Menschen zu erfahren, zu denen das Schicksal ihn geführt hat.

Er erkundigt sich bei James Lamb nach dessen Geschäften als Kaufmann und seinen Aufgaben als Bürgermeister und Friedensrichter, spricht mit den Hausangestellten, scherzt mit den Kindern und spielt mit der Familie Karten. Entspannte Stunden am Kamin. Dabei ärgert es ihn immer wieder, dass sein schlechtes Englisch seiner Konversation Grenzen setzt. Besonders wenn die Kinder in ihrem Dialekt auf ihn einplappern, muss er oft entschuldigend die Achseln zucken und zugeben, dass er nichts verstanden hat.

Nur selten kommt es vor, dass die Familienangehörigen den Mut aufbringen, den hohen Gast zu befragen. Doch die kleine Linda, Georg schätzt sie auf fünf oder sechs Jahre, überwindet sich schließlich doch.

»Wo wohnst du?«, will sie wissen. Ihre Mutter entschuldigt sich für die vorlaute Frage und weist Linda daraufhin hin, dass man so nicht mit dem König spricht, doch der König winkt ab und gibt dem Mädchen bereitwillig Auskunft, erzählt von seinem Schloss mit den vielen, vielen Räumen, den schönen Möbeln und dem großen Park, setzt aber hinzu, dass ihm das alles eigentlich nicht gehört, sondern dass er in seinem eigenen Schloss nur zu Gast ist – wenn auch auf Lebenszeit.

Linda lauscht all dem gebannt mit offenem Mund. Vieles bleibt ihr unverständlich und das hat nicht nur damit zu tun, dass dieser Mann so schlecht Englisch spricht. Anfangs hat sie noch das Gefühl, dass ihr ein König gegenübersitzt, eine Märchenfigur, kein wirklicher Mensch. Doch bald schon krabbelt sie dem alten Mann auf den Schoß und lässt sich von ihm übers Haar streichen.

»Wenn du Lust hast, kannst du mich ja mal mit deinen Eltern besuchen kommen.«

»Oh ja, sehr gern«, antwortet Linda unter dem Gelächter ihrer Familie.

Drei volle Tage verbringt Georg im Hause Lamb. Es schneit und schneit. Überall entlang der Wegstrecke werden Soldaten eingesetzt, um die Schneeberge beiseite zu räumen. Doch erst am Freitag ist eine Weiterreise möglich. Georg verlässt das Haus Lamb mit herzlichen Dankesworten und bekräftigt sein Versprechen, die Patenschaft für den kleinen George zu übernehmen.

Zur Taufe in der Stadtkirche St. Mary erscheint der König dann später allerdings doch nicht persönlich. Georg schickt einen Vertreter – ausgestattet mit einer silbernen Taufschüssel und 100 Guineen, denen das Konterfei des Taufpaten aufgeprägt ist, Goldmünzen im Wert von drei durchschnittlichen Jahresgehältern.

* * *

Prinz in Wartestellung

Ein Mann starrt auf seine Taschenuhr. Das gute Stück ist goldeingefasst, intarsienverziert und mit Brillanten besetzt, doch die Zeiger bewegen sich nicht schneller als die Zeiger einer einfachen Bauernuhr in einem wurmstichigen Holzgehäuse. Viel zu langsam! Voller Ungeduld wartet der Prince of Wales darauf, dass sie endlich die zehnte Stunde anzeigen, die Zeit für das abendliche Treffen mit Henrietta Howard, seiner alten Mätresse, die schon in Hannover das Bett und die Freuden der fleischlichen Liebe mit ihm geteilt hat.

Doch von leidenschaftlichem Begehren sind die Begegnungen mittlerweile weit entfernt. Die Verabredungen sind zur Routine erstarrt, sie gehören zum Tagesablauf des Prinzen wie die Teestunde mit Karoline, das langweilige Kartenspiel und das langgezogene Abendmahl. Sie dienen in erster Linie der Imagepflege, dem Bestreben, die Männlichkeit unter Beweis zu stellen.

Dabei erschöpfen sich die Begegnungen meist in belanglosen Plaudereien. Georg August hat es seit je her geschätzt, dass Henrietta seinen Worten lauschte, als seien es die Verlautbarungen eines Gottgesandten, eines Propheten. Aber nicht einmal diese Befriedigung vermitteln ihm die Rendezvous mehr. Nicht einmal das! Henrietta ist nahezu taub. Der Prinz kann sich nur noch schreiend mit ihr verständigen. Dabei versteht sie ihn oft trotzdem falsch – was den Prinzen enorm ärgert. »Du wirst allmählich zur Idiotin«, schreit er sie in aller Öffentlichkeit an. »Es ist nicht mehr zum Aushalten. Du bist alt, taub und hässlich geworden, taub und hässlich.«

Henrietta hat es gelernt, ihre Tränen zurückzuhalten. Die Kränkungen werden ihr schließlich großzügig entgolten, außerordentlich großzügig, ihr Einkommen übersteigt das Salär eines Ministers. Doch ihre Stellung am Hof gleicht schon seit langem einem Drahtseilakt. Offiziell steht sie noch als »Lady of the Bedchamber« in den Diensten des Königs – als Ehrendame des herrschaftlichen Schlafzimmers, das auch das Arbeitsgebiet ihres Mannes Charles ist. Oft ist sie dadurch in der Dauerfehde zwischen Vater und Sohn zwischen die Fronten geraten, vom König unter Druck gesetzt oder benutzt worden, um seinem aufsässigen Sohn das Leben noch ein bisschen schwerer zu machen.

Karoline immerhin akzeptiert die Mätresse ihres Mannes, in der sie schon lange keine ernstzunehmende Konkurrentin mehr sieht. Sie bezieht Henrietta in den Kreis ihrer Freundinnen und Hofdamen ein, weiß, dass bei dieser Beziehung keine Leidenschaft mehr im Spiel ist, sondern nur noch die Macht der Gewohnheit vorherrscht. Wichtiger als die Mätresse selbst scheint für Georg August mittlerweile deren pünktliches Erscheinen zu sein.

Der Hang zu einer fast zwanghaften Pünktlichkeit beschränkt sich nicht auf die Verabredungen mit Henrietta. Dieser Hang hat sich bei Georg August zu einem beherrschenden Persönlichkeitsmerkmal entwickelt, einem wahren Spleen, einem Tick. Der Hof lacht schon. Der Prinz hänge an seiner goldenen Uhrenkette wie an einer Fessel, war in einer Zeitung zu lesen.

Ein Prinz in Wartestellung! Äußerlich darf sich Georg August zwar seit der Versöhnung mit den Attributen des Thronfolgers schmücken, politisch aber hat der König ihn nach wie vor kaltgestellt. Und seit Georg I. sich mit Walpole arrangiert hat, hat der Prinz eben auch seine Stellung als heimliches Zentrum der Opposition eingebüßt. So bleibt dem Thronfolger kaum etwas anderes übrig, als auf den Tod des Vaters zu warten, der ihn über Nacht aus dieser lähmenden Bedeutungslosigkeit herausheben würde. Doch sein Vater erweckt nicht den Anschein, als ob dieser Zeitpunkt unmittelbar bevorstünde. Denkbar, dass er sogar den eigenen Sohn überlebt.

Angesichts dieses quälenden Leerlaufs ist der Prinz immer reizbarer, immer launischer geworden. Das bekommt vor allem seine Frau zu spüren. Schon aus nichtigem Anlass schreit er sie neuerdings an oder fährt ihr über den Mund, wenn sie es wagt, ihn durch eine eigenständige Meinungsäußerung in den Schatten zu stellen. Bisweilen reißt er sich in seinen Wutanfällen die Perücke vom Kopf und trampelt zornesrot darauf herum, eine Angewohnheit, die ihn schon als Kind dem Gespött seiner Umgebung aussetzte.

Dabei spürt Georg August sehr wohl, dass er gar keine Chance hat, mit seiner Frau um die Gunst der feinen Gesellschaft zu wetteifern. Die renommiertesten Künstler und Gelehrten des Landes wie Jonathan Swift oder Isaac Newton drängen nach wie vor in Karolines Salons und schwärmen nur von dem Charme und Esprit der deutschen Prinzessin, während deren Gatte im Ruf eines Langweilers steht. Auch in den Gazetten ist sein Stern gesunken, aus dem strahlenden Helden von einst ist eine Witzfigur geworden.

Dies ist Georg August natürlich nicht verborgen geblieben. Zusätzlichen Groll entwickelt der Thronfolger, als er hört, dass sein Vater in Herrenhausen ganz eigenmächtig die Ehepartner seiner Kinder festgelegt hat. Seine Wut ist grenzenlos, als er erfährt, dass der Plan dieser Doppelhochzeit nun sogar vertraglich besiegelt worden ist, und das mit dem Erzfeind seiner Jugendjahre, diesem ungehobelten Stallburschen Friedrich Wilhelm, der einst in Herrenhausen eine sadistische Freude darin fand, ihn zu verprügeln! Der Ärger, dass Friedrich und Amalie mit den Blagen dieses Hohlkopfs verkuppelt werden sollen, flammt immer wieder in ihm auf und verbindet sich mit dem demütigenden Gefühl, wieder einmal übergangen zu werden.

Wie ein ferner Schatten huscht bisweilen auch die Erinnerung an seine verbannte Mutter durch seine Tagträume und Wutphantasien. Den Versuch einer Kontaktaufnahme hat Georg August längst aufgegeben, nachdem er immer wieder erfahren musste, dass seine Briefe ihr Ziel nicht erreichten. Und den Kontakt zu jenem italienischen Advokaten Sabbatino hatte er schon abgebrochen, bevor ihn der König des Landes verwies. Karoline warnte ihn eindringlich vor den Folgen einer Auffrischung des alten Skandals, riet ihm dringend ab, auf die Machenschaften dieses Menschen einzugehen. Gleichwohl tragen auch seine Gedanken an die so hart bestrafte Mutter dazu bei, den Hass auf den Vater zu nähren.

* * *

Es ist kalt geworden, kalt und noch trostloser als sonst. Die graue Jahreszeit ist wieder über die Allermarsch hereingebrochen. Nebel hängt über dem Land. Das Gras ist verdorrt, die Blumen sind erfroren, die Eichen verlieren ihr letztes Laub. Kahl und grau warten die großen Bäume auf den ersten Schnee.

Auch in der Prinzessin im Schloss von Ahlden scheint das Leben zu ersterben – oder vielmehr das, was davon übrig geblieben ist: verglimmende Glut unter einem großen Haufen Asche.

Sophie Dorothea ist seit Tagen nicht mehr aus dem Bett gekommen. Sie will nichts mehr essen und trinken, spricht kaum mehr, sondern stöhnt, seufzt und wimmert nur noch in ihren dumpfen Fieberphantasien. Der Hof in Hannover hat ihr – auch auf Drängen Seiner Majestät in London – die beiden anerkannten Leibärzte Dr. Hugo und Dr. Wolff nach Ahlden geschickt, doch sie lehnt die Behandlung ab, lässt überhaupt nur einen der beiden Ärzte an ihr Bett.

Ihr Blick, heißt es in einer ersten Diagnose, sei zwar noch »munter und frisch«, der Geist noch wach, der Körper aber sei in einem erschreckenden, besorgniserregenden Zustand: aufgedunsen und schlaff, erhitzt von Fieberschüben. Zudem sei auch das Sprachvermögen spürbar gestört.

Nach der Enttäuschung über ihre Tochter in Preußen und einer weiteren Enttäuschung über ihren letzten Sekretär, der offenkundig nur auf seinen eigenen Vorteil bedacht gewesen war, hatte sie den letzten Lebensmut verloren, fast nur noch Rheinwein, Gelee und Schokolade zu sich genommen und am Ende gar nichts mehr. Ein letztes, allerletztes Mal hatte sie sich noch aufgerafft, um einen Brief zu diktieren – doch lallend betont, dass dieser Brief erst nach ihrem Tode abgeschickt werden solle. »Keinesfalls früher! Habt Ihr mich verstanden?«

Als Dr. Wolff ihr am Morgen des 10. November einen Besuch abstattet, hat sie bereits das Bewusstsein verloren. Die Ärzte notieren in ihrem Bericht, dass sie »allmählich aufhörte zu leben«. Am 13. November 1726 stellen die Mediziner gegen 23 Uhr den Tod der Prinzessin fest, die 60 Jahre alt geworden ist und 32 Jahre davon in

Ahlden in ihrem einsamen Schloss verbracht hat. Die Zeit der Verbannung hat ein Ende.

* * *

Die letzte Reise

Der König besucht gerade mit Melusine eine Opernvorstellung im Theater am Haymarket, als ihn die Todesnachricht erreicht. Er zeigt keinerlei Regung. Am nächsten Tag gibt er Anweisungen, den Leichnam in Ahlden beisetzen zu lassen, in aller Stille. Der Todesfall soll in London möglichst unbemerkt bleiben. Auf Hoftrauer wird selbstverständlich verzichtet. Georg selbst legt nicht einmal Trauerkleidung an.

Der Gram über den peinlichen Seitensprung und die hasserfüllten Briefe der Verflossenen hat sich in der Seele des Hannoveraners ausgewachsen wie ein Krebsgeschwür und alles, was er für die einst so schöne Welfentochter einmal empfunden haben mag, überwuchert. Die »Prinzessin von Ahlden« ist für Georg im Laufe der vergangenen 32 Jahre zu einer Fremden geworden, zu einem Schatten der Vergangenheit. Er hält es daher nicht einmal für nötig, seinem Sohn sein Beileid auszusprechen, und ist befremdet, als er erfährt, dass seine Tochter in Berlin Trauer am Hof angeordnet hat und ihre Mutter ehrt wie eine verstorbene Königin.

Trotz alledem erfüllt aber auch Georg dieser einsame Tod im Allerschloss mit einer schwer zu fassenden Traurigkeit. Dabei blitzt auch die Erinnerung an eine Prophezeiung auf. Eine Wahrsagerin hat ihm einmal in Venedig gesagt, er solle gut auf seine Frau acht geben, denn ein Jahr nach deren Ableben werde auch er das Zeitliche segnen. Georg hatte die Prophezeiung sogleich als Geschwätz abgetan, dennoch konnte er sich nie ganz davon freimachen. Auch jetzt ist es ihm bisweilen, als habe ihm Sophie Dorothea mit ihrem letzten Atemzug das eigene Todesurteil gesprochen.

Die düstere Stimmung rührt aber auch daher, dass er in jüngster Zeit Menschen verloren hat, die ihm ungleich näher standen als

König Georg I. von Großbritannien

Sophie Dorothea. Am stärksten getroffen hat ihn der Tod von Trudchen, seiner geliebten Tochter, die erst wenige Monate zuvor im Alter von 25 Jahren in Bückeburg an den Folgen einer Tuberkulose gestorben ist – zwei Jahre lang hatte man alles versucht, um das Leben der jungen Frau zu retten, die erst kurz zuvor in das Fürstenhaus Schaumburg-Lippe eingeheiratet war und einen Sohn namens Wilhelm zur Welt gebracht hatte.

Im zurückliegenden Jahr hat der Tod zudem Georgs Halbschwester Sophie Charlotte hinweggerafft, mit der er fast ebenso fest verbunden gewesen war wie mit Melusine. Auch Andreas Gottlieb von Bernstorff ist im Juli des selben Jahres auf seinem Gut in Gartow gestorben, sein langjähriger Vertrauter und Leiter der Deutschen Kanzlei, der sich zuletzt gegenüber den britischen Ministern zurückgesetzt gefühlt, seinem König und Kurfürsten aber immer loyal die Treue gehalten hatte. Dies galt ebenso für Mehmet, Georgs liebsten Kammerdiener, den Gevatter Tod ebenfalls in diesem Jahr holte.

Ungewollt beschäftigt auch Sophie Dorothea den König weiter. In Ahlden findet sich entgegen seiner Anordnung kein geeigneter Platz für den einbalsamierten Leichnam. Wegen des hohen Grundwasserspiegels scheidet sowohl das Kellergewölbe im Schloss als auch die Ahldener Kirche aus. Georg entschließt sich daher notgedrungen, die sterblichen Überreste seiner früheren Frau nach Celle überführen zu lassen, wo sie schließlich in der Fürstengruft der Celler Stadtkirche an der Seite der Eltern der Prinzessin im Januar 1727 beigesetzt werden – bei Fackel und Kerzenschein. Ganz still.

Für Georg geht das Leben gleichwohl weiter. Als sich die außenpolitischen Turbulenzen gelegt haben und die Kriegsgefahr gebannt ist, entschließt er sich zu einer weiteren Reise in seine Heimat.

Am 14. Juni 1727 bricht der König mit Melusine und einem großen Gefolge in aller Frühe auf und erreicht schon eine Stunde später Greenwich. Minister, Hofbeamte und Offiziere, die in England bleiben, verabschieden sich von Ihrer Majestät und der König geht an Bord – in guter Stimmung, wie es heißt.

Die trüben Tage an der Themse sind vorüber. Georg I. darf sich auf ein Wiedersehen mit lieben Menschen in vertrauter Umgebung freuen. In Osnabrück zum Beispiel erwartet ihn sein jüngster Bruder, der als einziger seiner Geschwister noch am Leben ist. Der Fürstbischof will sich der Delegation anschließen und den König während der gesamten Reise begleiten. In Herrenhausen

Schatzkanzler Robert Walpole

wird Georg, so hofft er, Luise wiedersehen, die älteste Tochter aus seiner Verbindung mit Melusine, die hier im Delitz'schen Palais wohnt. Und das Schönste: Auch Sophie Dorothea die Jüngere hat die Absicht nach Herrenhausen zu kommen, um ihren Vater zu treffen. Dabei soll noch einmal über die Doppelhochzeit gesprochen werden. Zwischenzeitlich war der Plan schon ins Wanken geraten, weil der König von Preußen von dem Abkommen in Herrenhausen abgerückt war, um den Kaiser in Wien versöhnlich zu stimmen. Doch inzwischen hat Friedrich Wilhelm sein Bündnis mit England bekräftigt. Die Irritation scheint beseitigt. In seinem letzten Brief an die Tochter in Berlin teilte der König daher in fast überschwänglichem Ton mit, Friedrich Wilhelms »Überlaufen« zum Kaiser sei vergessen und vergeben, die Kriegsgefahr gebannt. Einer öffentlichen Bekanntmachung der geplanten Doppelhochzeit stehe darum nun nichts mehr im Wege. Wohlan!

Georg weiß, dass darüber nicht nur seine Tochter glücklich sein wird, sondern auch Friedrich, der älteste Sohn von Georg August und Karoline, der nach wie vor im Kurfürstentum Hannover die Stellung hält und sich wie üblich auf den Besuch des Großvaters freut. Der mittlerweile 20-jährige soll seine preußische Cousine Wilhelmine heiraten – und ist glücklich über diese Aussicht. Die fast 18 Jahre alte Prinzessin, die durch ihren wachen Verstand und ihr Temperament auffällt, teilt Friedrichs Begeisterung für die schönen Künste. Und die Zuneigung beruht auf Gegenseitigkeit: Auch Wilhelmine steht der geplanten Eheschließung positiv gegenüber.

So hat Georg allen Grund, nach den Todesfällen der zurückliegenden Monate auf eine versöhnliche Familienzusammenführung zu hoffen, die schließlich auch seine Macht festigen dürfte – mag der störrische Prince of Wales sagen, was er will.

Während auf dem Schiffsdeck an langen Tafeln das Essen serviert wird und der König das Glas erhebt, werden die Segel gehisst. Doch dies ist nur ein symbolischer Akt. Denn von Wind kann an diesem herrlichen Frühsommertag nicht die Rede sein. Bis Gravesend kann sich die königliche Yacht noch von der Strömung treiben lassen, doch dann zwingt die Flaute zum Warten.

Nach zwei Tagen aber, es ist der 16. Juni, frischt der Wind auf und weht so günstig, dass schon am nächsten Morgen die niederländische Küste in Sicht ist. Auf der Höhe der Stadt Moerdijk wechselt der König mit seinem Gefolge auf ein niederländisches Binnenschiff und wird weiter über einen Fluss bis Schoonhoven befördert, wo eine Kutsche für ihn bereitsteht. Er wird nur von seinem kurfürstlichen Hofmarschall Christian Ulrich von Hardenberg und seinem hannoverschen Kammerdiener Fabrice begleitet.

Gleich nach seiner Ankunft am frühen Abend des 18. Juni setzt der König seine Reise auf dem Landweg fort. Die Kammerherren folgen kurze Zeit später in einer anderen Kutsche. Nach und nach machen sich auch die britischen und deutschen Minister, die Hofbeamten und die Damen auf den Weg, die auf verschiedenen Schiffen unterwegs gewesen sind. Ausschließlich dem König fällt die Ehre zu, zu seiner persönlichen Sicherheit von niederländischer Kavallerie eskortiert zu werden.

Gegen 22 Uhr legt die königliche Reisegesellschaft in dem kleinen Ort Varth, anderthalb Kutschenstunden von Utrecht entfernt, eine Rast ein. Georg begnügt sich mit einem Karpfen und legt sich nach dem – für einen König – kargen Nachtmahl gleich zu Bett, um die Reise bereits am nächsten Morgen um fünf Uhr fortzusetzen.

Anders als üblich lässt er jedoch die Kutsche in Apeldoorn nach der Hälfte der zurückgelegten Tagesstrecke halten, um zu Mittag zu speisen – vermutlich ist das Nachtmahl doch etwas zu dürftig ausgefallen. Gegen 20 Uhr erreicht die königliche Kutsche den Ort Delden, wo ein Nachtquartier vorbereitet ist. Hier trifft auch ein Bote aus Hannover ein, der dem König Briefe und Akten überbringt, die dieser wie gewöhnlich während der Kutschfahrt liest. Darunter ist eine Sendung, die durch einen Vermerk der Geheimen Räte gekennzeichnet ist. Der König erstarrt, als er liest, dass das Schreiben aus dem Nachlass der »Prinzessin von Ahlden« stammt. Doch er gewinnt schnell seine Selbstbeherrschung zurück, steckt den Brief ein und speist zu Abend. Nach dem Essen werden ihm sechs niederländische Frauen vorgestellt, die darauf brennen, den englischen König zu sehen. Dankbar für die Ablenkung gewährt Georg ihnen Audienz und plaudert fast bis Mitternacht mit den Damen.

Daraufhin lässt er sich von seinem Kammerdiener Fabrice ins improvisierte Schlafgemach führen und von Mustafa, der inzwischen ebenfalls zu der Reisegesellschaft gestoßen ist, entkleiden und in seinen Schlafrock helfen. Bevor er sich jedoch ins Bett legt, zieht er jenen Brief aus der Rocktasche und bricht sofort das Siegel. Das Kuvert enthält zwei Schreiben, das eine ist deutlich sichtbar durch das Wappen Sophie Dorotheas gekennzeichnet, das andere von offenkundig fremder Herkunft.

Mit leicht zitternder Hand beginnt er gleich, den ersten Brief zu lesen:

»Hochverehrte Majestät! Wenn Ihr dies lest, werde ich von meinen Qualen erlöst sein. Es ist mir ein Herzensbedürfnis, Euch diesen letzten Gruß zukommen zu lassen. Viele, viele Jahre habe ich auf Eure Gnade gehofft und inständig zu Gott gefleht, er möge Euch zur Einsicht führen und alles zum Guten wenden. Doch die Wege des Herrn sind unerfindlich, und es scheint mir, dass es nicht im Beschluss des Allmächtigen lag, unser beider Leben mit einer Versöhnung zu beschließen.

Wisset darum, dass ich meine Enttäuschung, ja meinen Zorn mit ins Grab nehme. Vor einigen Wochen habe ich durch meinen Sekretär ein Dokument von einem Herrn aus Mantua erhalten, das meine schlimmsten Befürchtungen übertroffen hat. Es ist das Bekenntnis eines Mörders, der sich mit diesem Zeugnis offenbar sein eigenes Verbrechen von der Seele zu schreiben hoffte und vielleicht auch bestrebt war, durch sein Schuldeingeständnis die Gnade des Allmächtigen zu erlangen. Doch dieses Bekenntnis legt nicht nur Zeugnis ab von der Schuld dieser bedauernswerten, verirrten Seele, sondern auch von grausamen, gewissenlosen Machenschaften hochgestellter Kreise, denen dies niemand zutrauen würde. Ihr wisst, wovon ich rede.

Der Advokat aus Mantua, der sich das Dokument teuer bezahlen ließ, stellte mir anheim, davon Gebrauch zu machen, um alte Rechnungen zu begleichen oder Rache an Euch zu nehmen. Doch mir steht nicht mehr der Sinn nach Rache. Meine Tage sind gezählt, ich bin müde und überlasse Euch der göttlichen Vorsehung. Ich lege dieses Dokument eines Verbrechens meinem Brief bei und hege die Hoffnung, dass es Euch vor Augen führt, was Ihr und die Euren getan habt.

Wisset dies: Euer Thron ist mit Blut erkauft. Ihr habt mir nicht nur die Freiheit geraubt, Ihr habt mir das Liebste genommen, was mir auf Erden gegeben war, dafür sollt Ihr verflucht sein. Ich hasse Euch bis ans Ende meiner Tage.

Sophie Dorothea, Prinzessin von Braunschweig und Lüneburg.«

Der König ist wie innerlich vereist, müht sich, die Verwünschungen als hasserfüllten Racheakt einer Geisteskranken abzutun, spürt aber, dass ihn die Zeilen schwer getroffen haben. Wie betäubt überfliegt er auch das beiliegende Dokument, das den Charakter einer eidesstattlichen Erklärung hat und von einem gewissen Don Nicolo Montalban unterzeichnet ist.

»Der Herr möge mir verzeihen, ich habe mich schuldig gemacht.« Mit diesen Worten beginnt die Erklärung, wonach der italienische Baron gemeinsam mit anderen Höflingen den Grafen Philipp Christoph von Königsmarck, den Geliebten Sophie Dorotheas, erstochen hat – im Auftrag des hannoverschen Kurfürsten.

Georg findet in dieser Nacht keine Ruhe. Beängstigende Bilder und Gesichter geistern durch seine Nachtgedanken. Dem Grinsen des italienischen Advokaten folgt der vorwurfsvolle Blick des Kohlenhändlers, der wütend die Faust gegen ihn, den Tyrannen, erhebt. »Schuldig, schuldig, schuldig!«, scheint ihm alle Welt zuzurufen. Ein König auf blutigem Thron.

Der mächtigste Mann der Welt fühlt sich wie ein gemeiner Verbrecher, der in einem elenden Loch sein Leben aushaucht. Die wirren Bilder ziehen so irre Kreise, dass ihm schwindelt. Mehrmals muss er aus dem Bett springen, um sich zu übergeben.

Doch auch in dieser Lage gelingt es ihm, eiserne Selbstdisziplin zu üben. »Das sind die Erdbeeren und Orangen«, teilt er Mustafa mit, der ihn stützt und Tücher zum Reinigen reicht. »Dieses viele Obst, das rumort in meinem Magen.«

Gleichwohl wird am nächsten Morgen wie geplant bereits um sieben Uhr in der Frühe angespannt. Er lässt sich nichts anmerken, plaudert mit seinem Hofmarschall und Kammerdiener eine dreiviertel Stunde lang über Gott und die Welt, lässt dann aber doch durchblicken, welch schlimme Nacht er hinter sich hat. »Diese Erdbeeren und Orangen, die haben mir den Schlaf geraubt«, klagt er erneut. Die beiden Begleiter äußern ihr Mitgefühl und bedauern, dass er erst jetzt davon spreche. Er hätte sich doch in Delden noch einige Stunden ausruhen können, anstatt die Reise schon so früh fortzusetzen. Doch der König winkt ab, beteuert, dass er sich schon viel besser fühle.

Kurze Zeit später lässt er die Kutsche anhalten, um seine Blase zu erleichtern. Als er zurückkehrt, stellen seine Begleiter fest, dass sein Gesicht seltsam verzerrt ist. Es hat auch den Anschein, als stimme etwas mit seiner rechten Hand nicht. »Was ist geschehen? Habt Ihr Euch die Hand verstaucht?«, fragt Fabrice, der sich selbst einige Tage zuvor den Knöchel verrenkt hat.

»Kann ich Euch helfen?«

In diesem Moment sackt der König, dem schon vorher alle Farbe aus dem Gesicht gewichen war, in sich zusammen und verliert das Bewusstsein. Fabrice zieht sofort eine Flasche mit Riechsalz aus seiner Tasche, um sie ihm unter die Nase zu halten. Doch vergebens. Zufällig sitzt in der Kutsche mit den anderen Kammerdienern, die dem königlichen Gespann folgt, ein Wundarzt. Hofmarschall Hardenberg, der sich selbst nicht so gut fühlte, hatte darum gebeten, auch mit Blick auf den geschwollenen Knöchel von Fabrice. Nun ist der Wundarzt sofort zur Stelle, um den König zu behandeln. Der Mediziner diagnostiziert einen Schlagfluss, fordert die Höflinge auf, den Ohnmächtigen aus der Kutsche zu heben und auf den Boden zu legen. Der Wundarzt lässt seinen Patienten daraufhin zur Ader. Mit Erfolg! Als der König in die Kutsche zurückgehoben wird, erwacht er aus seiner Bewusstlosigkeit – und gibt gleich mit einer Handbewegung das Zeichen, die Reise fortzusetzen. Anfangs scheint es ihm besser zu gehen. In kurzen, aber klaren Sätzen berichtet er von dem plötzlichen Schwindel, vermutlich einer Nachwirkung der zurückliegenden Nacht. Nach einer halben Stunde versinkt er in einen tiefen Schlaf – begleitet von röchelndem Schnarchen, das nichts Gutes verheißt. Die drei Begleiter Hardenberg, Fabrice und der Wundarzt, die den König abwechselnd stützen, rechnen mit dem Schlimmsten. Ein Offizier aus der niederländischen Eskorte wird losgeschickt, um den Wagen mit dem Bett des Königs ausfindig zu machen. Kurz nachdem die Grenze passiert ist, wird das Bett dann auf offenem Feld bei Nordhorn aufgebaut und der Patient mit verschiedenen Heilmitteln behandelt. Doch weder Zugpflaster noch Branntwein zeigen die erhoffte Wirkung. Der Leibarzt des Königs, der sich in einer Kutsche weiter hinten im Tross befindet, wird benachrichtigt. Doch auch der sieht keine Möglichkeit einer schnellen Hilfe.

Was tun? Einige Begleiter sprechen sich dafür aus, Georg auf dem schnellsten Wege in ein nahegelegenes Schloss bei Lingen zu bringen. Doch schließlich setzt sich Hardenberg mit seinem Drängen durch, die geplante Weiterfahrt bis Osnabrück fortzusetzen. Der Wundarzt hat keine Einwände. Das Rumpeln und Schaukeln der Kutsche werde dem Bewusstlosen nicht schaden, teilt der Mediziner mit. »Die Bewegung der Kutsche wird für Seine Majestät so behaglich sein wie das weichste Bett. Er spürt nichts davon.«

In Osnabrück ist bereits alles für den Empfang gerüstet. Georgs Bruder Ernst August hat der Ankunft der großen Reisegesellschaft schon seit Tagen gemeinsam mit seinem Großneffen Friedrich entgegengefiebert. Aus Hannover sind zahlreiche Höflinge herbeigeeilt, um ihren Kurfürsten zu begrüßen. Als die Nachricht vom Schlaganfall das Schloss erreicht, werden sie sofort weggeschickt.

Das Fest wird abgeblasen. Öffentliches Aufsehen ist nicht mehr erwünscht. Der König soll durch einen Hintereingang getragen und über eine Geheimtreppe in seine Gemächer transportiert werden. Wie durch ein Wunder öffnet er bei seiner Ankunft gegen 22 Uhr die

Augen und erkennt offenkundig, wo er ist. Mit der linken Hand hebt er sogar grüßend den Hut.

Doch dieses Aufflackern der Lebensgeister ist nur von kurzer Dauer. Kaum hat man ihn zu Bett gebracht, fällt er auch schon wieder in seine Bewusstlosigkeit zurück. Die eilends herbeigerufenen Ärzte lassen ihn in der Nacht vom 20. auf den 21. Juni noch einmal zur Ader.

Aber es nützt nichts. In der folgenden Nacht zwischen null Uhr dreißig und ein Uhr stirbt der König. Eine krampfhafte Zuckung lässt den Sterbenden noch einmal die rechte Hand heben. Aus Sicht seines Kammerdieners Fabrice ein letzter Gruß an Osnabrück, die Stadt seiner Kindheit.

* * *

Ende der Wartezeit

Sowie die Ärzte den Tod des Königs bestätigt haben, lassen Fabrice und Georgs kurfürstlicher Sekretär Johann Philipp von Hattorf die Stadttore von Osnabrück sperren. Nur die Kuriere der beiden Hofbeamten werden mit der Todesnachricht durchgelassen. Der Thronfolger in London soll der erste sein, der vom Ableben Seiner Majestät erfährt.

Eine Stunde nachdem der Kurier nach England entsandt worden ist, bringt Fabrice auch einen Brief an Georgs Enkelsohn Friedrich und die Regentschaftsregierung in Hannover auf den Weg. Unterdessen werden Georgs Gemächer im Schloss Osnabrück abgesperrt. Vor den Türen prangt das Siegel seines Bruders, des Fürstbischofs Ernst August. Die Papiere und Gewänder sollen unberührt bleiben wie die übrige persönliche Habe des Verstorbenen. Fabrice lässt eine Liste der Hinterlassenschaften erstellen und fertigt für den Thronfolger in London einen Bericht über die Geschehnisse der letzten Tage an – auch mit Blick auf seine eigene Zukunft.

Am Sonntagmorgen, einen Tag nach dem Tod des Königs, trifft Melusine in Osnabrück ein, begleitet von ihrer gleichnamigen Tochter. Stumm legt sie die rechte Hand auf das Haupt des Toten, verneigt sich und faltet die Hände. Die Trauer und Bestürzung sind so groß, dass es lange dauert, bis sich die ersten Tränen lösen.

Ganz anders reagiert Georg August in London auf die Nachricht aus Osnabrück. Der Thronfolger hält gerade Mittagsschlaf mit Karoline, als Regierungschef Walpole den Landsitz Richmond Lodge erreicht, um die Todesbotschaft zu überbringen. Georg August fühlt sich gestört, als ihn die Kammerfrau weckt und über die Ankunft Walpoles informiert. »Was untersteht sich der Kerl?«, brummelt der Prince of Wales schlaftrunken.

Und seine Laune bessert sich auch nur unwesentlich, als Walpole wenige Minuten später vor ihm niederkniet, um ihm zu eröffnen, dass sein Vater gestorben und er, Georg August, neuer König sei. Der Angesprochene, der bereits in Briefen über den bedenklichen Gesundheitszustand seines Vaters informiert wurde, wirkt verwirrt, kann es offenbar nicht glauben. Von Trauer ist nichts zu spüren. Unwirsch verweist der neue Herrscher den Minister an Sir Spencer Compton, den Sprecher des Unterhauses und Generalzahlmeister. »Da werdet Ihr alles Weitere erfahren, was Ihr wissen müsst«, sagt Georg August, der es dem einstigen Weggefährten immer noch übel nimmt, dass er zu seinem Vater übergelaufen ist. Schon ist die Audienz beendet.

Als Georg August gegen Abend mit Karoline nach London fährt, hat sich vor Leicester House bereits eine große Menschenmenge versammelt. Die Nachricht vom Tod des Königs hat sich wie ein Lauffeuer verbreitet. Die Menge verneigt sich daher ehrerbietig vor den neuen Majestäten in der Kutsche. Alles, was in der Hauptstadt des Vereinigten Königreiches Rang und Namen hat, eilt herbei, um eine Audienz beim neuen König zu erbitten, und Georg August, berauscht von dem plötzlichen Bedeutungszuwachs, hält bereitwillig Hof – gemeinsam mit Karoline, der neuen Königin.

Wie erwartet beauftragt Georg August nicht Walpole, sondern den eher blassen Compton mit seiner Antrittsrede. Doch der fühlt sich überfordert, bittet Walpole um Hilfe – und sichert dem Minister damit ungewollt seine Stellung als Nummer eins in der Regierung.

Noch am späten Abend dieses ereignisreichen Tages beruft Georg August, der sich jetzt Georg II. nennen darf, den Geheimen

Rat ein, um in der von Walpole verfassten Rede den Tod seines »geliebten Vaters« zu verkünden und gleichzeitig zu geloben, dass er die Gesetze und Verfassung des Vereinigten Königreiches achten werde. Als ihm dann jedoch der Erzbischof von Canterbury ein versiegeltes Dokument des verstorbenen Königs überreicht, gerät der protokollgerechte Auftritt des Thronfolgers ins Wanken. Kaum hat Georg II. das Schreiben gelesen, faltet er es auch schon wieder zusammen, steckt es in die Tasche und verlässt – allen Regeln der Etikette zum Trotz – wortlos den Raum.

Die testamentarische Willensbekundung seines Vaters trifft Georg August wie ein Faustschlag aus dem Jenseits. Die Verfügung nämlich sieht die Auflösung der Personalunion vor, das Ende der Doppelherrschaft über Großbritannien und das Kurfürstentum Hannover. Die Erbrechte der bereits lebenden Nachkommen sollen davon zwar nicht beeinträchtigt sein; wenn Georgs Enkelsohn Friedrich aber einmal mehrere Söhne haben sollte, sei das Reich unter ihnen zu teilen, heißt es in der Urkunde.

Georg II. weist diese letzte Bevormundung empört zurück und unterdrückt die Verfügung. Niemand soll davon erfahren. Auch über eine andere Willensbekundung des verstorbenen Vaters setzt sich der zu Macht gelangte Sohn kalt lächelnd hinweg: Die geplante Doppelhochzeit seiner Kinder mit den Zöglingen seiner Schwester in Preußen wird gestrichen.

Der Nachfolger beschränkt sich darauf, nur die Wünsche des Vaters zu erfüllen, die sich auf dessen sterbliche Überreste beziehen. Und in dieser Hinsicht hat er es leicht. Georg I. hat lediglich verfügt, dass sein Leichnam nicht geöffnet und auch nicht einbalsamiert werden soll. Über den Begräbnisort ist im Testament nichts ausgesagt.

Georg August kann daher eigenmächtig entscheiden, dass sein Vater in Deutschland bleibt – und nicht, wie bei einem englischen König üblich, in Westminster Abbey beigesetzt wird, sondern in der Kirche des Leineschlosses zu Hannover, neben seiner Mutter, der Kurfürstin Sophie. Georg II. macht sich nicht einmal die Mühe, nach Hannover zu reisen, um an der Trauerfeier teilzunehmen. Die neuen Amtsgeschäfte liefern ihm Gründe genug für seinen Verbleib in London. Die für das Vereinigte Königreich verordnete Staatstrauer muss reichen. Der neue König lässt es nicht einmal zu, dass der kur-

fürstliche Sekretär Hattorf an der Beisetzung des alten Königs teil-
nimmt. Georg II. fordert Hattorf wie auch andere Beamte der Deutschen Kanzlei auf, unverzüglich nach England zurückzukommen. Er
benötige dringend ihre Dienste. Fabrice immerhin bleibt es gestattet,
der Beisetzung in Hannover beizuwohnen. Doch unmittelbar danach
wird auch der Kammerdiener des toten Königs in London zurück-
erwartet – und zwar mit den Juwelen und Wertsachen seiner verstorbenen Majestät.

Auch Melusine kehrt nach England zurück. Von der Mätresse des
alten Königs wird berichtet, dass sie ihre ganze Liebe einem Raben
schenkte. Georg nämlich soll gesagt haben, dass er einmal in der
Gestalt eines großen Vogels zu ihr zurückkehre, wenn er vor ihr stür-
be. Melusine lässt den Raben daher zähmen und verwöhnen wie einen gefiederten Prinzen.

* * *

Er war kein strahlender Held. Nein, Georg I. ist nicht als Lichtgestalt in die Geschichte des Vereinigten Königreiches eingegangen. Kein größeres Denkmal erinnert in Groß Britannien an den ersten Welfen auf englischem Thron. Kaum eines seiner Reiterstandbilder hat die Jahrhunderte überlebt. Ausgerechnet seine geschiedene Frau, die während seines grandiosen Aufstiegs zum mächtigsten Mann der Welt 32 Jahre als verbannte Prinzessin in der Abgeschiedenheit der Allermarsch, im Schatten der Geschichte, verbringen musste, hat ihren Ex-Mann mit ihrer bewegenden Lebensgeschichte in den Schatten gestellt. Die anrührenden Nachdichtungen der Königsmarck-Affäre machten Sophie Dorothea zur Königin der Herzen und wiesen ihrem Verflossenen auf ewig die Schurkenrolle zu. Und während die verbannte Gemahlin zur Heiligen aufstieg, geriet der König immer mehr in Vergessenheit.

Hinzu kommt, dass die Briten in ihrem Nationalstolz lange Zeit nicht gut auf die hannoverschen Thronerben zu sprechen waren – besonders in der Zeit des Nationalsozialismus. Mit großer Geringschätzung charakterisiert vor allem der britische Staatsmann und Literaturnobelpreisträger Winston Spencer Churchill den Welfen. Im dritten Band seines Werkes »Das Zeitalter der Revolutionen« schildert der volkstümliche Premierminister, ein Nachfahre des Herzogs von Marlborough, die Ankunft des Königs aus Hannover im Jahre 1714 mit bitterem Hohn:

»Da stand er nun auf Englands Boden, eine wenig einnehmende Figur, ein obstinater und langweiliger deutscher Zuchtmeister, begriffsstutzig und von groben Manieren. Als Befehlshaber in den vergangenen Kriegen hatte er sich schwerfällig und untauglich gezeigt, und als Herrscher hatte er weder mitreißende Fähigkeiten noch Großzügigkeit bewiesen. Immerhin milderten eine bedächtige Schläue und ein grüblerischer, gesunder Menschenverstand sein täppisches Wesen. Der britische Thron war kein einfaches Erbe, und schon gar nicht für einen ausländischen Fürsten. König Georg trat es widerwillig an und spielte die ihm zugedachte Rolle recht ungnädig. Seine Krone verdankte er einem glücklichen Umstand; er hielt sie aber fortan fest in der Hand.«

Schon zu Lebzeiten war der Welfe in England umstritten. Sie nannten ihn »Rattenkönig«, sprachen von seinen Mätressen als »Schlampen« und »Huren«, die angeblich nur an ihrem Vorteil dachten und das Empire gewissenlos ausplünderten. Und Georg II. unternahm nach dem Ableben Georgs I. nichts, um die Volksmeinung zu korrigieren und seinem Vater zu Nachruhm zu verhelfen, im Gegenteil.

Ein beschränkter Emporkömmling, ein Hannoveraner, der ohne sein eigenes Zutun König von England wird und sich nicht einmal die Mühe macht, Englisch zu lernen – dies ist das vorherrschende Bild, das durch die Jahrhunderte geistert.

Auch heute noch wird dieses Bild vermittelt. »Georg I. war ein allgemein unbeliebter Monarch, der sich weigerte, Englisch zu lernen«, heißt es in einer Besucherinformation des Kensington Palastes in London. »Vor seiner Thronbesteigung ließ er seine von ihm entfremdete Frau im Schloss von Ahlden einsperren. Er selbst indessen fuhr fort, sich mit seinen Mätressen zu vergnügen ...« Und über das allgemein Verbreitete hinaus weisen die Museumsmitarbeiter auf Nachfrage auch gern auf die »dunkle Geschichte« hin, die sich mit dem ersten Georg verbindet: die Ermordung des Grafen Königsmarck – ein Auftragsmord, der offenkundig vom hannoverschen Hof angezettelt wurde, um den Liebhaber Sophie Dorotheas aus dem Verkehr zu ziehen. Es mutet wie ein Fingerzeig der Geschichte an, dass Prinzessin Diana ihre letzten Lebensjahre nach der Scheidung im Kensington Palast verbracht hat und eine rummelplatzartige Gedenkstätte im Kensington-Park an die »Königin der Herzen« erinnert. Es hat den Anschein, als habe die Verflossene Georgs I. in Diana eine Wiedergeburt erlebt. Prince Charles, der heute im St. James Palast residiert, erfreut sich indessen einer wesentlich größeren Beliebtheit als der alte Welfenkönig, der in seiner einstigen Residenz als »übellaunig« beschrieben wird.

Dabei hat sich der erste Hannoveraner auf englischem Thron nie als Tyrann oder Dummkopf gebärdet, sondern zahlreiche Verdienste erworben. Trotz der Krise nach dem »Südseeschwindel« hat das Vereinigte Königreich unter Georg I. eine Phase wachsenden Wohlstands erlebt und seine Stellung als Weltmacht stabilisiert. Von Kriegen ist das Land zwischen 1714 und 1727 weitgehend verschont geblieben.

Und Georg hat stets die britischen Gesetze geachtet, sich als aufgeklärter Monarch an die Verfassung gehalten und in seinem Balanceakt als Kurfürst von Hannover und König von England immer mehr die Interessen Großbritanniens zur Richtschnur seines Handelns gemacht – auch mit Blick auf die ärmsten seiner Untertanen. Während seiner Regentschaft sind Kirchen und Paläste entstanden, die heute noch Bewunderung hervorrufen. Herrschaftliche Parks wurden auf seine Anordnung hin der Öffentlichkeit zugänglich gemacht.

Gleichwohl fehlt es Georg I. unbestreitbar an historischer Größe. Weder eine überragende Schlacht noch eine revolutionäre Idee oder mutige Mission heben ihn aus dem Strom der Zeit heraus. Georg I. gilt als graue Eminenz, sparsam und stur, eine Majestät der Mittelmäßigkeit.

Doch genau darin liegt auch sein Verdienst: Der Hannoveraner erhob das Prinzip der Mäßigung zur Tugend, vermied Blutvergießen im Dienste hoher Ideale, übte sich nicht in Prachtentfaltung, sondern in Bescheidenheit. Als Sohn der Aufklärung praktizierte der Welfe ein Höchstmaß an Toleranz und lehnte jede Form von Fanatismus entschieden ab – nicht unbedingt aus idealistischer Überzeugung, sondern aus pragmatischen Gründen. Jede Religion taugte aus seiner Sicht nur so viel, wie sie den Menschen von Nutzen war.

Seiner unspektakulären Stellung in der Geschichte entspricht seine untergeordnete Position in der Geschichtsschreibung, die zudem noch vom Ruf als dumpfer Provinzfürst überlagert wird.

Die Londoner Geschichtsprofessorin Ragnhild Hatton hat mit ihrer Biografie »Georg I. Ein deutscher Kurfürst auf Englands Thron« dieser vorurteilsgeladenen Darstellung 1978 erstmals ein profundes Werk entgegengesetzt und somit die Weichen für eine neue Sichtweise gestellt.

Diese Biografie ist für mich zu einer wichtigen Quelle geworden; ich bin Ragnhild Hatton daher zu großem Dank verpflichtet. Doch ich habe mich nicht darauf beschränkt, sondern auch andere Quellen einbezogen. So stützt sich meine Vorgeschichte der Thronbesteigung vor allem auf die vorzügliche Welfenchronik Georg Schnaths. Zum anderen sind auch die Arbeiten von Historikern eingeflossen, die einen eher kritischen Blick auf den Welfenkönig werfen. Dazu zählt Mijndert Bertram mit seiner Biografie über Georg II. Als Autor der Romanbiografie »Die verbannte Prinzessin« stand ich zudem selbst der Ex-Frau des Königs näher als dem König. Mein Buch über Georg I. kommt damit – ungeachtet der fortdauernden Sympathien für die Leidtragende der Geschichte – einem Perspektivwechsel gleich.

Wie bei der Lebensgeschichte Sophie Dorotheas habe ich aber auch hier fiktive Elemente einbezogen, um lange zurückliegenden Ereignissen Leben einzuhauchen und Menschen früherer Jahrhunderte mit Empfindungen auszustatten. Im Mittelpunkt dieser Romanbiografie steht das Gestaltungsprinzip der szenischen Rekonstruktion. Die Lebensgeschichte Georgs I. wird in Form von Schlüsselszenen erzählt, die den Leser am Geschehen teilhaben lassen. Die Dialoge und eingestreuten Gedanken und Empfindungen sind dabei zwar fiktiv, speisen sich aber in ihrem Kern aus historischen Recherchen. Um eine museale Darstellung zu vermeiden, habe ich die wörtliche Rede der heutigen Umgangssprache weitgehend angepasst. Da während der Barockzeit in Kreisen des Hochadels in der Regel ein recht gedrechseltes Französisch gesprochen wurde, sah ich hierzu keine Alternative.

Auch im Übrigen habe ich eine historisierende Darstellung vermieden und mich bemüht, dem Leser der Jetztzeit eine Brücke in die Vergangenheit zu bauen. Denn jenseits des geschichtlichen Ablaufs geht es immer um überzeitliche Grundfragen der menschlichen Existenz wie Liebe, Tod oder Konflikte zwischen den Generationen. Dies gilt insbesondere für die Titelfigur. Es war mir ein großes Anliegen, Georg I. nicht ausschließlich in seiner historischen Rolle als Kurfürst und König zu beschreiben, sondern als Mensch mit ganz privaten – und damit gut nachvollziehbaren – Regungen.

Dies kommt der Persönlichkeit des Monarchen meines Erachtens entgegen. Das königliche Amt war für Georg nicht nur eine hohe Würde, sondern auch eine schwere Bürde. Der Welfensohn hat in seiner Rolle als Kurfürst und König zwar stets Fleiß und Verantwortungsgefühl bewiesen, gleichzeitig aber auch die Last und das Einschränkende empfunden.

Schon früh verbreitete sich in London das Gerücht, der König besuche inkognito Opernaufführungen im Haymarket-Theater oder gehe als Privatperson verkleidet in Pubs, um Kontakt zu einfachen Menschen zu knüpfen. Dies hat mich dazu inspiriert, eine fiktive Parallelhandlung mit Kneipenbegegnungen im »Schwan« aufzubauen. Diese Kapitel mit Rosie und dem Leichenbestatter Summerfield sind zwar alle frei erfunden, beleuchten aber gleichwohl einen vorherrschenden Wesenszug des Königs: die Sehnsucht nach Normalität, den Wunsch, nicht als königliche Hoheit, sondern als Mensch geliebt und geachtet zu werden.

Fiktiv ist auch die Figur des Advokaten aus Mantua, der Georg wegen des Königsmarck-Mordes erpresst. Verbürgt jedoch ist, dass die zurückliegende Affäre die Amtszeit des ersten englischen Königs aus dem Hause Hannover stets überschattet hat. Die kolportierten Berichte über diesen höfischen Skandal waren in London präsent – und stellten somit immer auch eine latente Bedrohung für Georg I. und seinen Hof dar.

Andere Episoden dagegen sind im Kern authentisch und durch eigene Recherchen gestützt – dies gilt für Georgs Kuraufenthalt in Bad Pyrmont ebenso wie für seinen unfreiwilligen Aufenthalt bei einer Familie in dem südenglischen Küstenort Rye. Insbesondere die zeitgeschichtlich relevanten Kapitel wie die Reise nach England, die Krönungszeremonie oder der Tod des Monarchen stützen sich auf überlieferte Berichte.

Dies gilt auch für die kurzen Szenen von der Prinzessin in Ahlden. Was die Welfentochter in ihrem Allerschloss jedoch wirklich empfunden hat, ist ebenso ungewiss wie die Gefühlslage ihres einstigen Gatten auf dem englischen Thron. Jede Biografie, die diese Lücke schließt, wird daher ganz von selbst zum Roman.

Doch im Kern behandelt diese Romanbiografie natürlich ein wichtiges Kapitel deutsch-englischer Geschichte, das sich in den entscheidenden Punkten an überlieferten Fakten orientiert. Die Thronbesteigung Georgs I. im Jahre 1714 bildete schließlich den Auftakt einer 123-jährigen Personalunion zwischen Hannover und England, in deren Verlauf bis 1837 vier weitere Welfen die britische Krone tragen durften.

33 Jahre stand allein Georgs Sohn Georg August an der Spitze des Vereinigten Königreiches. Wie schon in der vorangegangenen

Generation wurde die Regentschaft des Welfen überschattet von einem tiefgreifenden Zerwürfnis zwischen Vater und Sohn. Und Prinz Friedrich war es nicht einmal vergönnt, selbst den Thron zu besteigen. Der Prince of Wales starb bereits 1751 – neun Jahre vor seinem Vater.

* * *

Ich danke allen, die mich bei der Arbeit an dieser Romanbiografie unterstützt haben. Mein besonderer Dank gilt meiner Frau Gabriele Schulte, die die Arbeit an dem Buch von Anfang an durch ihren Rat und die Lektüre des Manuskripts begleitet hat. Wertvolle Anregungen habe ich auch von Ilse Plöger erhalten, die sich ebenfalls mit wachem Blick durch die Rohfassung dieses Buches gearbeitet hat. Ferner danke ich dem Bomann-Museum Celle, dem Historischen Museum in Hannover, der Gottfried Wilhelm Leibniz-Bibliothek in Hannover und dem Schloss-Museum in Bad Pyrmont für die Unterstützung. Sehr hilfreich waren zudem die Informationen, die ich von den Mitarbeitern des Rye Castle Museums Jo Kirkham und Linden Thomas zum Aufenthalt Georgs I. in Rye erhalten habe.

Nicht zuletzt gilt mein Dank meinem Verleger Heinrich Prinz von Hannover, der mich in vielfacher Hinsicht unterstützt und die schöne Gestaltung dieses Buches möglich gemacht hat.

Anne, Königin von England, Irland und Schottland (1665-1714),
Tochter Jakobs II.

Bernstorff, Andreas Gottlieb von (1649-1726), Reichsfreiherr,
Kanzler und Minister in Celle und Hannover, ab 1714
Staatsminister unter Georg I. in London

Bolingbroke, Henry St. John (1678-1751), englischer Tory-
Politiker, Minister unter Königin Anne

Bothmer, Hans Kaspar von (1656-1732), Reichsgraf und Diplomat

Clarendon, Edward Viscount Cornbury (1661-1723), 3rd Earl of
Clarendon, Gouverneur in New York und New Jersey sowie außerordentlicher Gesandter Königin Annas in Hannover

Defoe, Daniel (1660-1731), englischer Schrifsteller

Eleonore d'Olbreuse, Herzogin von Celle (1639-1722), Ehefrau
Georg Wilhelms, Mutter Sophie Dorotheas

Ernst August von Braunschweig und Lüneburg (1629-1698),
Fürstbischof von Osnabrück, Kurfürst von Hannover, verheiratet
mit Sophie von der Pfalz, Vater von Georg Ludwig

Ernst August (1674-1728), jüngster Bruder von Georg I.
Fürstbischof von Osnabrück

Fabrice, Friedrich Ernst von (1683-1750), hannoverscher
Kammerherr, später Oberkammerherr Georgs I.

Friedrich I., König in Preußen (1657-1713), verheiratet mit Sophie
Charlotte, Tochter des Kurfürsten Ernst August

Friedrich II. »der Große« (1712-1786), Enkelsohn Georgs I., Sohn
des Soldatenkönigs Friedrich Wilhelm I. und seiner Frau Sophie
Dorothea die Jüngere

Friedrich Ludwig (1707-1751), Prince of Wales, Enkel Georgs I.,
der älteste Sohn von Georg August und Karoline

Friedrich Wilhelm I., König in Preußen (1688-1740), Neffe und
Schwiegersohn Georgs I., verheiratet mit Sophie Dorothea der
Jüngeren

Georg August, später Georg II. (1683-1760), König von Großbritannien und Kurfürst von Hannover, Sohn von Georg Ludwig und
Sophie Dorothea

Georg Ludwig, später Georg I. (1660-1727), Kurfürst von Hannover und König von Großbritannien, Sohn von Ernst August und Sophie von der Pfalz

Georg Wilhelm, Herzog von Celle (1624-1705), Vater Sophie Dorotheas, Onkel Georg Ludwigs (Georgs I.)

Händel, Georg Friedrich (1685-1759), Komponist, kurfürstlicher Kapellmeister Georg Ludwigs und Hofkapellmeister der englischen Könige Georg I. und Georg II.

Hardenberg, Christian Ulrich von (1663-1735), kurfürstlicher Hofmarschall Georgs I.

Harling (geb. von Offeln), Katharine von (1624-1702), Erzieherin des hannoverschen Prinzen Georg Ludwig sowie Oberhofmeisterin von Sophie von der Pfalz

Jakob I. (1566-1625), König von England, Irland und Schottland, Großvater von Sophie von der Pfalz, Urgroßvater Georgs I.

Jakob II. (1633-1701), König von England, Irland und Schottland, Vater von Königin Anne

Jakob (James) Eduard Stuart (1688-1766), Sohn Jakobs II., der sogenannte Pretender und selbsternannte Stuart-König (Jakob III.)

Johann Friedrich, Herzog von Braunschweig und Lüneburg (1625-1679), Bruder von Ernst August

Karl Ludwig, Kurfürst von der Pfalz (1617-1680), Bruder von Sophie von der Pfalz

Josef I. (1678-1711), Kaiser, Erzherzog von Österreich

Karoline von Brandenburg-Ansbach (1683-1737), Ehefrau von Georg August (Georg II.), Prinzessin von Wales, Königin von Großbritannien

Kielmannsegg, Johann Adolf von (1668-1717), Diplomat und Höfling, Vizeoberstallmeister Georgs I., Ehemann von Georgs Halbschwester Sophie Charlotte

Königsmarck, Philipp Christoph Graf von (1665-1694), Offizier in hannoverschen Diensten und Geliebter Sophie Dorotheas

Leibniz, Gottfried Wilhelm (1646-1716), Universalgelehrter in hannoverschen Diensten

Liselotte von der Pfalz (1652-1722), Nichte und Briefpartnerin von Sophie von der Pfalz, verheiratet mit dem Herzog von Orleans, einem Bruder Ludwigs XIV.

Ludwig XIV. (1638-1715), König von Frankreich

Macclesfield, Gerald Charles Earl von (1659-1701), englischer Gesandtschaftsleiter

Marlborough, John Churchill (1650-1722), britischer Oberbefehlshaber und Staatsmann

Marlborough, geb. Jennings, (1660-1744), Ehefrau von John Churchill und Vertraute von Königin Anne

Mehmet (gest. 1726), Georgs türkischer Kammerherr, geadelt als Ludwig Maximilian von Königstreu

Meysenbug, Maria Katharine von (1655-1723), Ehefrau von Johann von dem Bussche und erste Mätresse Georg Ludwigs

Montalban, Don Nicolo, italienischer Graf, Mönch und Höfling in Hannover, mutmaßlicher Königsmarck-Mörder

Peter »der Große«, russischer Zar (1672-1725)

Platen, Franz Ernst Graf von (1631-1709), Hofmarschall und Minister in Hannover, Ehemann von Klara Elisabeth

Platen, Klara Elisabeth von (1648-1700), Ehefrau des hannoverschen Staatsministers Franz Ernst von Platen und Mätresse des hannoverschen Herzogs und Kurfürsten Ernst August

Schaumburg-Lippe, Margarethe Gertrud, genannt »Trudchen« (1701-1726), uneheliche Tochter von Georg I. und Melusine von der Schulenburg, verheiratet mit Albrecht-Wolfgang von Schaumburg-Lippe

Swift, Jonathan (1667-1745), irischer Schriftsteller.

Schulenburg, Anne Luise von der (1692-1773), uneheliche Tochter von Georg I. und Melusine von der Schulenburg, später Reichsgräfin von Delitz

Schulenburg, Melusine Gräfin von der (1667-1743), Mätresse Georg Ludwigs (Georg I.), später Herzogin von Kendal

Schulenburg, (Petronella) Melusine von der (1693-1778), uneheliche Tochter von Georg I. und Melusine von der Schulenburg, spater Gräfin von Walsingham

Schütz, Ludwig Justus Sinold, hannoverscher Diplomat

Sophie von der Pfalz (1630-1714), Kurfürstin von Hannover, Enkeltochter Jakobs I., Ehefrau von Ernst August, Mutter von Georg Ludwig

Sophie Charlotte (1668-1705), einzige Tochter von Ernst August und Sophie, verheiratet mit Friedrich I., König in Preußen

Sophie Charlotte (1675-1725), Freifrau von Kielmannsegg durch Heirat mit Johann Adolf von Kielmannsegg, Halbschwester Georg Ludwigs, uneheliche Tochter des hannoverschen Kurfürsten Ernst August und seiner Mätresse Elisabeth von Platen

Sophie Dorothea (1666-1726), »Prinzessin von Ahlden«, Tochter Herzog Georg Wilhelms von Celle und seiner Ehefrau Eleonore d'Olbreuse, verheiratet von 1682 bis 1694 mit Georg Ludwig

Sophie Dorothea die Jüngere (1687-1757), Prinzessin von Hannover und Königin in Preußen, Tochter von Georg Ludwig und Sophie Dorothea, verheiratet mit Friedrich Wilhelm I. König in Preußen, Mutter von Friedrich II. dem Großen

Stanhope, James (1673-1721), englischer Graf und Offizier, Minister Georgs I., Führer der Whigs

Sunderland, Charles Spencer (1674-1722), englischer Graf und Staatsmann, Lordschatzmeister unter Georg I.

Swift, Jonathan (1667-1745), englischer Schriftsteller (»Gullivers Reisen«) und Pamphletist

Townshend, Charles (1674-1738), englischer Viscount und Staatsmann, Politiker der Whig-Partei, Außenminister unter Georg I.

Walpole, Robert (1676-1745), britischer Staatsmann (Unterhausführer und Schatzkanzler)

Wilhelm III. (1650-1702), Prinz von Oranien, König von England, Schottland und Irland von 1689 bis 1702, verheiratet mit Königin Mary II. (Maria)

William, Herzog von Gloucester (1689-1700), Sohn von Königin Anne

Literatur

Hartwig Graf von Bernstorff, Andreas Gottlieb von Bernstorff 1649-1726, Staatsmann, Junker, Patriarch, Bochum 1999

Mijndert Bertram, Georg II., Göttingen 2004

Franz Binder, Georg Friedrich Händel, Sein Leben und seine Zeit, München 2009

Winston S. Churchill, Das Zeitalter der Revolutionen, Bd. 3, London 1957

Robert Geerds (Hrsg.), Die Mutter der Könige, Leipzig 1913

Ragnhild Hatton, Georg I., Ein deutscher Kurfürst auf Englands Thron, London 1978, (deutsche Übersetzung Frankfurt a. M. 1982)

Jochen Klepper, Der Vater, Der Roman des Soldatenkönigs, Stuttgart 1937

Onno Klopp, Fall des Hauses Stuart, Bd. XIV, Wien 1875-1888

Mathilde Knoop, Kurfürstin Sophie von Hannover, Hildesheim 1964

Franzpeter Messmer, Georg Friedrich Händel, Düsseldorf 2008

Uwe Neumahr, Georg Friedrich Händel, Ein abenteuerliches Leben im Barock, München 2009

Niedersächsisches Jahrbuch für Landesgeschichte 48 (1976)

Anne Eunike Röhrig, Mätressen und Favoriten, Göttingen 2010

Georg Schnath, Geschichte Hannovers, Bd. III und IV, Hildesheim 1982

Heinrich Thies, Die verbannte Prinzessin, Das Leben der Sophie Dorothea, Springe 2007

William Henry Wilkins, Caroline the Illustrious, Bd. 1, London 1901

Zeitschrift der Historischen Vereins für Niedersachsen, Hannover 1883

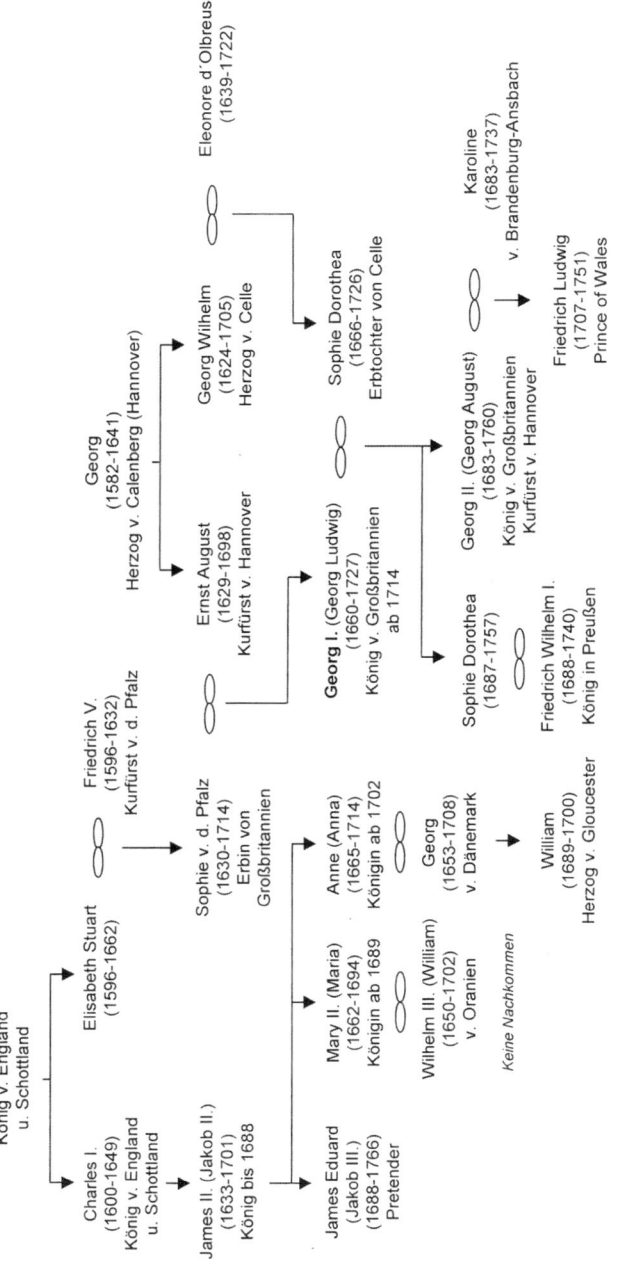